DIREITO PENAL E
ESTADO DEMOCRÁTICO DE DIREITO

C782d   Copetti, André
        Direito Penal e estado democrático de direito / André Copetti. — Porto Alegre: Livraria do Advogado, 2000.
        213 p.; 16x23 cm.

        ISBN 85-7348-153-6

        1. Direito Penal. 2. Sistema penal. 3. Estado de direito. I. Título.

                                    CDU   343.2

        Índice para catálogo sistemático
    Direito Penal
    Estado de direito
    Sistema penal

(Bibliotecária responsável: Marta Roberto, CRB - 10/652)

ANDRÉ COPETTI

Direito Penal e
Estado Democrático de Direito

livraria
DO ADVOGADO
editora

© André Copetti, 2000

Revisão
Rosane Marques Borba

Projeto gráfico e diagramação
Livraria do Advogado Editora

Capa
L. C. "Shaka" Guerreiro

Gravura
Peter Paul Rubens
A cabeça de Ciro levada à rainha Tomyris
Antuérpia, 1622

Direitos desta edição reservados por
Livraria do Advogado Ltda.
Rua Riachuelo, 1338
90010-273 Porto Alegre RS
Fone/fax: 0800-51-7522
E-mail: info@doadvogado.com.br
Internet: www.doadvogado.com.br

Impresso no Brasil / Printed in Brazil

Se se proíbem aos cidadãos uma porção de atos indiferentes, não tendo tais atos nada de nocivo, não se previnem os crimes: ao contrário, faz-se que surjam novos, porque se mudam arbitrariamente as idéias ordinárias de vício e virtude, que antes se proclamavam eternas e imutáveis.

Cesare Bonesana, Marchesi di Beccaria
In: *Dos Delitos e das Penas*

À minha família, sem a qual não teria chegado até esta etapa de minha vida, e cujo apoio tenho certeza que terei para vencer as próximas.

Ao professor Lenio Luiz Streck – UNISINOS –, orientador da dissertação que deu base a este livro.

A todos os amigos, sem os quais a vida teria sido um caminho bastante difícil.

Prefácio

A Universidade de Cruz Alta tem múltiplas razões para se regozijar com a publicação desta dissertação. Seu autor, André Copetti, deve sua formação à Faculdade de Direito da UNICRUZ, onde se diplomou Bacharel em Ciências Jurídicas e Especialista em Direito público. É, outrossim, uma das figuras mais destacadas de seu corpo docente.

Os mestrados e doutorados em Direito têm contribuído para o aparecimento de um número expressivo de trabalhos de alto nível. Dentre estes, situa-se o de André Copetti, com o qual conquistou, com distinção, o título de Mestre na conceituada Universidade do Vale dos Sinos.

O trabalho do jovem professor tem respaldo em amplo conhecimento das variadas, e por vezes antagônicas, diretrizes do pensamento jurídico contemporâneo, e na clara consciência dos entraves que vêm impedindo, em nosso País, a efetiva concretização dos valores básicos de nossas Constituições.

Não se pode desconhecer que o advento do *SozialStaat* impôs ao direito penal a tutela de valores transindividuais de fundamental importância. E como consectário surgiu um direito penal fortemente repressivo, como instrumento para enfrentar as resistências à implantação de um Estado socioeconômico igualitário. Embora pese o colapso dos Estados totalitários, vozes persistem na defesa desse direito penal, advogando, nostálgicos do artigo 16 do Código Soviético de 1926, a analogia *in mala partem*, e uma cada vez maior incidência do direito penal, inclusive com retorno à responsabilidade objetiva.

A dissertação do professor André enfrenta analítica e lucidamente esse problema, repelindo o retorno aos tempos pré-beccarianos, e sustentando que o Estado Democrático de Direito não pode, no campo penal, prescindir das conquistas do Iluminismo. A exacerbação do direito penal em geral, e especificamente para viabilizar a justiça social, como acentua o Mestre cruz-altense, "implicaria necessariamente numa violenta redução das liberdades individuais, que são, sem dúvidas, um dos pilares do Estado Democrático de Direito". É bem verdade que o Estado Democrático de Direito, por sua pretensão de ser socialmente justo, tem de ser um agente ativo, visando à construção de uma sociedade mais homogênea. E por esta razão exige no seu contexto a presença dos postulados iluministas, especialmente o da liberdade pessoal, como condição imprescindível ao homem para que possa desenvolver sua personalidade e participar fecundamente na melhoria e no progresso social.

Como corolário deste posicionamento, o professor André entende que o direito penal no Estado Democrático de Direito deve ser "minimamente utilizado". Ou seja: "a repressão penal deve ser o último instrumento utilizado quando já não houver alternativas disponíveis". Ou, ainda: "devem ser esgotadas as opções não penais antes de iniciar-se a persecussão penal".

A rigor, na obra "Direito Penal e Estado Democrático de Direito", seu autor entende que o direito penal deve ser usado somente quando as outras sanções que o ordenamento jurídico dispõe se revelem impotentes para proteger de graves agressões bens jurídicos de alta relevância. E mesmo quando chamado para a tutela desses bens há de implementar-se com respeito aos princípios da legalidade, da responsabilidade subjetiva e aos demais postulados que o Iluminismo legou a toda a humanidade, e que passaram a constituir seu patrimônio perene.

O trabalho que ora se publica revela um estudioso que, embora ainda jovem, já tem amplos conhecimentos dos problemas fundamentais do Direito. E se constitui em uma voz qualificada a mais a denunciar e a opor-se ao direito penal repressivo, de matriz totalitária. Enfim, um jurista do qual se podem esperar novas e significativas contribuições à ciência jurídica, especialmente a penal, informadas por uma *Wltschaung* humanista, que é o fundamento de um Estado real e plenamente democrático.

Luiz Luisi

Sumário

Notas introdutórias 15

1. A dogmática jurídico-penal e o sistema normativo-punitivo: primeiros passos rumo à relegitimação do Direito Penal 21
   1.1. A metodologia limitadora da dogmática penal: o purismo normativista legal 21
   1.2. Consectários hermenêuticos da metodologia purista 32
   1.3. Uma leitura do discurso penal desde a teoria do poder 37
      1.3.1. Fundamentos socioeconômicos do discurso jurídico-penal: bases primárias da instituição e do exercício do macropoder penal 37
      1.3.2. A relação saber/poder: os refluxos dogmáticos como uma tecnologia de legitimação, reprodução e monitoração do exercício do poder penal 44

2. Sistema Penal e Estado Democrático de Direito 51
   2.1. A desfiguração do Estado Democrático de Direito pela ação do sistema penal 51
      2.1.1. Sobre o Estado Democrático de Direito 51
      2.1.1.1. O Estado Liberal de Direito 51
      2.1.1.2. O Estado Social de Direito 54
      2.1.1.3. Os direitos pós-materiais e o *plus* transformador do Estado Democrático de Direito 56
      2.1.2. O desrespeito aos direitos humanos de primeira geração: uma crise de legalidade frente ao núcleo liberal do Estado Democrático de Direito 59
      2.1.3. O delito em tempos de globalização e a implicação dos custos públicos do crime na realização do núcleo social do Estado Democrático de Direito 69
   2.2. O direito penal no Estado Democrático de Direito e a síntese normativa entre o Estado de Direito e o Estado Social 77
      2.2.1. A utilização do Direito Penal para a regulação da liberdade individual no Estado Social 86
   2.3. Da necessária fundamentação antropológica de uma política criminal no Estado Democrático de Direito 88
   2.4. Sobre a relação entre o modelo de sociedade pretendido pelas classes detentoras do poder político e o conceito de bem jurídico-penal 91
   2.5. Parâmetros constitucionais do bem jurídico-penal 98

3. A teoria do garantismo e o discurso penal brasileiro 107
   3.1. Notas gerais sobre a teoria do garantismo 107
   3.2. Um novo modelo normativo para o Direito Penal brasileiro 109
      3.2.1. A insuficiência da legalidade formal 109
      3.2.2. A legalidade estrita: critérios substanciais para a determinação dos bens jurídico-penais e proibições, e para um novo conceito de delito   114
         3.2.2.1. Tipologia do sistema penal brasileiro frente ao modelo garantista de estrita legalidade 117
            3.2.2.1.1. Proibições constitucionais de incriminação 118
            3.2.2.1.2. Reflexos da não-positivação constitucional dos princípios da necessidade e da lesividade 123
            3.2.2.1.3. O utilitarismo penal e a necessária exteriorização da ação 130
            3.2.2.1.4. Do necessário controle de constitucionalidade pela proporcionalidade das penas 132
            3.2.2.1.5. A delimitação conteudístico-constitucional do conceito de delito pela estrita legalidade 135
   3.3. A teoria garantista da validade das leis: instrumentos conceituais para uma constitucionalização do direito penal 138
      3.3.1. A concepção formal de validade na experiência jurídica moderna ... 138
      3.3.1.1. A concepção formal de validade em Kelsen 139
      3.3.2. A concepção substancial-garantista da validade das normas jurídicas   142
   3.4. A filosofia política garantista: uma justificação externa do Direito e do Estado conforme os bens e interesses a proteger 146
      3.4.1. (Não) soluções históricas aos problemas do sentido e dos limites da intervenção estatal penal 146
         3.4.1.1. Retribuição penal, prevenção especial e prevenção geral: (im)possibilidades das teorias de legitimação do sistema penal de limitar a atividade legislativa penal 147
      3.4.2. A justificação garantista-conteudística do exercício do poder penal .. 151

4. Perspectivas garantistas de relegitimação do sistema penal 157
   4.1. Diacronia das vicissitudes do discurso normativo-penal brasileiro ... 157
      4.1.1. Brasil imperial e a ideologia escravocrata do Código Criminal do Império 159
      4.1.2. A formação do Direito burguês, a reorganização do aparelho de Estado e o desenvolvimento do capitalismo no Brasil 166
   4.2. Projeção garantista para uma filtragem das leis penais 177
      4.2.1. A violação do princípio da legalidade pelas normas penais em branco, pelos tipos penais com elementos normativos e pelas medidas de segurança 180
         4.2.1.1. As normas penais em branco 181
         4.2.1.2. A indeterminação dos tipos com elementos normativos e o conseqüente aumento da discricionariedade judicial 182
         4.2.1.3. A indeterminação das medidas de segurança e as possibilidades de prisão perpétua................................. 184

4.2.2. A violação do princípio da necessidade pelos delitos punidos com pena de multa e pelas contravenções 185
4.2.2.1. A descriminalização dos delitos atualmente punidos com pena de multa 186
4.2.2.2. A descriminalização do delito de furto em razão da disponibilidade e patrimonialidade de seu objeto material 188
4.2.3. Afetações infraconstitucionais ao princípio do *nullum crimen sine actio* . . 189
4.2.4. A irrisória lesividade como pressuposto de invalidade dos delitos de pequeno potencial ofensivo e de todas as contravenções 190
4.2.4.1. A falta de ofensividade dos delitos abarcados pela Lei nº 9.099/95 . 190
4.2.4.2. A irrelevância penal das contravenções 191
4.2.5. A inconstitucionalidade da reincidência 193

Aportes finais 197
Referências bibliográficas 209

Notas introdutórias

As reflexões e análises constantes no presente trabalho têm a finalidade de estudar a crise por que passa o sistema punitivo brasileiro, em decorrência da sua impossibilidade de realização dos direitos fundamentais – individuais e sociais – que constituem as bases de um novo modelo de Estado Democrático de Direito, pactuado legislativamente através da promulgação da Constituição Federal de 1988.

Estudar a crise de uma forma parnasiana, ou seja, a crise pela crise, não teria sentido algum, e até mesmo, temos certeza, iria despertar um menosprezo pela pesquisa. Assim, a fim de evitar tal efeito negativo, além de buscarmos a identificação de algumas razões da situação caótica pela qual atravessa o sistema punitivo brasileiro, bem como de descrevermos as manifestações fáticas de violação do Estado Democrático de Direito pela atuação estatal penal, também tivemos a preocupação, que se tornou o projeto criativo principal deste estudo, de formular uma projeção prática de resgate da legitimação da intervenção penal do Estado em relação aos cidadãos, constituída por uma minimização radical do aparato normativo incriminador diante da sua conflituosidade com os princípios superiores de garantia presentes tanto na Constituição Federal quanto nas convenções internacionais de direitos humanos, recepcionadas por nosso sistema jurídico interno.

Para atingirmos os objetivos propostos, tivemos a necessidade de, ao longo da pesquisa, responder algumas questões fundamentais. Partindo do pressuposto de que a ingerência penal do Estado brasileiro historicamente mais violou os direitos humanos dos cidadãos do que propriamente os garantiu, em razão de sempre ter-se voltado, em aspectos fundamentais, ao atendimento dos interesses das classes econômica e politicamente dominantes, procuramos fazer os seguintes questionamentos: a) quais os fatores determinantes da situação de crise por que passa o sistema punitivo brasileiro?; b) quais as manifestações concretas e as conseqüências dessa situação de crise do sistema punitivo para a consolidação do Estado Democrático de Direito?; c) quais as possibilidades de relegitimação do sistema penal brasileiro, a fim de possibilitar a realização do Estado Democrático de Direito na parcela que disto toca ao direito penal?

Ao primeiro questionamento, procuramos dar resposta no capítulo inicial. Nele procurou-se demonstrar que uma parcela de responsabilidade pela crise do sistema punitivo decorre das posturas acríticas e conservadoras adotadas pela dogmática penal no tratamento do seu objeto de análise – o sistema normativo –, bem como em razão dos interesses contidos nos produtos normativos criados pelo Poder Legislativo que, em pontos fundamentais, traduzem as demandas das classes sociais que detêm o poder político e que, por conseqüência, agregam-se ao redor do Estado.

Quanto às posturas dogmáticas, procuramos realçar a sua vinculação histórica a uma metodologia purista normativa de abordagem do objeto, o que tem gerado, historicamente, um distanciamento da realidade social a qual se destina. Também buscamos explicitar as conseqüências no âmbito hermenêutico dessa postura purista normativa, o que de certa forma nos deixou claro que as mesmas representam estratégias de manutenção e monitoração de um sistema que atende às demandas e ao modo-de-produção que realmente interessam às classes dominantes.

Posteriormente, para o fechamento do capítulo, buscamos enfocar o discurso penal desde a teoria do poder, o que nos permitiu revelar dois níveis de poder nos quais podemos situar a manifestação discursiva penal: a) um nível de macropoder, em que analisamos a figura do legislador como primeira instância do processo de formação do discurso penal, e onde pudemos demonstrar as raízes socioeconômicas dos produtos legislativos; b) um nível de micropoder, no qual se mostra que o saber constituído pela parcela da dogmática que adota a metodologia purista normativa, a partir dos produtos legislativos e das práticas operativas do sistema, constitui-se também em um âmbito potestativo que realimenta o sistema normativo e que, juntamente com ele, tem determinado, em grande medida, a crise do sistema pela não-realização dos direitos humanos constitucionalizados e convencionados internacionalmente, impossibilitando, desta forma, a realização do Estado Democrático de Direito.

O segundo capítulo destinou-se à demonstração das manifestações concretas do sistema punitivo violadoras do Estado Democrático de Direito. Subdividimos essas ordens de violações tendo como referencial os núcleos de direitos componentes desse novo paradigma estatal que temos à nossa disposição desde a promulgação da Carta Constitucional de 1988.

Procuramos realçar em toda esta parte do texto o questionamento acerca de quais as possibilidades de intervenção do direito penal para a realização do Estado Social, sem que dela decorra uma desfiguração do núcleo de direitos individuais presentes em nossa Constituição, o que, conseqüentemente, atingiria o próprio Estado de Direito.

Descrevemos o que se entende hoje por Estado Democrático de Direito. Na segunda seção, buscamos demonstrar que a violência com que se manifesta o Estado no exercício do poder penal, bem como a seletividade dessa atuação, pela não incidência do aparato repressivo sobre as classes que se agregam no Estado, são fatores que afetam a realização do núcleo liberal de direitos fundamentais constitucionalizados.

Em seção posterior, analisamos o custo do delito, a divisão social do seu pagamento, as alocações orçamentárias estatais para o combate ao crime em relação a outras inversões financeiras do Estado para o atendimento de outros direitos sociais muito mais fundamentais para o bem-estar da população. Tudo isto se agregou a uma demonstração do crescimento da criminalidade nos tempos de globalização, inobstante o aumento dos aportes financeiros para o combate às atividades criminosas, conjunto todo que atinge parcialmente as possibilidades de concretização de um Estado social.

Já neste segundo capítulo, passamos à apresentação inicial de alguns referenciais conceituais que entendemos fundamentais para o desencadeamento do processo de relegitimação do sistema penal. Buscamos analisar como deve ser entendida a liberdade individual, dentro de um projeto de Estado Democrático de Direito que demanda a sua redução em favor de uma liberdade comunitária. Propusemos, também, um redimensionamento epistemológico do direito penal, através do deslocamento substancial do conceito de democracia e da sua fundamentação antropológica, o que, em termos dogmáticos, impõe o reassentamento constitucional da teoria do bem jurídico-penal.

O terceiro capítulo destina-se à descrição da base teórica que julgamos adequada a fundamentar o processo de relegitimação do direito penal, por possibilitar a sua minimização pelo afastamento do sistema de todas as regras incriminadoras que contrariem os princípios constitucionais e convencionais garantistas dos direitos humanos. Nesta parte, além de descrevermos os pontos principais da teoria do garantismo penal construída por Ferrajoli, trazida aqui não como uma teoria alienígena descontextualizada, mas como um modelo ideal aplicável muito ao nosso País do que propriamente à

Itália, seu país de origem, fizemos uma análise crítica da tipologia principiológica do sistema de garantias brasileiro, tanto em nível constitucional quanto infraconstitucional.

Desta análise resultou importante destacar a necessidade de aprofundamento da concepção de legalidade em nosso sistema jurídico penal, para proporcionar a criação de vínculos não só formais aos legisladores e aplicadores da lei, mas, adiante disto, a criação de vínculos conteudísticos substanciais que permitam a redução da ingerência estatal penal tanto em nível legislativo quanto judicial. Com esse objetivo, propugnamos uma revisão de nosso modelo normativo de Direito, deslocando a concepção de legalidade formal para o âmbito substancial, da nossa teoria jurídica da validade das leis infraconstitucionais, baseada não mais na forma, mas sim, nos conteúdos principiológicos constitucionais que devem orientar a validade das normas hierarquicamente inferiores, e, também, da nossa filosofia política de legitimação do Estado e do sistema penal, que deve estar orientada por critérios ético-políticos externos ao sistema jurídico.

Por fim, no capítulo derradeiro, destacamos dois momentos. O primeiro, no qual realizamos uma retrospectiva histórica do sistema normativo penal brasileiro, onde se tornou possível constatar que desde o nosso primeiro Código Criminal de 1830, até os dias atuais, a instituição de tipos penais, em pontos fundamentais, atendeu muito mais aos interesses das classes econômica e politicamente dominantes do que propriamente às funções de garantia que hipoteticamente deveria voltar-se o direito penal.

Fechamos o presente trabalho com uma projeção de relegitimação do sistema penal, voltada à realização do Estado Democrático de Direito que hipoteticamente temos à nossa disposição, pelo atendimento das demandas garantistas de efetivação dos direitos humanos, o que somente é possível pela aplicação da teoria garantista da validade conteudística das normas infraconstitucionais, expediente que implica a declaração de invalidade de uma grande quantidade de normas incriminadoras constantes em nossa legislação penal material. Dessa forma, apresentamos na última seção uma listagem de todos os delitos que julgamos inválidos em relação a princípios garantistas presentes em nossa Constituição e em convenções internacionais de direitos humanos recepcionadas por nosso sistema jurídico interno, especialmente o Pacto de San José da Costa Rica.

Para a realização desta nossa empreitada investigativa utilizamos basicamente o método indutivo, pois invariavelmente partimos de dados particulares para chegarmos a generalizações. Esparsamente, em momentos específicos, utilizamos alguns aportes metodológicos dialéticos e, também, históricos e comparativos.

No desenvolvimento do trabalho utilizamos como técnicas principais a pesquisa bibliográfica e também pesquisa documental, especialmente da legislação constitucional, infraconstitucional penal e das convenções internacionais de direitos humanos.

Em todos os momentos sempre procuramos manter um enfoque interdisciplinar do fenômeno penal, pois entendemos que a complexidade do fenômeno penal e da crise do sistema punitivo reclama avaliações e propostas políticas de diversas ordens que ultrapassam o âmbito estritamente jurídico.

1. A dogmática jurídico-penal e o sistema normativo-punitivo: primeiros passos rumo à relegitimação do Direito Penal

1.1. A METODOLOGIA LIMITADORA DA DOGMÁTICA PENAL: O PURISMO NORMATIVISTA LEGAL

A instituição do paradigma do Estado moderno, em superação aos modelos medievais e absolutistas, permitiu, a partir de sua natureza estritamente contratualista-convencional, a criação de uma ciência jurídica diversa do próprio direito positivo. Desde aí, a dogmática jurídica encontrou nas normas decorrentes da manifestação estatal, não só o objeto de seus estudos, mas também e principalmente, o horizonte de projeção de suas construções teóricas. Assim, há aproximadamente duzentos anos, tem a dogmática uma relação de fluxo e refluxo com o direito positivo, instituindo-o e sendo por ele instituída, na medida em que é ele o seu principal objeto de referência.[1]

Historicamente, é desta relação entre dogmática e direito positivo que têm surgido as mais diversas instituições jurídicas, como "soluções" aos mais diversos conflitos de nossa sociedade. E dentro de uma perspectiva crítica, cabe-nos indagar, desde já, se essas soluções, no âmbito do direito penal, forjadas dentro de uma dinâmica dogmatista,[2] têm ido de encontro às pretensões ético-políticas de

---

[1] Sobre a história da dogmática jurídica, ver LUISI, Luiz. *Os Novecentos Anos da Ciência do Direito.* In: Filosofia do Direito. Porto Alegre: Sergio Antonio Fabris, 1993, pp. 77-81.

[2] É importante destacar, como bem anota Streck, que *deve ficar claro que não se pode confundir Direito positivo com positivismo, e dogmática jurídica com dogmatismo, e tampouco se pode cair no erro de opor a crítica (ou "o" discurso jurídico) à dogmática jurídica.* Ver a respeito STRECK, Lenio Luiz. *Hermenêutica Jurídica e(m) Crise. Uma exploração hermenêutica da construção do Direito.* Porto Alegre: Livraria do Advogado, 1999, p. 25. Nossa crítica dirige-se fundamentalmente às posturas dogmatistas de grande parte dos doutrinadores nacionais que em suas elaborações teóricas centram suas análises estritamente nos institutos legais, dentro de uma perspectiva meramente

cunho humanista, nas quais o homem e sua felicidade aparecem como finalidade principal.

As abordagens que têm sido realizadas pela dogmática penal,[3] acerca do sistema estatal penal, são, poderíamos dizer, em não desprezível medida, formuladas em consonância com um modo-de-produção[4] econômico, o que tem implicado a constituição de um determinado campo jurídico[5] e de um *habitus*, embasadores de um modo-de-produção do Direito,[6] especialmente em decorrência de que o conteúdo do *senso comum teórico*[7] penal tem sido constituído a partir de uma investigação centrada basicamente sobre as normas positivadas, relegando-se a planos inferiores de análise os âmbitos axiológico e fático,[8] ou seja, o plano realístico de incidência norma-

---

jurídica, e sempre buscando uma plenitude conceitual esgotadora de toda e qualquer possibilidade de pragmatização do conhecimento jurídico e do próprio Direito.

[3] Para os fins deste trabalho, circunscrevemos conceitualmente a dogmática penal nos termos dados por Ferrajoli que denomina o juspositivismo dogmático como sendo *toda orientación teórica que ignora el concepto de vigencia de las normas como categoria independente de las de validez y efectividad*. A respeito, ver FERRAJOLI, Luigi. *Derecho y Razón*. Madrid: Trotta, 1997, p. 871.

[4] A categoria modo-de-produção é extraída do conjunto do pensamento marxista, significando o modo de trabalhar, o modo pelo qual a sociedade produz as suas riquezas. A respeito, ver PLEKHANOV, Guiorgui. *A Concepção Materialista da História*. Rio de Janeiro: Paz e Terra, 1980, p. 35; HINDESS, Barry, HIRST, Paul Q. *Modos de Produção Pré-capitalistas*. Rio de Janeiro: Zahar, 1976, pp. 16-19; MANDEL, Ernest. *Introdução ao Marxismo*. Lisboa: Antídoto, 1982, pp. 267 e seguintes.

[5] Por campo jurídico, entendem Dezalay e Trubek, a partir do conceito de campos sociais forjado por Pierre Bourdieu, como sendo as articulações de instituições e práticas através das quais a lei é produzida, interpretada e incorporada às tomadas de decisões na sociedade. A respeito, ver DEZALAY, Yves e TRUBEK, David M. *A Reestruturação Global e o Direito*. In: Direito e Globalização Econômica. José Eduardo Faria (org.). São Paulo: Malheiros, 1996, p. 31.

[6] A partir da concepção marxista de modo-de-produção, Dezalay e Trubek construíram a noção de modo-de-produção do Direito, para conceituar a política econômica de regulamentação, proteção e legitimação num dado espaço nacional, num momento específico. A respeito, ver Dezalay e Trubek, *Reestruturação Global e Direito*, p. 39.

[7] Para Warat, o *senso comum teórico dos juristas* designa as condições implícitas de produção, circulação e consumo de verdades nas diferentes práticas de enunciação e escritura do Direito. Essas condições que influenciam os juristas em suas atividades práticas cotidianas, segundo o autor portenho, são representações, imagens, pré-conceitos, crenças, ficções, estereótipos e normas éticas que governam e disciplinam anonimamente seus atos de decisão e enunciação. Ver a respeito WARAT, Luiz Alberto. *Introdução ao Direito I*. Porto Alegre: SAFe, 1994, p. 13.

[8] Para a confirmação de tal informação, basta que examinemos rapidamente o conteúdo dos manuais e tratados de direito penal e direito processual penal elaborados pelos expoentes da dogmática penal nacional. Neles persiste a técnica de comentários acerca dos institutos legais, sem qualquer análise crítica ou funcional da pertinência ou não dos mesmos. Limitam-se a descrevê-los estruturalmente,

tiva. Isto confirma integralmente a posição de Warat acerca da dogmática jurídica, quando diz que esta *é a atividade que tem a pretensão de estudar, sem emitir juízos de valor, o direito positivo vigente.*[9] Com uma pretensão de objetividade e rigorismo, visando unicamente a demonstrar a estrutura lógica inerente ao sistema, *a dogmática é uma atividade que não só acredita produzir um conhecimento neutralizado ideologicamente mas também desvinculado de toda preocupação seja de ordem sociológica, antropológica, econômica ou política.*[10] No direito penal, este papel exacerbou-se numa magnitude não observada em nenhum outro ramo do Direito.

Desenvolveu-se no direito penal moderno, em contraposição à incerteza e indefinição do direito penal medieval e absolutista, uma constante busca pela certeza e pela precisão conceitual, o que por si só não chega a ser algo negativo. Isto se revela, por exemplo, pela instituição dos tipos penais, como instrumentos de garantia dos cidadãos contra a atuação opressora desmedida do Estado. Tal pretensão foi levada tão longe, e os tipos penais multiplicaram-se de tal maneira, que o que inicialmente foi concebido para funcionar como um instrumento de garantia e de limitação à atividade estatal tornou-se, por uma metástase, um fator maximizador da intervenção estatal que novamente passou a beirar as raias da incerteza, principalmente quando funcionalizada na perseguição àqueles que não estão enquadrados em seu modo-de-produção, em seu paradigma de sociedade pretendido.

Parte dos autores do discurso dogmático jurídico-penal oficial identifica-se com uma postura epistemológica que confere validade científica a uma ciência cujo conteúdo, repetimos, limita-se estritamente pela lei. Seus discursos científicos reduzem-se à completude lógica da interpretação da lei em nível semântico, procurando, cuidadosamente, evitar qualquer incursão pragmática, restando à arbitrariedade do "cientista" a inclusão ou não de dados realísticos, segundo a conveniência de serem legitimantes ou deslegitimantes.[11]

---

avançando, quando muito, a uma análise comparativa. Isto revela, como veremos mais tarde, uma vinculação da produção do saber dogmático ao poder estatal penal, funcionando desta forma, como uma instância legitimadora externa da produção oficial do saber cunhado a partir da legislação oficial.

[9] Cfe. WARAT, Luiz Alberto. *Introdução Geral ao Direito I*, p. 41.

[10] *Idem, ibidem.*

[11] Todo este comportamento da dogmática visa, pela neutralidade axiológica do discurso, à manutenção da sua objetividade e cientificidade, dentro de um paradigma positivista. Esquecem que a neutralidade valorativa não é um critério de objetividade, visto que a parcialidade ideológico-valorativa não desvirtua necessariamente a verificabilidade ou o potencial transformativo (da realidade) da explicação. A verda-

E agindo dessa forma, parte da dogmática penal tem cumprido bem e fielmente uma função que, segundo Entelman, é a de *producir las palabras tranquilizadoras, hablar como se debe, y mantener cuidadosamente protegido aquello que no puede ser dicho, y que no debe ser dicho.*[12] Em suas posições discursivas, é totalmente ignorada a perda de segurança de resposta do penalismo em relação aos conflitos que lhes são submetidos à solução. Há, segundo Zaffaroni, diante da insustentabilidade progressiva cada vez mais crônica da atuação penal estatal, a tendência a começar a *operar-se a evasão mediante mecanismos negadores que, em nosso caso, aparentam conservar a antiga segurança de resposta, embora reconheçam-se "problemas" que costumam ser deixados de lado, através de uma delimitação discursiva arbitrária que evita confrontar a crise.*[13]

Há toda uma metodologia de compreensão e abordagem do sistema penal que funciona como um selo de garantia da cientificidade do discurso, da sua tecnocientificidade, obtida pela relevância dada aos critérios epistemológicos do purismo metodológico normativista.[14]

Diante disso é possível concluir que, para aquela parte da dogmática conservadora e acrítica, qualquer discurso penal de cunho crítico é desqualificado a um nível de manifestação panfletária.[15]

---

deira função da neutralidade valorativa é exatamente dar maior credibilidade a um discurso cuja posição ideológica é inconfessável sob pena da perda total da confiança no próprio sistema. A introdução de posições ideológicas ou esquemas valorativos em um discurso cancela a imparcialidade, porém não necessariamente a objetividade.

[12] Cfe. ENTELMAN, Ricardo. *Aportes a la formación de una epistemologia en base a algunos análisis del funcionamiento del discurso jurídico.* In: El discurso jurídico. Perspectiva psicoanalítica y otros abordages epistemológicos. Buenos Aires: Hacrete, 1982, p. 87.

[13] Cfe. ZAFFARONI, Eugenio Raúl. *Em Busca das Penas Perdidas.* Rio de Janeiro: Revan, 1991, p. 12.

[14] Sobre isto, com bastante acuidade manifesta-se Paulo de Tarso Ribeiro ao dizer que à teoria do direito mais tradicional certamente pareceria um exercício de retórica, marcada por elementos "extra-jurídicos" de flagrante inadequação lógica e científica, qualquer tentativa de compreensão do universo jurídico que não fosse pautada segundo os critérios herdados do purismo metodológico normativista que orientou e ainda orienta a pesquisa e indagação dos juristas. Cfe. RIBEIRO, Paulo de Tarso. *Direito e Mudança Social.* In: A Crise do Direito numa Sociedade em Mudança. Brasília: UnB, 1988, p. 81.

[15] Não podemos deixar de reconhecer a importância da análise estrutural para a investigação e formação do discurso jurídico. O que não pode ser relegado a um plano secundário ou de menor importância é uma abordagem crítica mais abrangente, de natureza sociológica ou jus-sociológica. Prevalecendo somente a primeira, ou qualificando-se somente ela como científica, teríamos que aceitar o Direito como um sistema completamente fechado, independente e imune a qualquer interação social, o que conflita com a realidade de um sistema social que atua em uma plena inter-relação com os demais subsistemas sociais, numa complexa dinâmica. O Di-

É importante destacar que, quando separamos o conhecimento dogmático avalorativo e acrítico, fundado no purismo metodológico normativista, do saber crítico – que também pode ser dogmático –, no qual realçam-se enfoques mais funcionais, estamos diante de um problema de natureza estritamente epistemológica, onde passamos a questionar sobre a validade de um ou de outro dentro de um universo que se pretende seja científico. Tal problemática tem suas repercussões no âmbito do poder. A supremacia quantitativa do primeiro sobre o segundo, no aspecto de sua difusão e aceitação, tem importado, em última análise, na legitimação teórica de um modo opressor de exercício do poder estatal penal, e do qual tem surgido muito mais problemas do que soluções.

Como conseqüência dessas opções metodológicas para a construção do saber penal, temos que uma boa parte do discurso dogmático está totalmente distanciada da realidade, principalmente por não aproveitar a descrição da operacionalidade real dos sistemas penais realizada pela moderna criminologia sistêmica, sendo comum, especialmente nos países periféricos, uma total carência e pobreza da investigação empírica, referida à prática do sistema penal, destinada a alimentar o saber e a política criminal.[16]

reito, compreendido como um espaço vital de luta para a obtenção de melhorias sociais, muito deve à dogmática. O que é de rechaçar-se é a atitude metodológica dogmatista, engessadora e limitadora de todas as possibilidades criativas e construtivas que podem ser desenvolvidas no âmbito dogmático.

[16] Tal carência de investigação decorre, em grande parte dos países latino-americanos, não só de uma antipatia com que o poder enxerga este tipo de trabalho científico, mas, também e principalmente, de uma escassez de recursos e do desenvolvimento das ciências da conduta. Pode-se apontar, também, como causa da inexpressividade da pesquisa científica em torno dos sistemas penais, a dominância em alguns países da região de uma chamada ideologia de segurança nacional ou outros tipos de autoritarismos que têm como subversivos ou suspeitos estes tipos de atividade. É facilmente verificável que, em nosso País, a sociologia geral e, principalmente, a jurídico-penal, para não mencionar uma situação muito mais grave vivida pela filosofia, não conquistou um espaço significativo a ponto de realizar uma aproximação entre a realidade e as estruturas do poder. Exemplo disto é a nossa sociologia jurídica que se não é inexistente é, pelo menos, irrisória. Não podemos esquecer também que outro fator importantíssimo determinador da resistência à investigação configura-se na temeridade, pelos setores produtores e reprodutores do *status quo*, que dela possam resultar inovações práticas ao sistema. Disso resulta que as reformas político-criminais propostas por membros dos grupos que integram os setores do próprio sistema devem ser analisadas com a máxima cautela. A título ilustrativo de tal afirmação, veja-se a proposta de projeto de alteração do Código Penal brasileiro, encomendado pelo Ministério da Justiça a um grupo de notáveis juristas que em nada modificou a estrutura de um sistema falido. Tal trabalho foi realizado somente por juristas "oficiais", num período curtíssimo, sem qualquer discussão mais aprofundada de natureza interdisciplinar.

A partir desta situação, tornaram-se comuns e esmagadoramente majoritárias ações políticas totalmente injustificadas que são encobertas por discursos dos setores e subsetores do sistema que expressam uma situação totalmente diversa da que atuam os seus órgãos. Tomam-se decisões em relação ao poder estatal penal, sem que, na grande maioria das vezes, estas estejam baseadas num efetivo conhecimento do funcionamento e das conseqüências geradas pelo sistema. Em resumo, uma considerável parte da programação normativa e, conseqüentemente, da análise dogmática nela baseada, fundamenta-se em uma "realidade" virtual, praticamente inexistente.[17]

E é por este caminho conservador e irreal, para não denominá-lo surreal, que tem caminhado uma grande fatia da ciência jurídico-penal, cujo "pensamento" tem fundamentado não só a produção legislativa, mas, também, a maior parte de todo o sistema de ensino jurídico formador dos futuros juristas de nosso País.[18]

Não é de estranhar que, pela ausência de atitude crítica nos posicionamentos de grande parte dos juristas em matéria penal de nosso País, o que serviria de fator de oxigenação do sistema punitivo pela sua constante avaliação e readequação, tenha o reclame público, determinado pelas campanhas de grandes redes de comunicação social, larga influência na atuação dos parlamentares responsáveis pela aprovação de um sem-número de projetos que cada vez mais

---

[17] Sobre isto, análise percuciente é feita por Streck, ao afirmar que *o paradigma (modelo de direito ou modo de produção) liberal individualista está esgotado. O crescimento dos direitos transindividuais reclama novas posturas dos operadores jurídicos. Daí a necessidade de (re)discussão das práticas discursivas dos juristas.* Acrescenta ele que esta crise de paradigma só é explicável a partir da compreensão de que o *"mercado" brasileiro de direito gerou demandas/expectativas que não têm mais condições de serem atendidas pelo modo liberal-individualista-normativista de produção do direito.* E pergunta, partindo da constatação entre o enorme fosso existente entre o direito e a realidade social, e, também, da incapacidade histórica da dogmática jurídica em lidar com a realidade social, para que tipo de país o *establishment* jurídico-dogmático produz doutrina e jurisprudência. A respeito ver STRECK, Lenio Luiz, *Dogmática e Hermenêutica*, p. 5.

[18] Com a visão do operador prático somada à do acadêmico, bem analisa Streck a questão do ensino jurídico brasileiro. Refere ele que *a pesquisa nas faculdades de Direito está condicionada a reproduzir a "sabedoria" codificada e a conviver "respeitosamente" com as instituições que aplicam (e interpretam) o direito positivo. O professor fala de códigos, e o aluno aprende (quando aprende) em códigos. Esta razão, somada ao despreparo metodológico dos docentes (o conhecimento jurídico tradicional é um conhecimento dogmático, e suas referências de verdade são ideológicas, e não metodológicas), explica porque a pesquisa jurídica nas faculdades de Direito, na graduação e na pós-graduação, é exclusivamente bibliográfica, como exclusivamente bibliográfica e legalista é a jurisprudência de nossos próprios tribunais.* A respeito ver STRECK, Lenio Luiz. *Tribunal do Júri. Símbolos e Rituais.* Porto Alegre: Livraria do Advogado, 1998, p. 48.

reproduzem nosso sistema penal que, muitos mais do que um instrumento de solução de problemas, é ele próprio o problema.

A irrisão da crítica e da pesquisa na área penal no Brasil é fruto do nível inicial de desenvolvimento em que se encontra a pesquisa jurídica em nosso País. O fomento à investigação no Governo FHC parece estar sofrendo um retrocesso com os inúmeros cortes de verbas que afetam o setor educacional. Travestido com uma maquiagem democrática, mas contendo em seu cerne uma natureza essencialmente autoritária, haja vista estar governando basicamente através de medidas provisórias, não poderia este Governo ter como meta fundamental de desenvolvimento o estímulo à pesquisa, especialmente dentro do âmbito das ciências sociais, sob pena de estar estimulando o desenvolvimento do senso crítico, o que não é de seu interesse, diante das inúmeras atrocidades administrativas, facilmente detectáveis, que estão sendo realizadas no País. Há, evidentemente, uma relação entre a característica não-democrática deste regime de governo e o desestímulo à pesquisa. O estímulo à pesquisa jurídica é, de certa forma, um indicador da disposição democrática de um regime, pelo menos dentro dos limites de nosso continente. Estamos situados dentro de um quadro em que predomina a pobreza da investigação empírica acerca do sistema penal.[19] Visualizando o fenômeno numa perspectiva da relação entre saber e poder, num primeiro momento é possível concluir-se que não há interesse do *establishment* em investigar os reais efeitos do sistema penal, pois este, funcionando como um mecanismo de controle social, está a serviço dos grupos dominantes que detêm o poder político.

Como conseqüência, repassam-se conteúdos sem qualquer filtragem qualitativa, especialmente no que se refere à qualidade política.[20] Ainda não se constituiu em um hábito de grande parte de nossos juristas o questionamento dos fins e dos conteúdos históricos da sociedade, desprezando-se a relevância social dos produtos cien-

---

[19] Inobstante existir pesquisa sobre matéria penal no Brasil, entendemos que pelo número de escolas de Direito existentes em nosso País ela poderia ser infinitamente maior. Temos em torno de 400 escolas, sendo que a maioria não produz absolutamente nada em termos de pesquisa científica. A nova Lei de Diretrizes e Bases poderá, a médio prazo, alterar esta situação.

[20] Pedro Demo, em seu artigo *Universidade e Qualidade*, faz referência à qualidade formal e política do conhecimento. A primeira diz respeito ao domínio do instrumental metodológico e técnico, não importando, neste aspecto, *o que* se produz, mas o *como* se produz; já quanto à qualidade política, diz o autor que esta refere-se à característica tipicamente social do ator capaz de construir, pelo menos em parte, sua sociedade e de se construir, importando, neste aspecto, *o que* e *para que* se produz. Ver a respeito DEMO, Pedro. *Universidade e Qualidade*. In: Logos Revista de Divulgação Científica. Canoas: ULBRA, 1991, pp. 5-16.

tíficos e a atuação do jurista como ator político. Não terá chegado a hora, como questiona Novoa Monreal,[21] *de os juristas abandonarem as divagações teóricas, no âmbito restrito de sua disciplina, cuidadosamente isolada, por eles próprios, das outras técnicas sociais, sem que lhe importe a eficácia ou o resultado que elas apresentam a propósito das realidades sociais?*

Há, por parte dos juristas marcados por um exacerbado dogmatismo avalorativo, um equívoco em relação ao espírito que deve cercar as atividades de pesquisa, de observação. Enquanto grande parte deles prefere as incursões por bibliografia estrangeira descontextualizada, até mesmo como uma forma de demonstração de uma erudição acadêmica, a realidade local está passando aos seus olhos totalmente despercebida.[22] Esquecem-se eles que a pesquisa, muito mais do que um princípio científico, no qual se ressalta seu lado formal, é a raiz política da atitude de questionamento criativo e emancipatório. É por ela que se trava um diálogo inteligente com a realidade, calcado na atitude de questionamento crítico e produtivo. E este diálogo não pode ser movido apenas pela curiosidade ou, muito menos, pela vaidade da erudição, mas, sobretudo, pelos interesses sociais envolvidos em todo o processo. É importante a curiosidade que quer conhecer, mas o móvel mais fundamental é conhecer para mudar, porque podemos também conhecer para não mudar, atitude típica das elites oligárquicas associadas ao poder. E é com condutas assim caracterizadas que tem-se movido a pesquisa jurídica brasileira, que pouco tem modificado o sistema penal nacional, que se apresenta com sérios sintomas de esgotamento, sem qualquer potencialidade de alteração de um quadro violador dos mais elementares direitos humanos e, também, gerador, de forma autopoiética, da própria criminalidade.

Provavelmente acreditando na teoria do desenvolvimento progressivo e centrífugo e, também, num provável período de transição pelo qual estariam passando nossas sociedades periféricas, em direção ao padrão de desenvolvimento dos países centrais, passaram, desde há muito, juristas e legisladores a obedecer a um processo de importação de aportes intelectuais e de modelos dos países centrais, recebidos em diferentes épocas e sem relação com as condições concretas e com as estruturas sociais de nossas sociedades.

---

[21] Cfe. NOVOA MONREAL, Eduardo. *O Direito como Obstáculo à Transformação Social.* Porto Alegre: SAFe, 1988, p.11.

[22] Cremos ser de grande relevância o conhecimento da ciência estrangeira e do direito comparado, mas mais importante ainda, para a utilização de modelos alienígenas, é a sua contextualização à nossa realidade social, econômica e cultural, totalmente diversa da européia, sede de nossas sucessivas importações culturais.

A experiência do capitalismo periférico nos últimos tempos desfez qualquer ilusão construída nesse sentido, e ainda hoje parece que parte dos dogmáticos em matéria penal não se deu conta de que a realidade operacional de nossos sistemas penais jamais poderá adequar-se à planificação dos discursos jurídico-penais importados de forma descontextualizada. Os modelos explicativos dos países centrais, por não terem sido construídos a partir de nossas realidades, prestam-se para algumas informações superficiais, mas não são suficientes para a solução dos conflitos sociais sujeitos a sua incidência em nossa região. Nossa atual situação não é comparável à situação da Europa de séculos passados. Nossa realidade é derivada daquelas realidades originadoras de todo o processo da civilização industrial, e, portanto, totalmente diferenciada. A partir dessa situação, parece difícil legitimar-se esse processo de importação de modelos estrangeiros sem que haja uma devida adequação dos mesmos às nossas condições.[23]

Como frutos dessas incorporações, nosso Direito, em geral, e também especificamente nosso direito penal, tende a preservar formas que, em sua grande maioria, se originaram nos séculos XVIII e XIX,[24] quando não no Direito da Antiga Roma, demonstrando-se, assim, inteiramente incapaz de adequar-se às necessidades normativas da sociedade atual e aos padrões de desenvolvimento científico que apontam para outras soluções que não as atualmente impostas.

---

[23] Este processo de importação de modelos explicativos penais estrangeiros deu-se praticamente em toda a América Latina. A Bolívia adotou o Código Liberal espanhol de 1822, o Paraguai importou o Código Imperial alemão de 1871, no México revolucionário, em Cuba e na Colômbia teve trânsito intenso o positivismo italiano, a República Dominicana e o Haiti serviram-se do código bonapartista, o Equador adotou o modelo belga, o Peru, o modelo suíço, a Argentina seguiu o modelo projetado para a Baviera, enquanto a Venezuela fez o mesmo com relação ao primeiro código da unificação italiana, e a América Central com o projeto feito para Lousiana. O Brasil, num primeiro momento, adotou este último modelo estrangeiro e, posteriormente, inspiraram-se nossos juristas oficiais no projeto federal alemão de 1958.

[24] Basta, para ilustrar esta afirmação, que aqui lembremos das penas privativas de liberdade. Erigidas como principal resposta penológica, principalmente a partir de fins do século XVIII, ainda hoje figuram como os principais instrumentos sancionatórios da totalidade dos sistemas penais do mundo todo. Apesar de já há muito tempo ter sido ultrapassado o ambiente otimista em relação aos efeitos da pena de prisão, e inobstante também já haver todo um discurso crítico-criminológico que aponte todas os seus efeitos perniciosos não só aos que a ela se submetem, mas também para a própria sociedade que investe fortunas num ramo podre da (des)organização social, não se observa qualquer atenção a isto quando os legisladores e juristas põem-se a discutir e decidir acerca dos caminhos legislativos pelos quais irão passar o Direito e o sistema penal.

As tensões geradas por estas arbitrárias incorporações de modelos normativos importados a realidades totalmente diferenciadas, que nada têm de similar às realidades em que foram cunhados, são bastante significativas, e na medida em que estão em constante interação com a sociedade civil a que se destinam, através de manifestações de poder extremamente violentas, merecem uma melhor análise e investigação por parte de uma dogmática que no entendimento de Claus Roxin, citado por Bustos, deve cumprir três requisitos para que seja frutífera: clareza e ordenação conceitual, referência à realidade e orientação em finalidades político-criminais.[25]

Sem qualquer respeito à história, à cultura, à realidade socioeconômica e aos costumes totalmente diversos, pretendeu-se e pretende-se normativizar sob o aspecto penal a vida dos cidadãos latino-americanos com idênticas regras às elaboradas para o povo europeu. E todo o saber penal e criminológico latino-americano decorreu de uma dependência cultural e de uma subordinação científica à dogmática européia. A isso se aliou, ainda, o total desconhecimento científico das caraterísticas de nossos países da região.

Em decorrência dessa vinculação ao saber penal europeu, a defasagem de nossa legislação e de nosso conhecimento científico penal acentuou-se. Basta ver que por longo período a criminologia positivista, mesmo já ultrapassada, orientou o nosso saber penal e nossas decisões legislativas, em detrimento de uma criminologia sistêmica, voltada para a pesquisa das causas sociais, econômicas e políticas da criminalidade latino-americana.

A chave para uma perfeita visualização e compreensão de nosso sistema penal exige que as intervenções dogmáticas jamais desprezem o quadro estrutural e conjuntural de nossa sociedade, economicamente subdesenvolvida e periférica.

Dentro desta perspectiva, perfeitamente explicável é o fato por que até hoje detêm o poder-saber penal aqueles juristas que estão vinculados a uma corrente mais conservadora e tradicional, com a vertente metodológica assentada no purismo legal. Essa é a origem européia de nosso conhecimento, trasladado com a finalidade de atender as classes dominantes, cujos interesses estariam totalmente vulneráveis se a atuação do sistema penal estivesse baseada em um discurso normativo fundado em nossa efetiva realidade, marcada pela miséria, pelo analfabetismo, pela polarização radical na distribuição de renda e outras inúmeras características não presentes nos

---

[25] Cfe. BUSTOS, Juan. *Política Criminal y Dogmática*. In: El Poder Penal do Estado. Buenos Aires: De Palma, p. 123.

países centrais, nos quais podemos dizer que houve a instituição de um Estado social, afirmação que não podemos estender ao nosso País.[26]

Não surpreende que grande parte dos estudiosos do direito penal e as escolas universitárias vêem com desprezo ou qualificam como carentes de importância teórica o saber crítico que propugna por câmbios radicais em nossa legislação, em nossa dogmática e no próprio ensino jurídico. O Direito para eles é uma superestrutura, com a finalidade de manter o *status quo*, enquanto a visão crítica considera o Direito sob as suas possibilidades transformadoras reais, transferindo-o a um plano infra-estrutural. Não se estuda o Direito novo, ou as possibilidades de renovação do Direito. Isto é algo para pessoas inatingíveis que jamais chegam até nossos bancos escolares. Nestes, há um repasse de um conhecimento estanque, de institutos muitas vezes mortos, de crimes que jamais acontecem em situações que nunca veremos durante toda uma vida. E isto tem feito com que, muitas vezes, legislações modernas, contextualizadas social e economicamente, apesar de tão desdenhadas sob o ponto de vista acadêmico, sejam as que, paradoxalmente, mais atentem para as peculiaridades de nossa realidade social. Continua-se a discutir, a ensinar e a escrever o direito penal com os mais vetustos exemplos de ocorrência impossível em nossa realidade, e isto tem proporcionado uma reprodução de um sistema que não mais apresenta soluções para os problemas que lhe são submetidos.[27]

Com isso temos que necessariamente realizar um questionamento acerca da conveniência social de todo esse saber penal que, num círculo vicioso, alimenta e vivifica um sistema penal em crise.[28] Será que ainda temos que atender a um conhecimento dito científico, em função de seu rigorismo metodológico, semântico e hermenêuti-

---

[26] Sobre a não realização do Estado social no Brasil, ver a respeito STRECK, Lenio Luiz. *Dogmática e Hermenêutica: aportes críticos acerca da crise do Direito e do Estado*. In: Cadernos de Pesquisa Mestrado/Unisinos, n. 02, agosto de 1997, pp. 8 e 9.

[27] Ainda há uma significativa parcela de juristas que dispensa uma enormidade de tempo para o fomento de discussões que atualmente são estéreis e superadas, como as que se centralizam na dúvida sobre se o dolo está no tipo ou na culpabilidade, se o resultado da ação deve ser considerado normativa ou naturalisticamente, sobre as eficácias temporais, espaciais e sobre as pessoas da lei penal, enfim, preocupações de quem parece estar situado num outro ambiente que não o de um País como o nosso, marcado por uma realidade socioeconômica extremamente cruel e desigual.

[28] Quando falamos em crise do sistema penal, coincidimos com a definição de Zaffaroni, que a considera como o momento em que a falsidade do discurso jurídico-penal alcança tal magnitude de evidência, que este desaba, desconcertando o penalismo da região. Cfe. ZAFFARONI, Eugenio Raúl, *Em Busca das Penas Perdidas*, p. 16.

co, quando é dele que se nutre todo um sistema legal e institucional do qual surgem as mais absurdas violações de direitos humanos? Quando para sustentá-lo gastamos fortunas incalculáveis que poderiam ser utilizadas na realização de inúmeros direitos sociais de nossa população? E quando, para nosso estarrecimento, este mesmo sistema não traz qualquer resultado satisfatório que nos console e nos possibilite a realização de uma defesa científica de seu paradigma?

1.2. CONSECTÁRIOS HERMENÊUTICOS DA METODOLOGIA PURISTA

Dentro de sua lógica estrutural e funcional, a partir do seu assentamento em um modo-de-produção liberal-individualista-normativista, as estratégias hermenêuticas adotadas por um grande número de nossos juristas, refletidas no modo de fazer o nosso Direito, fundamentam-se no paradigma epistemológico da filosofia da consciência, na qual prevalecem a reificação de formas dentro do esquema de relações entre sujeito e objeto. Acerca disto coloca Streck, que *no interior do sentido comum teórico dos juristas, consciente ou inconscientemente, o horizonte a partir de onde se deve pensar a linguagem ainda é o sujeito isolado (ou da consciência do indivíduo) – que tem diante de si o mundo dos objetos e dos outros sujeitos –, característica principal e ponto de referência de toda a filosofia moderna da subjetividade.* Acrescenta que neste paradigma *admite-se uma espécie de auto-compreensão objetivista da ciência e da técnica, como bem denuncia Habermas. Essa separação entre sujeito e objeto busca proporcionar a que o sujeito, de forma objetiva, possa contemplar o objeto.*[29] Neste paradigma, a linguagem ainda é um instrumento, um terceiro elemento situado entre o sujeito cognoscente e o objeto, com a finalidade de conduzir essências e sentidos originários existentes nos textos legais. Aqui o que deve ser apreendido são evidências primordiais e representações intencional-objetivas de natureza pré-lingüística.

Dentro desse paradigma filosófico de compreensão do mundo, o processo interpretativo tradicional tem um caráter "reprodutor de essências", e uma vez transportado isto para o universo jurídico, os objetos de análise do sujeito – as normas legais –, passam a ter um sentido unívoco. Os significados estão desde sempre na lei, e no processo hermenêutico somente cabe ao intérprete descobri-los, retirando-se do mundo e negando todas as suas circunstâncias histó-

---
[29] Ver a respeito STRECK, Lenio Luiz, *Dogmática e Hermenêutica*, p. 24.

ricas ao garimpar a vontade da lei ou do legislador. Neste paradigma, o intérprete não é ele e suas circunstâncias, mas ele diante de um objeto carregado de significações aprioristicas que não podem ser ajustadas ao momento histórico-social.

Apesar da existência, aceita, poderíamos dizer, unanimemente, de uma estreita vinculação entre Direito e Filosofia, e sendo tal entrelaçamento constantemente afirmado pela quase totalidade dos expoentes da dogmática jurídica, encontra-se esta numa considerável defasagem filosófica, especialmente no campo hermenêutico.

Heleno Fragoso afirmava que *a Filosofia do Direito Penal não é ciência autônoma: ela faz parte da Filosofia do Direito, que não é disciplina jurídica, mas filosófica, nada mais constituindo do que a própria Filosofia tendo por objeto a realidade do Direito.*[30] Neste mesmo passo, Basileu Garcia ao sustentar que *não poderia o jus-penalista isolar-se na sua torre de marfim, cerrando os ouvidos aos debates filosóficos concernentes ao objeto da sua própria ciência. Ao contrário, ele deve manter-se alerta às discussões e conclusões que se apresentam, no terreno filosófico, a respeito dos temas penais.* Finaliza, dizendo, comparativamente, que *a doutrina do Direito sem Filosofia assemelha-se a uma daquelas estátuas antigas, que tinham belos olhos, mas sem pupilas.*[31] Também agregado às posições anteriores esteve Anibal Bruno, que reforçou a necessária vinculação de todo e qualquer sistema de Direito em bases filosóficas, esclarecendo que na sua construção mesmo legislativa, como na sua exposição doutrinária, está contida, oculta, mas atuante, uma filosofia.[32]

Diante dessas posições, extraídas ilustrativamente a partir de um universo muito mais extenso, constata-se a existência de uma grande contradição em grande parte do pensamento dogmático, especialmente se dedicarmos especial atenção aos seus expedientes hermenêuticos. Apesar de afirmar a vinculação do Direito em geral e, especialmente do direito penal, com a filosofia, realçando a sua necessidade de constante atualização aos debates filosóficos, paradoxalmente, a maioria dos pensadores dogmáticos, podemos afirmar, ainda se encontra em um estágio platônico de compreensão do mundo, não tendo sequer superado os primeiros estágios do convencionalismo expressados pelos sofistas.[33] Enquanto o pensamento fi-

---

[30] Cfe. FRAGOSO, Heleno Cláudio. *Lições de Direito Penal*. São Paulo: José Bushatsky, 1976, p. 17.

[31] Cfe. GARCIA, Basileu. *Instituições de Direito Penal*. São Paulo: Max Limonad, 1982, p. 11.

[32] Cfe. BRUNO, Anibal. *Direito Penal*. Rio de Janeiro: Forense, 1967, p. 45.

[33] Bastante reveladora é a pesquisa efetuada por Streck, na qual analisa expressiva quantidade de posicionamentos expressados por expoentes da dogmática jurídica brasileira acerca de como compreendem a operacionalização do processo interpre-

losófico já se encontra historicamente em sua terceira fase, a da filosofia da linguagem, tendo já superado a época das indagações sobre o ser (Antiguidade até a Idade Média) e a época da consciência (da Idade Moderna até a instalação dos debates sobre a linguagem), o Direito, incluindo-se o penal, ainda encontra-se buscando as essências significativas contidas em suas normas. Neste sentido, coincidimos plenamente com Streck, quando este diz que *a mudança de paradigma (da filosofia da consciência para a filosofia da linguagem) não teve a devida recepção no campo da filosofia jurídica e da hermenêutica no cotidiano das práticas judiciárias e doutrinárias brasileiras.*[34]

Há, em suma, uma desatualização filosófica de parte da dogmática jurídica brasileira, fato que prejudica enormemente as abordagens doutrinárias e práticas de seus componentes, maculando a função social que o Direito poderia desempenhar, mas que não tem desempenhado.

Neste processo de compreensão do fenômeno jurídico há um erro fundamental de grande influência em todo o *habitus* dos operadores jurídicos de nosso País. Ainda seus representantes oficiais estão ocupando uma posição de sujeito-proprietário das normas, consideradas como uma coisa-em-si dotada de essências que são atingidas ou reveladas por um instrumento denominado linguagem.

A hermenêutica essencialista ou metafísica tem demonstrado ao longo de sua trajetória irrisória ousadia, estando marcada por pretensões de plenitude conceitual que tornam o discurso jurídico cada vez mais hermético e distanciado da realidade a qual deveria destinar-se. O novo no Direito aparece, concordando com Warat, no máximo, como redefinição das palavras da lei nos sucessivos e diferentes atos de sua interpretação, podendo-se alterar os sentidos, tomar decisões, controlar as aplicações, sem que as funções da repressão simbólica e os sentimentos culpabilizadores sejam alterados. As alterações dos conteúdos significativos da lei são sempre produzidos dentro de um determinado sistema instituído de relações sociais e de relações de produção, o que leva o inquieto mestre portenho a concluir que o novo no Direito aparece sempre dentro e submetido ao mesmo poder de controle; uma metamorfose de textos legais feitos dentro de uma mesma estrutura de poder.[35]

---

tativo. Constata ele que de forma unânime o paradigma filosófico metafísico-essencialista fundamenta o entendimento dogmático dominante acerca da hermenêutica do discurso normativo, e que, por conseqüência, as práticas do atores do cenário jurídico assim estão orientadas. A respeito, ver STRECK, Lenio Luiz. *Hermenêutica Jurídica e(m) Crise. Uma exploração hermenêutica da construção do Direito*, pp. 75-78.

[34] *Idem*, p. 25.

[35] Cfe. WARAT, Luiz Alberto, *Introdução Geral ao Direito I*, p. 26.

Assim, a partir de uma metodologia purista normativa que tem determinado os processos interpretativos, uma significativa porção do conhecimento jurídico-penal construído tem negado constantemente a noção de tempo como alteridade, realçando cada vez mais a concepção platônica do *sendo sempre (aei on)*, onde este é sempre segundo as mesmas determinações, ou seja, atemporalmente, e sob todos os aspectos, ele é identicamente determinado segundo o mesmo.[36]

Para Castoriadis,[37] só há tempo essencial, que não seja simples referencial de reconhecimento, se e na medida em que há emergência de alteridade radical, criação, não somente indeterminação, mas surgimento de outras determinações, ou seja, o tempo como dimensão do imaginário radical, é emergência de figuras outras, alteridade-alteração de figuras, mas novas determinações.[38] Rejeitando o novo, o devir, sempre incerto e conflitivo, das práticas sociais, o discurso jurídico, ao buscar constantemente estabilizações e consolidações de sentido, perde ou elimina suas possibilidades de realização de um espaço democrático.

Dentro desta perspectiva, é de perguntar-se: a quem serve esta descontextualização normativa e hermenêutica? Considerando que o direito penal constitui-se em uma técnica de controle social, o resultado prático desse *habitus* hermenêutico tem confirmado concretamente uma das funções do sentido comum teórico enumeradas por Warat, qual seja, a de reassegurar, pelo saber acumulado, as relações de poder. Para ele, *os juristas contam com um arsenal de pequenas condensações de saber: fragmentos de teorias vagamente identificáveis, coágulos de sentido surgidos do discurso dos outros, elos rápidos que formam uma minoria do direito a serviço do poder.*[39]

---

[36] O primeiro grande texto filosófico a discutir a questão do tempo é o *Timeu*, de Platão. Nele a questão do tempo é referida através da construção de duas noções: a do *sendo sempre (aei on)*, já referida, e a do *devindo sempre (aei gignomenon)*, a forma da gênese, o devir absoluto, aquilo que não é jamais segundo as mesmas determinações, o que é sempre segundo determinações diferentes. A respeito ver CASTORIADIS, Cornelius. *A Instituição Imaginária da Sociedade*. Rio de Janeiro: Paz e Terra, 1982, p. 223.

[37] *Idem*, pp. 225-226.

[38] No âmbito do discurso jurídico-penal, a negação da noção essencial de tempo é uma constante, especialmente pela manutenção abstrata e aplicação concreta, a partir de uma atividade interpretativa totalmente descomprometida com o Estado Democrático de Direito, de uma série de tipos penais totalmente descontextualizados (v.g., adultério, bigamia, porte de tóxicos para uso próprio, crimes contra o sentimento religioso e contra o respeito aos mortos) que cada vez mais tornam falso esse discurso.

[39] Cfe. WARAT, Luiz Alberto. *Introdução Geral ao Direito I*, p. 15.

A partir da terceira fase histórica da filosofia, é possível afirmar que o Direito é linguagem, e como linguagem deve ser analisado e interpretado.

Desde essa concepção filosófica, o homem passa a orientar suas ações no mundo a partir da linguagem. A linguagem é ação,[40] como já consideravam Heidegger e Wittgenstein, e o mais importante passa a ser não mais o que são as coisas em si, mas saber o que dizemos quando falamos delas, o que queremos dizer com, ou que significado têm as expressões lingüísticas (a linguagem) com que manifestamos e comunicamos esse dizer das coisas, conforme as palavras de Streck.[41]

Entendido o Direito como um universo lingüístico, assume a análise da linguagem um lugar fundamental para o manejo de todo o fenômeno jurídico, e em especial da hermenêutica normativa, abrindo enormes possibilidades de criação através do Direito e de realização efetiva do Estado Democrático de Direito. Desconhece o *establishment* jurídico que com a instituição desse modelo de Estado, há, constitucionalmente, novas possibilidades de se fazer o Direito, havendo a necessidade, para isso, de considerar-se o fenômeno jurídico como antes referido.[42]

Superada a concepção essencialista do mundo, temos que considerar o intérprete, utilizando as palavras de Ortega y Gasset, como sendo ele e suas circunstâncias, dentro de um universo lingüístico-comunicacional, no qual está abarcado o Direito. A compreensão e a interpretação passam a ser consideradas como um processo desenvolvido a partir do modo de ser-no-mundo. Conseqüentemente, as normas jurídicas devem ser interpretadas a partir do modo de ser-

---

[40] Mais do que em qualquer outro ramo da cultura, é no Direito que se justifica a adoção desse ponto de vista da linguagem como ação. O que são as normas senão determinações lingüísticas, das quais, num processo comunicacional, emanam imposições de ações aos seus destinatários? Rapidamente podemos citar como exemplos concretos, além das normas cogentes em geral, alguns outros atos que se reduzem a esta concepção, tal como a voz de prisão e os mandados judiciais. Não há uma voz de prisão, considerada como uma coisa-em-si, mas uma ação a partir de uma manifestação lingüística.

[41] Cfe. STRECK, Lenio Luiz. *Dogmática e Hermenêutica*, p. 24.

[42] Até mesmo a atuação do Estado frente aos direitos fundamentais de primeira geração está modificada: enquanto nos primórdios do Estado liberal impunha-se aos órgãos estatais uma série de proibições de atuação em relação à liberdade dos indivíduos, como forma de garantir as liberdades individuais, hoje, diante da exacerbação do aparelho estatal e das ilegalidades violadoras dos direitos de primeira geração, exige-se do próprio Estado uma atuação interventiva, especialmente do Poder Judiciário e do Ministério Público, voltada a evitar abusos dos órgãos oficiais, garantindo, assim, a inviolabilidade desses direitos mais elementares que constituem a cidadania.

no-mundo do intérprete dentro do seu tempo, segundo suas conveniências e necessidades, fundindo horizontes, e não somente no tempo do legislador.

Aqui se releva ainda mais a importância de considerar-se o Direito lingüisticamente, eliminado-se a relação epistemológica intérprete-norma como pertencente ao modelo sujeito-objeto, dentro do paradigma da filosofia da consciência, passando-se a dar lugar à concepção de uma relação sujeito-sujeito, em que a palavra assume posição primordial. Só assim, podemos imaginar um Direito criador e transformador, com sua textura permanentemente aberta à ação do intérprete e suas pré-compreensões.

1.3. UMA LEITURA DO DISCURSO PENAL DESDE A TEORIA DO PODER

1.3.1. Fundamentos socioeconômicos do discurso jurídico-penal: bases primárias da instituição e do exercício do macropoder penal

Na produção, circulação e consumo do discurso normativo criou-se a figura do legislador, primeira instância oficial de produção do discurso jurídico-penal, como uma entidade neutra, cuja vontade é revelada de forma mágica pela dogmática, que se exime da responsabilidade ao vincular seus posicionamentos à figura do outro, de uma entidade abstrata que somente é acessível pela própria dogmática.

A dogmática, ao interpretar e comentar o discurso legal, tem uma pretensão de neutralidade ao referir-se continuamente ao legislador, personagem inatingível e "descomprometido" com qualquer interesse que não seja o bem comum ou o interesse geral da nação, ou, no caso do discurso penal, a defesa da sociedade, a proteção de bens ou valores jurídicos de relevância social, a garantia da segurança jurídica, *topois* fundamentais em seu processo de justificação.[43] Mas quem é, efetivamente, este legislador?

---

[43] Zaffaroni enumera alguns pretextos ideológicos justificadores do sistema penal com os quais nos deparamos no trato diário com o discurso jurídico penal: a dignidade da pessoa, as garantias à liberdade pessoal, a racionalidade da prisão preventiva, a garantia do juiz natural, a publicidade dos atos repressivos, todos violados em inúmeras situações rotineiras de funcionamento do sistema penal. A respeito, ver ZAFFARONI, Eugenio Raul. *Sistemas Penales y Derechos Humanos en América Latina* (primer informe), pp. 39-43.

A resposta para tal questão não pode ser dada com fundamento em argumentos cunhados pela própria dogmática no curso de seu desenvolvimento, para questões que se resolvem dentro do próprio sistema, uma vez que o influxo desta determinação parte desde fora. O conteúdo para a solução deste questionamento há de lançar-se à busca de argumentos retóricos sociológicos[44] que nos permitam, antes de mais nada, identificar a planta de construção da sociedade brasileira, a partir de suas estruturas econômico-sociais que, sucessivamente, pela criação de uma série de instrumentos superestruturais, busca de forma incessante perpetuar-se, mantendo a satisfação de seus interesses.

Para conhecermos o legislador nacional e seus produtos legislativos, objetos de todo o interesse dogmático, temos que tomar necessariamente como ponto de partida a sociedade brasileira, que, como em todas as outras sociedades latino-americanas, nunca teve uma identificação socioeconômica completa, sem qualquer dúvida, da sua estratificação social, ou pelo menos se teve, os dados, pela sua gravidade, têm, para os governos, *status* de segredo de Estado. Isto se deve em grande medida a um procedimento usual dos estudiosos em projetar sobre a realidade latino-americana a tipologia de classes sociais correspondente à Europa do século passado, atribuindo validez universal àqueles esquemas. Fala-se assim de uma classe alta, uma média, subdividida em alta e baixa e, no extremo inferior da pirâmide, numa classe baixa.

---

[44] A necessidade de adoção de um ponto de vista sociológico, não só para identificar as origens do delito, mas também, e, principalmente, para, a partir de seu conhecimento, melhor orientar as atuações do Estado no trato destes problemas, justifica-se pela razão de que os fatos sociais, apesar de manifestarem-se em um nível individual, precisam ser analisados em um nível macrossocial. O delito em seu plano isolado não equivale à delinqüência e seus efeitos num plano social coletivo. Independentemente disto, ainda hoje a compreensão dada pela criminologia etiológica ou positivista está a alimentar a compreensão do delito sob um ângulo individualizado, ou decorrente de relações mais ou menos estanques, negando-se a admitir a existência de causas de natureza coletiva como fatores determinadores da prática delitiva, em uma proporção infinitamente maior em relação ao ocorrido em tempos passados. A acumulação do capital atingiu tal magnitude em nossa época que os efeitos por ela gerados, apesar de identificados qualitativamente, ainda não tiveram suficientemente avaliada a sua extensão quantitativa em relação aos demais campos sociais contemporâneos, composto num mapa de situações nacionais tão diferenciadas. A multiplicação da interação da dinâmica de um campo social sobre o outro, a partir da dinâmica econômica, tem gerado produtos tão diferenciados, os quais são atingidos pela repressão do poder penal, que as investigações sobre as origens e os efeitos da delinqüência, e, por conseqüência, a partir disto, as medidas estatais destinadas ao seu combate, cunhadas em outras situações históricas, não mais podem ser consideradas como adequadas para a solução de tal problema.

Em relação ao Brasil, que organograma poderíamos traçar para traduzir a sua estratificação social?[45] Em primeiro lugar, não poderíamos deixar de traçar uma grande e básica dicotomia entre classes dominantes e dominadas, que vão se especificar em quatro estratos superpostos, divididos por uma linha que separa dominantes e subalternos.

Os montantes populacionais e os níveis de renda dos diversos componentes destes estratos são profundamente preocupantes. É da Fundação Instituto Brasileiro de Geografia e Estatística (IBGE) a mais completa pesquisa acerca da estratificação socioeconômica da população brasileira. Pelo último Censo Demográfico (1991),[46] o quadro dos rendimentos máximos dos chefes de família, considerados estes como os indivíduos responsáveis pelo aporte de recursos para o sustento familiar, está assim constituído:

SALÁRIO (em salários mínimos)	Número de chefes de família
Até meio	4.222.161
mais de até 1	7.291.410
mais de 1 até 2	7.789.384
mais de 2 até 3	4.236.572
mais de 3 até 5	3.817.892
mais de 5 até 10	3.475.703
mais de 10 até 15	1.139.212
mais de 15 até 20	469.099
mais de 20	779.995
Sem rendimento	1.375.134
Sem declaração	138.153
Total	34.734.715

Este quadro revela profundos contrastes na sociedade brasileira. A partir dele, podemos concluir, sobre a família brasileira, que aproximadamente 4% (quatro por cento) não têm rendimento algum. Incluídos os sem renda ao grupo dos que a possuem, constata-se que em torno de 60% (sessenta por cento) da população está situada numa faixa econômica cuja renda varia de zero a dois salários mínimos, sendo 16,15% entre zero até meio salário mínimo, 20,99% entre meio e um salário mínimo, e 22,42% na faixa de um a dois salários mínimos. O que mais agrava esta situação é que somente 6,86% (seis vírgula oitenta e seis por cento) dos chefes de família têm renda entre

---

[45] A respeito, ver RIBEIRO, Darci. *O dilema da América Latina. Estruturas de poder e forças insurgentes.* Petrópolis: Vozes, 1978, pp. 61 e 62.

[46] Ver a respeito *Censo Demográfico.* Fundação Instituto Brasileiro de Geografia e Estatística. Rio de Janeiro: IBGE, 1991.

10 e mais de 20 salários mínimos. Ou seja, nossa pirâmide social possui uma base terrível e assustadoramente larga.

Tais desigualdades geradas historicamente pelo sistema tendem a persistir por uma necessidade do próprio sistema de auto-sustentar-se. Os setores deserdados estão estritamente subordinados a uma ordenação social compulsória que reproduz a estrutura social, caracterizando-a como um reduto de privilegiados defendido por uma estrutura de poder que se impõe a todos e que se empenha em jamais abri-la ao exame, à crítica e à reformulação. Mais desigualitária que a distribuição econômica é a distribuição do poder; ou seja, o grau de influência de cada setor na tomada de decisões que afetam o destino comum. Esta estrutura de poder caracteriza-se como sendo oligárquica, e opera através de uma ordenação sociopolítica regida pelas classes dominantes através de suas elites dirigentes que impõem a todos os demais setores a primazia de seus interesses.[47]

É sobre este quadro estrutural da sociedade brasileira, gerado a partir do modo-de-produção da riqueza, que devemos compreender a figura do legislador e abordar o sistema penal em sua estruturação e funcionamento.[48] Zaffaroni é categórico ao afirmar que *es absoluta-*

---

[47] Um fator que entendemos ser de fundamental relevância na desigual e oligárquica distribuição do poder é a forma de financiamento das campanhas eleitorais em nosso País. Alicerçadas basicamente em doações de natureza privada o quadro nacional apresenta uma repetitiva cena em que as elites econômicas elegem a maioria dos representantes das casas legislativas, os quais, posteriormente, no exercício dos seus mandatos, somente legislarão para o atendimento de seus interesses pessoais e daqueles que financiaram suas candidaturas. Urge a ruptura deste modelo, e somente com a instituição do financiamento público das campanhas eleitorais é que teremos possibilidade de uma distribuição mais equânime do poder, com reflexo direto e imediato no campo normativo.

[48] Esta relação entre direito penal e sociedade civil estratificada é bem levantada por BATISTA, Nilo. *Introdução Crítica ao Direito Penal Brasileiro*, Rio de Janeiro: Revan, pp. 111-116, quando analisa os fins do direito penal e as funções da pena, referindo que nestes aspectos *a ideologia transforma fins particulares em fins universais, encobre as tarefas que o direito penal desempenha para a classe dominante, travestindo-as de um interesse social geral, e empreende a mais essencial inversão, ao colocar o homem na linha de fins da lei: o homem existindo para a lei, e não a lei existindo para o homem*. Ao demonstrar as diversas finalidades da pena em períodos históricos cujos modos de produção eram igualmente diferentes, e, demonstrando a impossibilidade de uma redução teórica generalizante e esquemática das funções da pena sem levar em consideração tais diversidades, frisa o autor a existência das chamadas funções ocultas ou não declaradas da pena. Também com bastante acuidade, expõe STRECK, *Tribunal do Júri*, pp. 59-60, ao abordar a questão sob o enfoque da teoria do bem jurídico, que a classificação dos tipos penais no Código Penal em títulos e capítulos *não provém de uma neutralidade do legislador e muito menos de sua pretensa racionalidade. Esse trabalho de classificação em títulos e capítulos é seletivo, é dizer, optar por castigar/apenar com maior ou menor rigor determinados delitos é um trabalho que refletirá o tipo de sociedade desejada pelo legislador-encarregado-de-fazer-a-lei*. Também quanto a isto é

mente imposible estudiar y comprender un sistema penal sin tener en cuenta las relaciones económicas de producción.[49]

A sociedade, precisando produzir, organiza sua produção de riqueza de um determinado modo. Disto se origina uma divisão do trabalho que, por sua vez, impregna todas as instituições existentes na sociedade, à luz das quais se estabelece uma série de teias de relações horizontais e verticais.

O modo-de-produção compreende três níveis ou instâncias: a econômica ou infra-estrutura, a político-jurídica e a ideológica. Estas duas últimas constituem a superestrutura. E é exatamente neste nível superestrutural que atua a figura do legislador, legislando para o grupo social que detém o poder, por deter o controle da vida econômica e, conseqüentemente, política da sociedade.[50] O grupo social ou grupos sociais no poder se instauram como legisladores.

---

importante a colocação de Baratta ao referir que *no solo las normas de derecho penal se conforman y se aplican selectivamente reflejando las relaciones de desigualdad existentes, sino que el derecho penal ejercita también una función activa, de reproducción, respecto a las relaciones de desigualdad. La aplicación selectiva de las sanciones penales estigmatizadoras, y especialmente de la cárcel, es un momento superestrutural esencial para el mantenimiento de la escala vertical de la sociedad.* Cfe. BARATTA, Alessandro. *Por uma teoría materialista de la criminalidade y del controlo social*, pp. 24-26.

[49] Cfe. ZAFFARONI, Eugenio Raúl. *Sistemas Penales y Derechos Humanos en América Latina* (primer informe), p. 13.

[50] Mais do que nunca, parece ter razão Marx quando afirma que a instância econômica ou a infra-estrutura da sociedade tinha uma influência determinante sobre todas as demais. Neste aspecto, é de relevante importância a noção de campos sociais, cunhada por Pierre Bourdieu. Para ele, a sociedade é composta por uma série de "campos" inter-relacionados, mas semi-autônomos, cada um dos quais com uma estrutura própria. Seriam as articulações de instituições e práticas através das quais são engendrados produtos que determinam uma ou outra conformação social. O campo econômico como infra-estrutura seria a origem de todos os outros, a partir do modo de produção adotado em determinada sociedade. Bastante ilustrador é o exemplo dado por PLEKHANOV, *A Concepção Masterialista da Histórica*, p. 35, para ilustrar a influência do campo econômico em relação aos demais campos sociais. Os peles-vermelhas da América do Norte, antes da introdução das armas de fogo pelos colonizadores, caçavam com flechas que possuíam marcas identificadoras do atirador, e este era um fator regulamentador daquela atividade de produção da riqueza para eles: se muitas flechas haviam penetrado o corpo do bisão, a repartição era feita segundo a posição numa ou noutra parte do animal abatido; e a pele era propriedade daquele que tivesse acertado a flecha mais próxima do coração. Nesta situação, os melhores atiradores eram mais respeitados, mais ouvidos, possuíam autoridade e conhecimento, tinham mais acesso ao poder e assim por diante em relação a todos os campos sociais existentes naquelas sociedades indígenas. Com a introdução da arma de fogo, diante do fato de as balas não possuírem qualquer identificação, as partes eram divididas em partes iguais, fato que se refletiu da mesma forma, ou seja, socializou-se a distribuição não só da riqueza, mas do próprio poder, da própria autoridade.

Como bem refere Roberto de Aguiar, *legislar não é um ato do tipo "fiat lux", mas é um "continuum" constante de controle dos componentes de uma dada sociedade*,[51] especialmente da produção da riqueza e da sua distribuição agregada à distribuição e exercício do poder.

O legislador é investido na função legiferante com alguma justificativa ideológica que corresponde a alguma relação real no mundo da correlação de forças. Inúmeras motivações foram dadas historicamente para a ocupação do poder: a vontade divina, um pacto originário, a vontade do povo. Mas a realidade é que uma pessoa ou um grupo de pessoas são investidos nessa função com justificativas como as antes mencionadas, mercê de pertencerem a um grupo social que se encontra na estrutura social em uma posição privilegiada em relação a outros estratos.[52] Estando melhor situados na escala social, detêm mais riqueza e, por conseqüência, maior poder de mando, confundindo-se com o aparelho de controle público denominado Estado. Neste aspecto, esclarece Tércio Sampaio Ferraz Jr. que o Direito não nasce da pena do legislador, mas continua resultando de uma série de fatores causais muito mais importantes que a decisão, como valores socialmente prevalentes, interesses de fato dominantes, injunções econômicas, políticas, etc. Contudo, acresce ainda que *a decisão do legislador que não o produz, tem a função importante de escolher uma possibilidade de regulamentação do comportamento em detrimento de outras...*".[53]

Ora é por demais evidente que esse legislador, utilizando-se das estruturas estatais, jamais escolherá contra seus interesses que são, também, os interesses do próprio Estado. Com isso, torna concreta a pretensão de dominação, sujeição e controle dos demais grupos sociais, e o Direito, e mais profundamente o direito penal, sendo, na sua concretude, um fenômeno emanado de um poder concreto, destina-se a seres concretos, tendo em vista objetivos rigorosamente determinados. Não existe o controle de uma forma parnasiana, ou seja, o controle pelo controle. Ele é sempre orientado por um projeto,

---

[51] Cfe. AGUIAR, Roberto A. R. de. *Direito, Poder e Opressão*. São Paulo: Alfa-Omega, 1984, p. 25.

[52] Não declara o direito e a dogmática penal, por exemplo, segundo a ótica de BATISTA, Nilo. *Introdução Crítica ao Direito Penal*, p. 116 que *numa sociedade dividida em classes, o direito penal estará protegendo relações sociais (ou "interesses", ou "estados sociais", ou "valores") escolhidos pela classe dominante, ainda que aparentem certa universalidade, e contribuindo para a reprodução dessas relações*. Acrescenta que *efeitos sociais não declarados da pena também configuram, nessas sociedades, uma espécie de "missão secreta" do direito penal*.

[53] Cfe. FERRAZ JÚNIOR, Tércio Sampaio. *A ciência do direito*. São Paulo: Atlas, 1986, p. 44.

um modelo de sociedade pretendida. Esse modelo é valorativo, oriundo, ao menos, de uma filosofia social ou, mais exatamente, de uma ideologia que não pode se manifestar explicitamente. Não se circunscreve, portanto, o fenômeno do Direito e, por conseqüência, o problema da ciência jurídica, a problemas relativos a dicotomias do tipo falso/verdadeiro, eis que não têm relação nenhuma com questões de verdade, mas, simplesmente, de decidibilidade e conveniência.

Esse modelo ideológico traduz-se nas normas jurídicas e na continuidade do Direito, visando a controlar uma sociedade segundo um certo sentido. Há, assim, escolha, decorrendo disto separações entre atitudes boas ou más, comportamentos desejados e não desejados, entre pensamentos construtivos e não construtivos, entre honrados e não honrados e, no âmbito do direito penal, entre *solid citizens* e delinqüentes.[54]

A separação ideológica leva à separação dos destinatários da norma legal, pois é prioritário para a manutenção de um sistema excludente, valorizar uns em detrimento de outros, função máxima exercida no Direito pela esfera penal, ponto que trataremos mais detalhadamente ao analisarmos algumas disposições legais de nosso ordenamento jurídico penal que possibilitam uma seletividade da clientela do sistema penal. E há, para isso, uma grande sabedoria estratégica dos legisladores que concedem migalhas no periférico, exigindo, em sentido contrário, o desejado de forma excessiva no essencial, pois uma vez cedendo no principal, o poder não será mais poder, e as suas regras não serão mais Direito, e o recuo no fundamental significa a mudança do ordenamento oriunda da perda do poder político e de sua substituição por outro grupo, justamente o que forçou a queda de um pressuposto substancial do sistema legal.[55]

---

[54] O Direito moderno, em contraposição ao direito medieval e absolutista, surge como uma característica de generalidade e abstração, numa sociedade aparentemente sem lugares marcados, enquanto aquelas possuíam determinação de lugares e direcionamento explícito das regulamentações e controles jurídicos. Inobstante suas formais generalidade e abstração, o que em tese garante seu direcionamento a todos indistintamente, o Direito tem como destinatários determinados grupos sociais, por dimanar de determinados grupos sociais opostos.

[55] Cfe. AGUIAR, Roberto A. R. de. *Direito, Poder e Opressão*, p. 35. Em 25 de novembro de 1998, entrou em vigência a Lei n. 9.714, que amplia o espectro de abrangência da substituição da pena privativa de liberdade por restritiva de direitos para delitos punidos com até quatro anos de reclusão nos quais não tenha havido violência contra pessoa. A princípio, parece ser uma medida descriminalizadora de cunho liberal, para beneficiar as classes sociais mais atingidas pelo sistema penal. Muito além disto, ampliou-se o âmbito de incidência do *sursis* para abarcar-se, principal-

A figura do legislador, em suma, expressa uma instância do exercício do poder pela classe dominante, e que se encontra vinculado ao Estado em decorrência da apropriação por este estrato social do aparelho legislativo estatal. Dá-se então um fenômeno de poder num nível macrossocial.

Para a análise deste fenômeno, utiliza-se a ciência política, sob um ponto de vista metodológico, de um procedimento que, na linguagem foucaultiana, denomina-se descendente, no sentido de que deduziria o poder partindo do Estado e procurando ver até onde ele se prolonga nos escalões mais baixos da sociedade, penetra e se reproduz em seus elementos mais atomizados.

1.3.2. A relação saber/poder: os refluxos dogmáticos como uma tecnologia de legitimação, reprodução e monitoração do exercício do poder penal

A esta concepção de poder, de macropoder, numa relação a partir da qual há a busca de dominação de uma classe por outra, tendo como pano de fundo a divisão da sociedade em classes e do Direito como uma forma superestrutural de manutenção da estrutura social, forjada desde um modo-de-produção da riqueza e da divisão social do trabalho, e que alimenta ideologicamente o trabalho do legislador, devemos agregar, para um melhor entendimento da atuação penal do Estado e da importância e relevância do papel exercido pela dogmática na construção de um saber penal ético-humanista, a concepção de um micropoder, especialmente naquilo que se refere à

mente, os delinqüentes fiscais e de colarinho branco, cujos delitos dificilmente são apenados com penas superiores a quatro anos. Apesar de não haver uma violência real nesses delitos, a violência simbólica por eles engendrada é muito maior e mais danosa que qualquer assalto à mão armada. Desprezou-se, com essa lei, toda a teoria do bem jurídico, pois jogou-se numa vala de amplo espectro delitos que atingem os mais diversos bens, valorados diversamente através da penas abstratamente cominadas e, também. desprezou-se a teoria welzeniana do desvalor da ação e do desvalor do resultado, pois desconheceu o legislador o desvalor dos resultados perniciosos dos delitos econômicos e fiscais para a realização do Estado Democrático de Direito, o que, também, dá margem à argüição da inconstitucionalidade de tal diploma legal, por obstaculizar a realização desta moderna construção cultural humana. Cedeu-se no periférico para atingir-se o essencial. Poderia o legislador ter especificado os delitos abrangidos pela lei, deixando de fora os delitos econômicos e fiscais, todos de alta danosidade social, face aos enormes valores sonegados, que de uma forma ou outra podem ser utilizados na realização do Estado social. Não somos contra o espírito desta lei, pois a mesma vem em atendimento a uma política de minimização dos poderes estatais. Somos contra, isto sim, à situação de favorecimento que historicamente vem sendo ofertada aos criminosos de colarinho branco.

relação entre saber e poder, o que é possível na medida em que uma não exclui a outra, e até mesmo se complementam.

Inobstante a existência de uma ideologia fundada nos interesses da classe economicamente dominante que, ao se apossar dos aparelhos repressivos e ideológicos[56] do Estado, passa a ditar o direito positivo, conforme suas pretensões de configuração social, o que vai determinar os contornos da atuação estatal e, dentre elas a penal, criando o que chamamos anteriormente de macropoder penal, temos que considerar que a atuação estatal penal não se exaure no nível legislativo, mas se funcionaliza a partir da manifestação dogmática sobre o produto legislativo, cujo conteúdo vai influenciar o funcionamento de todos os demais aparelhos estatais como o policial, o judicial e o executivo penal. E à medida que tais aparelhos concretizam sua atuação, cujo destinatário é a sociedade civil, paralelamente vai se produzindo uma microideologia de cada um desses aparelhos, o que reforça a tese foucaultiana da microfísica do poder. Nas palavras de Zaffaroni,[57] *"no hay una 'ideologia' del sistema penal, sino una pluralidad de ideologías del sistema penal, que se expresan en el discurso de cada uno de los grupos humanos y facciones grupales que convergen en él. Estas ideologías fundan una práctica del sistema penal que produce ciertos efectos sociales.Sin una visión - aunque sea somera - de las ideologías y de las prácticas y efectos, no sería posible determinar en qué medida un sistema penal respecta y realiza los Derechos Humanos."*

A análise genealógica que Foucault faz do poder,[58] e que, como dito anteriormente, não se contrapõe à macroanálise feita pela ciência política que situa o Estado e seus aparelhos como objeto principal de seu estudo das relações de poder, uma vez apropriados pela classe economicamente dominante, tem um mérito que há de ser

---

[56] A diferenciação dos termos "aparelho repressivo" e "aparelho ideológico" do Estado nos é dada por ALTHUSSER, Louis, in *Ideologia e Aparelhos Ideológicos do Estado*. 3. ed. Lisboa: Presença/Martin Fontes, 1980, pp. 41-52. Para ele, inicialmente temos que diferenciar *poder de Estado e aparelho de Estado*. Na teoria marxista, o aparelho repressivo compreende o governo, a administração, o exército, a polícia, os tribunais, a prisão, etc., instituições que funcionam pela violência, pelo menos no limite, seja ela física ou simbólica. Por aparelhos ideológicos do Estado designa um certo número de realidades que se apresentam ao observador imediato sob a forma de instituições distintas e especializadas, tais como a igreja, a escola, a família, o aparelho jurídico, sindical, de informação, cultural, etc.

[57] Cfe. ZAFFARONI, Eugenio Raúl. *Sistemas Penales y Derechos Humanos en América Latina*, nota 62, p. 12.

[58] A respeito, ver de FOUCAULT, Michel as seguintes obras: *As Palavras e as Coisas*. 5. ed. São Paulo: Martin Fontes, 1990; *Vigiar e Punir*. Petrópolis: Vozes, 1983; *A História da Sexualidade*. 5. ed. Rio de Janeiro: Graal, 1984; *Microfísica do Poder*. 4. ed. Rio de Janeiro: Graal, 1984.

realçado inicialmente: o deslocamento do objeto de análise dos fenômenos do poder.

Estudando a formação histórica das sociedades capitalistas, através de pesquisas sobre o nascimento da instituição carcerária e a constituição do dispositivo da sexualidade, viu aflorar uma não-correspondência absoluta entre Estado e poder. Da análise das chamadas condições de possibilidade políticas de saberes específicos, como a medicina e a psiquiatria, chega à conclusão de que estas podem ser encontradas, não em uma relação direta com o Estado, considerado como o aparelho central e exclusivo do poder, mas por uma articulação com poderes locais, específicos, circunscritos a uma pequena área de atuação. Fica assim evidente a existência de formas de poder diferentes do Estado, a ele articuladas de maneiras variadas e que são indispensáveis inclusive para a sua sustentação e atuação eficaz. Constrói Foucault a noção de micropoder, assim nominado por situar-se ao nível do próprio corpo social, e não acima dele, penetrando no cotidiano e nele intervindo materialmente, tomando corpo em técnicas de dominação que atingem a realidade mais concreta dos indivíduos: seus próprios corpos.

Mesmo sendo realidades distintas, heterogêneas, esses dois âmbitos do poder se articulam e obedecem a um sistema de subordinação que não pode ser traçado sem que se leve em consideração a situação concreta e o tipo singular de intervenção. O que importa ressaltar é que as análises indicaram claramente que os poderes periféricos e moleculares não foram confiscados e absorvidos pelo aparelho estatal, nem, se nasceram fora dele, foram inevitavelmente reduzidos a uma forma do aparelho estatal. Os poderes se exercem em níveis variados e em diferentes pontos da rede social, podendo os micropoderes estar ou não integrados ao Estado. Disso decorre que a autonomia da periferia em relação ao centro significa que as transformações ao nível capilar não estão necessariamente ligadas às ocorridas no centro. Isso pode ou não acontecer.[59]

A razão é que o Estado não aparece como um instrumento específico de um sistema de poderes que não se encontra unicamente nele localizado, mas o ultrapassa e complementa. Não houve nas análises de Foucault uma minimização do papel do Estado nas relações de poder existentes em determinada sociedade, mas, sim, a

---

[59] Com relação à dogmática penal, considerada como uma fonte de micropoder social desligada do Estado, temos que observar que inobstante exista tal desvinculação em tese, majoritariamente o trabalho dogmático tem servido, superestruturalmente, para dar sustentação teórica à atuação penal do Estado, funcionando como uma instância de apoio estatal dentro da sociedade civil.

insurgência contra a idéia de que o Estado seria o principal e único órgão do qual emanaria o poder, ou de que a inegável rede de poderes das sociedades modernas fosse uma extensão dos efeitos do Estado.

Metodologicamente, para a análise dos micropoderes, utilizou-se o filósofo francês de um procedimento inverso ao utilizado para os macropoderes estatais: partiu da especificidade da questão colocada, dos mecanismos e técnicas infinitesimais do poder que estão intimamente relacionados – com a produção de determinados saberes – sobre o criminoso, a sexualidade, a doença, a loucura, etc., para analisar como eles, possuindo tecnologia e história específicas, se relacionam com o nível mais geral do poder constituído pelo aparelho do Estado. A análise é ascendente e estuda o poder não como uma dominação global e centralizada que se pluraliza, se difunde e se repercute nos outros setores da vida social de modo homogêneo, mas como tendo uma existência própria e formas específicas ao nível mais elementar.

A uma concepção negativa, que relaciona o poder com o Estado e o considera essencialmente como aparelho repressivo, no sentido em que seu modo básico de intervenção sobre os cidadãos se daria em forma de violência, coerção, opressão, opõe Foucault, ou acrescenta, uma concepção positiva que pretende dissociar os termos *dominação* e *repressão*. Suas análises pretendem demonstrar que o controle capitalista não conseguiria se manter se fosse exclusivamente baseada na repressão; que o aspecto negativo do poder não é tudo e talvez nem seja o mais fundamental, sendo extremamente necessário refletir-se sobre o seu lado positivo, produtivo, transformador. O poder não só exclui, reprime, censura, abstrai ou esconde, mas ele também produz; produz real; produz domínios de objetos e rituais de verdade. Possui uma eficácia produtiva, uma riqueza estratégica, uma positividade.

O poder não é explicável em sua totalidade se for tomado somente por seu aspecto repressivo. Muito mais do que expulsar os homens da vida social, impedir o exercício de suas atividades, o poder visa a gerir a vida dos homens, controlá-lo em suas ações, para que seja possível e viável utilizá-lo ao máximo, aproveitando suas potencialidades e utilizando um sistema de aperfeiçoamento gradual e contínuo de suas capacidades, objetivo ao mesmo tempo econômico e político, com o aumento do efeito de seu trabalho, isto é, tornar os homens como força de trabalho dando-lhes uma utilidade econômica máxima; diminuindo-lhes sua capacidade de revolta, de resistência, de luta, de insurreição contra as ordens do poder, tornando os homens dóceis politicamente. Dessa forma, o poder é produtor de individualidade. O indivíduo é um produto do poder e do saber.

De extrema relevância para o entendimento da estruturação desses micropoderes vem a ser a função que os saberes têm no exercício do poder. E aqui é de frisar-se, não só em relação aos micro, mas também com referência aos macropoderes. O fundamental da análise é que poder e saber se implicam mutuamente: não há relação de poder sem constituição de um campo de saber, como também, reciprocamente, todo saber constitui novas relações de poder. Todo ponto de exercício do poder é, ao mesmo tempo, um lugar de formação do saber. Todo conhecimento, seja ele científico ou ideológico, só pode existir a partir de condições políticas que são as condições para que se formem tanto o sujeito quanto os domínios do saber. A investigação do saber não deve remeter a um sujeito do conhecimento que seria sua origem, mas a relações de poder que lhe constituem. Não há saber neutro. Todo saber é político. E isso não porque cai nas malhas do Estado, é apropriado por ele, que dele se serve como instrumento de dominação. Mas porque todo saber tem sua gênese em relações de poder. Todo agente do poder, especialmente a partir do século XIX, com a especificação epistemológica das condições de validade dos saberes, torna-se potencialmente um agente de constituição do saber, enviando aos que lhe delegaram poder um determinado saber que corresponde ao poder que exerce. O saber enquanto tal encontra-se, assim, dotado estatutariamente, institucionalmente, de determinado poder. O saber funciona na sociedade dotado de poder.

Esta breve revisão da análise foucaltiana de poder, e da relação entre poder e saber faz-se pertinente e extremamente necessária por três razões:

a) primeiramente, por se pretender analisar a estruturação de uma grande parte do saber dogmático penal, que, por opções metodológicas e ideológicas, tem determinado a manutenção de um sistema que mais viola os direitos humanos do que propriamente os promove, o que dentro dos limites do presente trabalho já realizamos sucintamente;

b) em segundo lugar, para explicitar as funções que o mesmo exerce nas práticas sociais do poder penal estatal, através dos refluxos tecnológicos que a ele remete, produzindo a práxis, mantendo-a e justificando-a;[60]

---

[60] Na medida em que produz a práxis, a dogmática instrumentaliza o direito através do sentido comum teórico. Nas palavras de STRECK. *Tribunal do Júri*, p. 40, *a dogmática jurídica, ao servir de instrumento para a interpretação/sistematização/aplicação do direito, vai aparecer como um conjunto de técnicas de "fazer crer", com as quais os juristas conseguem produzir a linguagem oficial do direito que se integra com significados tranqüilizadores, representações que têm como efeito o de impedir uma problematização e uma reflexão mais aprofundada sobre nossa realidade sociopolítica.* Estas colocações trazi-

c) e, finalmente, para identificar os produtos realísticos por ele determinados (os efeitos concretos do sistema penal), na sociedade civil, ao realimentar o discurso normativo e as práticas institucionais.

É relevante frisar neste ponto que, sob o aspecto semiótico, grande parte do conjunto significativo produzido pelo saber dogmático penal tem servido como um instrumento de poder. Concordamos com Warat quando este diz que se aceitando o Direito como uma técnica de controle social não podemos deixar de reconhecer que seu poder só pode se manter estabelecendo-se certos hábitos de significação.[61] A partir disso, é possível constatar-se que há um saber acumulado – difusamente presente nas redes dos sistemas institucionais – que é condição necessária para o exercício do controle jurídico da sociedade. Conclui, dizendo que a história das verdades jurídicas é inseparável da história do poder.

Desde esta análise da relação entre saber e poder, é possível concluir-se que uma parte da dogmática penal, aquela ainda presa a uma metodologia purista normativa, tem, em grande medida, sustentado a atuação do sistema penal em suas mais variadas manifestações institucionais. Os efeitos concretos dessa atuação estatal penal em relação à sociedade civil denunciam uma crise, tanto do sistema quanto do saber que o justifica.

As manifestações realísticas e as conseqüências dessa crise para a consolidação do Estado Democrático de Direito é o próximo passo de nossa análise.

---

das paralelamente à concepção foucaultiana revela, sem dúvida alguma, a dogmática como uma instância de micropoder, mas que multiplica-se geometricamente na medida em que tem uma ingerência direta na instância primária de produção normativa regulamentadora do exercício do poder estatal penal. A dogmática penal, no curso histórico de nossa vida jurídica, sempre esteve a serviço das classes dominantes. Poucos foram os que se atreveram a constestar o sistema ou a vinculá-lo a um processo de dominação. Neste aspecto, ainda refere o autor que *o direito acaba por (re)produzir as relações sociais de uma sociedade tão díspar como a nossa.* Agrega a isso, em coincidência com o nosso entendimento acerca dos efeitos dos refluxos dogmáticos em relação à realidade social, que *a dogmática jurídica, mergulhada numa crise de paradigma, é co-instituinte da crise social e, por decorrência, para ficar na especificidade do tema em discussão, do discurso jurídico-penal-processual.*

[61] Cfe. WARAT, Luiz Alberto. *Introdução Geral ao Direito I*, p. 15.

2. Sistema Penal e Estado Democrático de Direito

2.1. A DESFIGURAÇÃO DO ESTADO DEMOCRÁTICO DE DIREITO PELA AÇÃO DO SISTEMA PENAL

2.1.1. Sobre o Estado Democrático de Direito

Qualquer abordagem do sistema e do saber penal que tenha uma mínima pretensão ética deve ser feita sob a ótica dos direitos humanos. Bem sabemos da importância que estas construções da modernidade têm na consolidação do Estado moderno, e mais especificamente em sua última versão: o Estado Democrático de Direito. Foi sobre as três gerações de direitos humanos que se estruturou o modelo de Estado que hoje temos à nossa disposição, previsto abstratamente em nossa Constituição Federal.

A consolidação do conceito de Estado Democrático de Direito passa num primeiro momento pela instituição do Estado Liberal de Direito, num segundo, pelo de Estado Social de Direito, para, num momento final, pós-Segunda Guerra, chegar ao modelo que hoje temos abstratamente à nossa disposição na Constituição Federal de 1988. Vejamos, sucintamente, esta evolução.

2.1.1.1. O Estado Liberal de Direito

É importante destacar inicialmente que a concepção de Estado de Direito – versão inicial do que hoje conhecemos por Estado Democrático de Direito – não pode jamais ser destacada de um ponto de vista temporalmente condicionado, inteiramente aberto e influências de noções mutantes de Estado e de constituição, e de suas possibilidades de realização, o que importa sempre rejeitar a idéia de Estado como um fim em si mesmo. Neste aspecto, temos que concordar com Canotilho de que a história do Estado de Direito não deve ser compreendida como a "história de um conceito", mas como uma história enquadrada na "história geral das idéias e das instituições".[62]

Esta maneira de compreensão e análise do Estado de Direito também deve ser estendida às versões posteriores do Estado moderno: o Estado Social de Direito e o Estado Democrático de Direito. Estas versões de Estado são formas, mas que por si só seriam vazias e desprovidas de qualquer significado pragmático. Estas formas estatais adquiriram e adquirem uma enorme importância na história político-jurídica da humanidade na medida em que serviram para dar uma cobertura crítica a alguns conteúdos materiais que em determinadas épocas não foram ou não estão sendo usufruídos por todos, situações que impedem a realização de uma concepção também temporal de cidadania.

A instituição do Estado de Direito, inobstante estar ligada conceitualmente ao pensamento germânico dos séculos XVII e XVIII, tem suas raízes em tempo muito anterior a estes. Num lapso temporal de mais ou menos mil anos, observa-se a construção de uma série de idéias que desaguaram na concepção única do Estado de Direito. Assim, temos na filososfia grega as idéias de *dike* (processo), *themis* (direito) e *nomos* (lei); na antiguidade a idéia de uma constituição mista carregava consigo a pretensão de um poder regulado, moderado, em contraposição à tirania ilimitada; a idéia de vinculação do soberano às leis fundamentais do reino; as doutrinas de resistência contra tiranos e do contrato social; e, por fim, o pensamento medieval da liberdade no Direito, ou seja, a liberdade a partir de um determinado estatuto que conduziria à idéia de liberdade natural do homem.

Além desses precedentes mais longínquos, outros mais próximos não podem ser esquecidos. A *rule of law* inglesa ressaltava a proibição ao arbítrio, o princípio da pré-determinabilidade do direito penal, a legalidade da administração, a igualdade perante o Direito, a independência dos tribunais e a proteção das liberdades civis e políticas. Nos Estados Unidos, a idéia de um Estado constitucional desempenhou importante papel na garantização dos direitos de liberdade dos cidadãos, através da instituição de uma constituição formal e do devido processo legal (*due process of law*). Também na França desenvolveu-se o conceito de *règne de la loi*, vinculando a idéia da lei à vontade geral, e, também, o princípio da legalidade da administração, como resultado de um processo de conscientização da necessidade da defesa contra os abusos da administração.

---

[62] Cfe. CANOTILHO, J. J. Gomes. *Direito Constitucional*. 5. ed. Coimbra: Almedina, 1991, p. 353.

Mas foi na França, em reação aos ordenamentos medievais e absolutistas, à sua pluralidade de poderes concorrentes e à oposição histórica e secular entre a liberdade do indivíduo e o absolutismo do monarca, que se estruturou de forma mais completa o Estado Liberal de Direito, no qual se refletiu a pugna da liberdade e da propriedade contra o despotismo na área continental européia.

Com a centralização da produção normativa e a divisão dos poderes, técnicas fundamentais de proteção dos direitos da liberdade, passaram o Estado e os governados a ter que se submeterem ao ordenamento jurídico. Mas essas técnicas eram apenas fórmulas ou formas para garantir a realização de algumas pretensões materiais pretendidas pela burguesia.Como bem anota Canotilho, mais *do que um conceito jurídico, o Estado de direito era um conceito político e, além disso, um conceito de luta política. Concretamente, constituía o instrumento da luta política da burguesia contra o Estado absolutista centralizador, contra os resquícios do Estado feudal, contra as sobrevivências estamentais.*[63] Era um Estado que nas palavras de Kant deveria respeitar a liberdade ética do homem individual e reconhecer uma vinculação jurídica para os próprios atos.

Inobstante ser o Estado de Direito visualizado como uma forma ou espécie de Estado, ou, melhor dizendo, uma forma do atuar estatal, essencialmente era um Estado de Direito Material, que traduzia algumas pretensões materiais da burguesia. E que pretensões eram estas?

Restou caracterizado o Estado Liberal de Direito[64] da seguinte maneira:

a) o Estado é jusracionalisticamente entendido, com o afastamento das idéias transpessoais do Estado como instituição ou ordem divina, para se considerar apenas a existência de uma *coisa pública* destinada a satisfazer os interesses dos indivíduos, o que mais tarde revelou-se como sendo os interesses de uma determinada classe, a burguesia;

b) limitação dos fins e tarefas do Estado à garantia da liberdade e segurança da pessoa e da propriedade individual;

c) organização e regulamentação da atividade estatal segundo princípios racionais de modo a construir uma ordem estatal justa: reconhecimento dos direitos individuais, garantias dos direitos ad-

---

[63] CANOTILHO, J. J. Gomes. *Direito Constitucional*, p. 356.

[64] É importante destacar que a constituição do Estado Liberal de Direito não esteve atrelada, em momento algum, à instituição do Estado Democrático sob o aspecto formal. Este teve sua primeira manifestação na França, em 1848, com a vitória das armas revolucionárias que instituíram o princípio democrático do sufrágio universal.

quiridos, independência dos juízes, responsabilidade do governo, prevalência da representação política e participação desta no poder;

d) conceito de lei como eixo de concretização constitucional do Estado de Direito;

e) esta lei é juridicamente vinculante para a administração (legalidade da administração).

Com fundamento nestes princípios surge uma concepção liberal de cidadania limitada à proteção dos direitos dos indivíduos, sem qualquer interferência do poder estatal na vida privada, ou seja, uma noção individualista de cidadania.

2.1.1.2. O Estado Social de Direito

Com o não-cumprimento pela burguesia dos princípios filosóficos que embasaram sua revolta social, e com a evidência de que o Estado jurídico puro se revelara inócuo para transformar as amargas realidades sociais, constituindo-se como uma espécie de leito de Procusto, diante de todas as possibilidades ofertadas e das necessidades demandadas pela vida, tomou consciência o "Quarto Estado" que a igualdade em que se arrimou o liberalismo era apenas formal, e não substancial, e que a liberdade tão desejada se identificava com a emancipação econômica.

Instigados faticamente pela contradição entre a liberdade do liberalismo e a escravidão social em que viviam, e teoricamente nas doutrinas socialistas utópica e científica, de Saint Simon e Marx, a massa proletária ao arrebatar o sufrágio universal, não se contentando apenas com a concessão formal desse direito, mas utilizando-o em seu próprio benefício, deu início ao processo de instituição do Estado Social. Cede assim o Estado liberal-burguês às exigências dos trabalhadores. Entrega os anéis para não perder os dedos, vendo-se forçado a conferir, constitucionalmente, direitos do trabalho, da previdência, da educação, a ditar o salário, a manipular a moeda, a intervir na economnomia como distribuidor, a comprar a produção, regular preços, combater o desemprego, proteger o trabalhador, controlar as profissões, enfim, passa a intervir na dinâmica socioeconômica da sociedade civil.[65]

---

[65] Este processo de adaptação do Estado liberal-burguês a certas condições históricas, como requisito necessário e fundamental para sua sobrevivência, é bem salientado por Paulo Bonavides ao dizer que *o Estado social representa efetivamente uma transformação superestrutural por que passou o antigo Estado liberal. Seus matizes são riquíssimos e diversos. Mas algo, no Ocidente, o distingue, desde as suas bases, do Estado proletário, que o socialismo marxista intenta implantar: é que ele conserva sua adesão à ordem capitalista, princípio cardial a que não renuncia.* Ver a respeito BONAVIDES, Paulo. *Do Estado Liberal ao Estado Social.* 4. ed. Rio de Janeiro: Forense, 1980, p. 205.

Para o liberalismo que temia pelo seu próprio fim, com o advento de um sem-fim de insurreições do proletariado, a transformação social embasada especialmente no socialismo democrático alemão afigura-se como uma perspectiva riquíssima de possibilidades, transferindo para um período futuro mais remoto o perigo de desintegração, extinção ou superação do sistema capitalista, sem falar na eliminação da mudança social através do recurso à violência revolucionária.[66]

Transforma-se, assim, a concepção de cidadania, passando esta do plano civil e político para a esfera social, e a ordem jurídica transforma-se em instrumento de atingimento de metas sociais concretas, dentro de uma lógica distributivista de satisfação de direitos humanos sociais, igualitários, destinados a organizar a sociedade de forma mais justa. O Estado de Direito deixou, assim, de ser formal, neutro e individualista, para transformar-se em Estado material de Direito, com a pretensão de realização da justiça social.

Sem dúvida alguma, como bem refere José Afonso da Silva, *os regimes constitucionais ocidentais prometem, explícita ou implicitamente, realizar o Estado Social de Direito, quando definem um capítulo de direitos econômicos e sociais,*[67] mas a efetivação desses direitos não tem encontrado um caminho tão pacífico quanto possamos imaginar. Ainda existem vacilos teóricos, hermenêuticos e operativos que impedem a extração de efeitos jurídicos mais concretos das normas constitucionais de natureza social.

O enunciado constitucional do social, quando não provocou simplesmente um desconcerto, tampouco despertou em um primeiro momento maior interesse. Ainda convivemos com uma significativa parcela de dogmáticos e operadores jurídicos que qualificam as cláusulas do Estado Social como conceitos em branco, carentes de substantividade, como uma fórmula vazia de conteúdo, nebulosa, que, na melhor das hipóteses, pode ser considerada como uma norma programática. Neste sentido, atribuem a esta categoria de cláusulas constitucionais valor político, mas jamais jurídico.

Se ainda visualizamos dificuldades na aplicação prática destas cláusulas, por outro lado, também já está-se construindo um acordo teórico e pragmático que encerra a idéia de que as normas constitu-

---

[66] É importante destacar que o Estado social instala-se historicamente em países com regimes políticos diversos e até mesmo antagônicos, como a democracia, o fascismo e o nacional-socialismo, o que não ocorre com o Estado socialista, que via de regra instala-se sob a forma de regimes políticos autoritários.

[67] Cfe. SILVA, José Afonso. *Curso de Direito Constitucional Positivo.* 13. ed. São Paulo: Malheiros, 1997, p. 116.

cionais que fundamentam o Estado Social constituem-se em princípios reitores vinculantes para os poderes públicos, e não mais expressões polissêmicas que manifestam fórmulas vaporosas.

2.1.1.3. Os direitos pós-materiais e o plus *transformador do* Estado Democrático de Direito

Numa terceira fase, pós-Segunda Guerra Mundial, pelo qual está passando o Estado moderno, diante do surgimento de novos problemas sociais, temos a instituição de uma terceira geração de direitos humanos, os chamados direitos pós-materiais, que passam a ser reclamados na medida em que o desenvolvimento industrial e tecnológico passou a atingir bens até então intocados, como o ar, a água, todo o ecossistema global e outros interesses coletivos, difusos e transindividuais, ficando evidenciada, a partir daí, a necessidade de institucionalizar-se a sua proteção.

Estas três fases de constituição do Estado moderno, a partir da positivação dos direitos humanos, realçam a atuação de cada uma das funções estatais clássicas, para a sua realização. Assim, os direitos humanos de primeira geração destacaram a atuação legislativa; os de segunda, a atuação executiva; e os de terceira ou pós-materiais exigem uma atuação mais concreta do Poder Judiciário e do Ministério Público, um pela avocação da responsabilidade de conferir, via decisão, os direitos; o outro pela possibilidade de provocação do primeiro através das ações de natureza coletiva e *writs* constitucionais que estão à sua disposição.

Para Bolzan de Morais, o Estado para ser Democrático de Direito deve atender aos seguintes princípios:
a) constitucionalidade;
b) democracia;
c) sistema de direitos fundamentais;
d) justiça social;
e) igualdade;
f) divisão de poderes;
g) legalidade;
h) segurança e certeza jurídica.[68]

Assim, vê-se que a grande novidade histórica caracterizadora do Estado Democrático de Direito, em relação aos demais modelos do passado, consiste em ter incorporado ao ordenamento positivo, transformando-os em fontes de legitimação interna de natureza

---

[68] Cfe. BOLZAN DE MORAIS, José Luis. *Dos Direitos Sociais aos Interesses Transindividuais*. Porto Alegre: Livraria do Advogado, 1996, p. 67.

constitucional, os princípios de direito natural que funcionavam como fontes de legitimação externa relativamente ao "quando" e ao "como" do exercício dos poderes públicos.

Sucedeu-se, com a formação dos modernos Estados constitucionais, que o direito positivo incorporou grande parte dos conteúdos ou valores de justiça elaborados pelo jusnaturalismo racionalista e ilustrado: o princípio da igualdade, o valor à pessoa humana, os direitos civis e políticos e, também, todas as demais garantias penais e processuais de liberdade e de certeza. Segundo Ferrajoli, *todos estos principios, afirmados por las doctrinas jusnaturalistas de los siglos XVII y XVIII en forma de derecho o derechos naturales, han sido consagrados en las modernas constituciones en forma de principios normativos fundamentales que contienen limitaciones y imperativos negativos – o también positivos, como los expresados por los llamados "derechos sociales" o "materiales" (al trabajo, a la salud, a la subsistencia, a la educación, etc.) añadidos en las constituciones de este siglo – cuyos destinatarios son los legisladores y el resto de los poderes públicos.*[69]

Esses direitos fundamentais não são, senão, a forma jurídica positiva que os direitos naturais assumiram com sua garantia enquanto direitos subjetivos constantes nas Constituições modernas.

Sob o aspecto da legitimação, o fundamento político ou externo do Estado Democrático de Direito baseia-se na sua função de garantia dos direitos fundamentais mediante a sanção da anulabilidade dos atos inválidos: das leis por violação das normas constitucionais; de outros atos administrativos e decisões judiciais, por violação das leis constitucionalmente válidas.[70]

Ainda para Bolzan de Morais, o Estado Democrático de Direito *tem a característica de ultrapassar não só a formulação do Estado Liberal de Direito, como também a do Estado Social de Direito – vinculado ao Welfare State neocapitalista – impondo à ordem jurídica e à atividade estatal um conteúdo utópico de transformação da realidade.*[71]

---

[69] Cfe. FERRAJOLI, Luigi, *Derecho y Razón*, pp. 355-356.

[70] Idem. Analisando o processo de positivação dos direitos naturais, na formação do Estado de Direito, manifesta-se Ferrajoli no sentido de que o *resultado de este proceso de positivación del derecho natural ha sido una aproximación entre legitimación interna o deber ser jurídico y legitimación externa o deber ser extrajurídico, es decir, una juridificación de éste mediante la interiorización en el derecho positivo de muchos de los viejos criterios y valores substanciales de legitimación externa que habían sido expresados por las doctrinas ilustradas del derecho natural.*

[71] Cfe. BOLZAN DE MORAIS, José Luis. *Dos Direitos Sociais aos Interesses Transindividuais*, pp. 67 e segs.

O Estado Democrático de Direito, ao lado do núcleo liberal agregado à questão social, tem como questão fundamental a incorporação efetiva da questão da igualdade como um conteúdo próprio a ser buscado garantir através do asseguramento mínimo de condições de vida ao cidadão e à comunidade. Ou seja, nele a lei passa a ser, privilegiadamente, um instrumento de ação concreta do Estado,[72] tendo como método assecuratório de sua efetividade a promoção de determinadas ações pretendidas pela ordem jurídica. Neste sentido, manifesta-se também Streck,[73] dizendo – que *no Estado Democrático de Direito há - ou deveria haver – um sensível deslocamento do centro de decisões do legislativo e do executivo para o judiciário*, concluindo que por tal via há a possibilidade de realização dos direitos previstos legal e constitucionalmente, podendo o Judiciário, através do controle da constitucionalidade das leis, servir como via de resistência às investidas dos Poderes Executivo e Legislativo, que representam retrocesso social ou ineficácia dos direitos individuais ou sociais.

Temos, então, que a configuração do Estado Democrático de Direito não significa apenas unir formalmente os conceitos de Estado Democrático com o de Estado de Direito, trata-se de um conceito novo, que leva em conta os conceitos dos elementos componentes, mas os supera na medida em que incorpora um componente revolucionário de transformação do *status quo*.

A partir disso, o compromisso básico do Estado Democrático de Direito situa-se na harmonização de interesses que se manifestam em três esferas fundamentais: a esfera pública, ocupada pelo Estado, a esfera privada, preenchida pelos indivíduos, e a esfera coletiva, onde aparecem os interesses dos indivíduos enquanto grupo.

Visto sucintamente este conceito, cabe, dentro dos propósitos deste trabalho, a formulação de duas questões fundamentais, cuja resposta buscaremos adiante:

a) está a atuação penal do Estado fundamentada no direito positivo e no trabalho dogmático desenvolvido pelo senso comum teórico dos juristas, dirigida à realização do Estado Democrático de Direito, no Brasil, pela realização dos direitos humanos?

b) qual o prognóstico normativo que o paradigma do Estado Democrático de Direito brasileiro possibilita ao direito penal positivo e à atuação estatal penal?

---

[72] Cfe. BOLZAN DE MORAIS, José Luis. *Dos direitos Sociais aos Interesses Transindividuais*, p. 67.

[73] Cfe. STRECK, Lenio Luiz. *Dogmática e Hermenêutica*, p. 15.

2.1.2. O desrespeito aos direitos humanos de primeira geração: uma crise de legalidade frente ao núcleo liberal do Estado Democrático de Direito

A Convenção Interamericana sobre Direitos Humanos e Justiça Penal, de 1980, coloca o homem, sempre considerado como pessoa (art. 1º, n. 2), em posição prioritária como titular dos objetos de tutela jurídica. Essa condição requer que se assegure ao homem um âmbito de espaço social que lhe permita desenvolver com certa amplitude suas potencialidades e decidir acerca de sua existência. Assim, um sistema penal que seja parte de uma estrutura jurídica que busque constantemente a realização dos direitos humanos deve ser o resultado prático de um ordenamento que tutele como bens jurídicos os meios necessários para a realização do homem em coexistência. Temos, desde aí, como defeituosos ou ineficazes, os sistemas penais nos quais há uma falta de tutela de bens, e que, em decorrência disto, não haja a realização dos direitos humanos.

Na maioria dos casos, a necessidade de tutelar os bens jurídicos mais relevantes tem servido de pretexto para a lesão dos mesmos. No fundo, conforme pontua Zaffaroni, *hay una aparente contradicción o paradoja, que es la de proteger derechos limitando derechos*.[74]

Encontra-se em curso um processo de crescimento da criminalidade urbana violenta que, sem dúvida alguma, está relacionada com o aumento da desigualdade social e do contingente de cidadãos excluídos de todos os direitos e garantias do Estado Democrático de Direito.[75] Apesar dos avanços pós-ditadura, ainda nos encontramos distantes da instauração efetiva deste modelo de Estado instituído pela Constituição Federal de 88. Ainda assistimos a graves violações de direitos humanos, produto de uma violência enraizada nas instituições sociais brasileiras que se manifesta tanto na ação de setores da sociedade civil quanto entre os membros das agências encarregadas da execução da lei. O conceito e o espírito da legalidade ainda

---

[74] Cfe. ZAFFARONI, Eugenio Raul. *Sistemas Penales y Derechos Humanos en América Latina*, p. 27.

[75] Alguns dados da Secretaria de Segurança Pública do Estado de São Paulo são extremamente reveladores. Apenas para citar os casos mais graves, entre 1996 e 1999, o número de assassinatos na cidade de São Paulo aumentou de 4.855 para 5.704, ou seja, 849 mortes (17%) a mais por ano. Os mais sensíveis a este aumento da violência são os mais pobres, menos escolarizados e moradores da zona leste. Cfe. Estatística da Secretaria de Segurança Pública do Estado de São Paulo, publicada no jornal Folha de São Paulo, edição de 23 de janeiro de 2.000, 3º Caderno, p. 1 e, também, na Revista Veja, edição n. 1.633, de 26 de janeiro de 2.000, p. 37.

não povoam o imaginário social, ou o "inconsciente coletivo" da sociedade brasileira.

Algumas situações são repetitivas: as classes altas, atendidas em todas as suas necessidades, são vítimas das ações delituosas, especialmente contra o patrimônio, perpetradas pelos membros das classes baixas; estes, por sua vez, excluídos do acesso aos direitos mais elementares necessários a uma existência digna, moradores de favelas ou habitações coletivas, lutam entre si, numa espécie de guerra civil não declarada, e, em não raros momentos, protagonizam uma espécie de favelização dos bairros mais nobres de nossas cidades, numa reação aos que sempre os espoliaram e os escravizaram.

A plena realização dos direitos humanos é um ideal permanente, mas, de forma concreta, o *establishment* parece assistir resignadamente as falências reais do sistema. As propostas latino-americanas, desde a Convenção da Costa Rica, não têm-se realizado satisfatoriamente, nem sequer em nível legislativo. Neste último aspecto, temos uma série de leis penais, totalmente inconstitucionais, que violam, pela sua aplicação, os direitos humanos.

Como condição básica para a realização concreta do Estado Democrático de Direito, o submetimento de todos à lei apresenta-se como um requisito inquestionável, qualquer que seja a posição social ocupada e a função que exerça, incluindo-se neste rol não só os habitantes de um território, mas, também, e principalmente, o próprio Estado, cuja atuação, historicamente arbitrária, foi a razão maior da instituição do núcleo liberal do Estado moderno. Com isso, exige-se de todos condutas que não afetem certos bens jurídicos.

Essa exigência fundada no princípio da igualdade é, em certa medida, uma grande ficção, pois sempre há grupos que impõem sua hegemonia sobre as demais classes de uma sociedade, o que por si só não seria um fato agressor ao Estado Democrático de Direito, pois sempre teremos um grupo impondo suas decisões aos demais. Se essa imposição hegemônica fosse realizada respeitando-se os direitos fundamentais previstos constitucionalmente, não restaria afetado o Estado Democrático de Direito, mas o que passa em nossa realidade brasileira é algo bem diverso. O exercício do poder penal revela um conflito entre distintos grupos sociais, surgindo a imposição de certas pautas de condutas pelos grupos que detêm o poder, mas que, paralelamente a isto, não são atingidos por tais exigências legais. Deste modo, segundo Zaffaroni,[76] *se produce un esquema de valores en un discurso que tiende a imponerse a los grupos sometidos, en tanto que el*

---

[76] Cfe. ZAFFARONI, Eugenio Raúl. *Sistemas Penales y Derechos Humanos en América Latina*, p. 30.

grupo hegemónico se maneja con valores diferentes y se margina del sistema penal. Vemos, assim, que a máquina de controle penal opera seletivamente, de forma a não atingir os setores privilegiados que a montam, a controlam, ou são úteis aos seus objetivos,[77] e sob o pretexto da utilidade pública procede a uma expropriação dos bens jurídicos afetados pelas condutas que caem sob sua ação, sem ressarcimento algum.

Há, assim, no plano social, a criação de um estereótipo criminal que assinala os sujeitos a criminalizar, incluindo os membros de estratos inferiores e excluindo os dos setores hegemônicos. As elites se valem da classe média para exercer o seu controle social. É nela que são projetados todos os estereótipos e infundidos sentimentos de insegurança frente ao delito. O padrão do delinqüente está associado à imagem das classes mais pobres e da criminalidade convencional, evitando-se, estrategicamente, a ocultação dos crimes de colarinho branco, dos crimes fiscais, dos crimes contra a administração pública, etc. Ao mostrarem repetidamente notícias e reportagens sobre homicídios, lesões, crimes contra os costumes, todos bem cercados de violência, a mídia de massa oculta a criminalidade contra o patrimônio, sede de manifestação das diferenças de classe, veiculando somente determinadas espécies de delitos que atingem indistintamente a todas as classes, buscando, com isso, dar uma imagem de igualdade na proteção dos bens jurídicos pelo sistema penal.[78]

---

[77] No Brasil, inúmeras leis revelam o caráter seletivo do sistema penal, direcionado a beneficiar os membros da oligarquias do poder ou àqueles que são úteis aos seus propósitos. Neste sentido temos, por exemplo, todo o sistema de imunidades formais e privilégios processuais dos deputados e senadores, instituído no art. 52, parágrafos 2º e 3º, da CF/88; a prisão especial, constante no art. 295 do CPP e estendida a alguns outros beneficiários pelas Leis nºs 2.860/56, 5.606/70 e 7.172/83. Mas a mais absurda concessão seletiva feita nos últimos tempos é a prevista no art. 34 da Lei n. 9.249/95, consistente na extinção da punibilidade dos crimes previstos nas Leis nºs 8.137/90 e 4.729/65 (crimes de sonegação fiscal), quando o agente promover o pagamento do tributo ou contribuição social, inclusive acessórios, antes do recebimento da denúncia. A seletividade estabelece-se a partir do fato de que no art. 16 do Código Penal, em dispositivo análogo, somente é concedida uma redução de pena nos crimes cometidos sem violência ou grave ameaça à pessoa, nos quais tenha havido a reparação do dano ou restituição da coisa, até o recebimento da denúncia ou queixa, por ato voluntário do agente. Aos autores de grandes golpes econômico-fiscais, a extinção da punibilidade; aos ladrões de galinha, uma diminuição de pena.

[78] Os meios de comunicação de massa têm exercido, em relação ao sistema penal, uma dupla função: uma primeira, de atemorizar a população - especialmente a classe média "arribista" que pensa ser o que não é, nem nunca foi -, objetivando provocar um protesto público para pressionar as agências políticas e judiciais, com o intuito de deter a ameaça a seu poder, por tentativas de reforma legal ou jurispru-

É sobre este estereótipo que recai majoritariamente a violência policial, representando, em certa medida, uma política deliberada de controle social organizado pelo Estado. Para Paulo Sérgio Pinheiro, esta violência não é uma manifestação apenas de nossa sociedade contemporânea neoliberal, pois *durante toda a história republicana as classes subalternas no Brasil estiveram regularmente submetidas ao emprego de maus tratos e da tortura por parte do aparelho repressivo do Estado. Entretanto, a violência organizada do Estado somente tomou lugar destacado na sociedade a partir do momento em que, entre os atingidos, passaram a ser vitimados largos contingentes das classes médias e, às vezes, até das classes dominantes, na repressão política aos oponentes da ditadura militar.*[79]

Mesmo ultrapassada a ditadura militar e reestabelecido constitucionalmente o Estado de Direito, ainda observamos a manutenção de todo um aparato repressivo, nos mesmos moldes de um regime autoritário, com prisões e aparelhos policiais intocados e com a aplicação de métodos abusivos pelas forças policiais no relacionamento com o preso, especialmente a tortura, para não falar na morte.[80]

---

dencial, ou até mesmo pelo próprio discurso crítico; e uma segunda, destinada a estigmatizar os indivíduos que mantêm algum contato com o sistema penal, tratando-os como se já fossem os condenados, numa clara e indiscutível violação do princípio constitucional da presunção da inocência. No Brasil, esta postura dos *mass media* tem assumido proporções preocupantes, com a colocação no ar de programas que destacam a ocorrência de crimes atrozes e a atuação policial repressora, e, também, expõem à execração todos os indivíduos vítimas desta atuação estatal. Mesmo num momento preliminar da intervenção estatal penal, pela veiculação das imagens e nomes dos investigados, a exposição proporciona uma estigmatização definitiva. A título ilustrativo, é de mencionar-se programas como o "Cidade Alerta" e o "Disque Record", veiculados na Rede Record de Televisão, os programas radiofônicos do comunicador Gil Gomes, o programa "Na Rota do Crime", da Rede Manchete de Televisão, e o denominado "Cadeia", levado ao ar na Rede paranaense de televisão CNT, e, também o programa Linha Direta, veiculado na Rede Globo. Vale lembrar que dessa propaganda maciça têm se aproveitado os movimentos de política criminal, geralmente autoritários, para se apresentarem como detentores da fórmula infalível contra a onda criminosa, que insistem em querer inculcar no imaginário da população como existente e cada vez mais crescente. O remédio milagroso outro não é senão a ideologia da repressão, fundada no velho regime punitivo-retributivo, denominado contemporaneamente de forma enganosa como o Movimento da Lei e da Ordem.

[79] Cfe. PINHEIRO, Paulo Sérgio. *Violência e Cultura*. In: Direito, Cidadania e Participação. Benevides, Maria Vitória e Weffort, Francisco (org.), *apud* Relatório Azul/97, p. 314.

[80] Dois relatórios que estão no prelo escancaram um parentesco macabro entre muitos policiais do Rio de Janeiro e de São Paulo: pagos pelos contribuintes para protegê-los, eles, às vezes, atropelam a justiça e as noções mais elementares de civilidade para matar conforme suas próprias leis. No primeiro ano de funciona-

Aparece, assim, a polícia como uma instituição que executa a função de testa-de-ferro de todo o sistema de políticas criminais destinadas à repressão violenta dos "inimigos" da sociedade, mas que, mascaradamente, mediante uma retórica aparentemente democrática, manifesta-se como um sistema de segurança pública, destinado ao tratamento do delinqüente.[81]

A violência do sistema penal viola os mais elementares princípios constitucionais de garantia, notadamente o respeito à vida e à igualdade dos cidadãos, ao dirigir-se intencionalmente aos "não cidadãos", aqueles que não têm direito aos direitos, e que estão à margem dos direitos humanos. Os esgualepados são duplamente atingidos: por um lado, por não terem acesso aos direitos sociais, encontram-se constantemente numa luta pela sobrevivência, o que muitas vezes leva ao cometimento de delitos, especialmente contra o patrimônio; por outro, porque, não possuindo qualquer capacidade de articulação frente ao sistema, ao cometerem delitos, são vítimas fáceis da repressão estatal, que deles se vale para justificar sua imprescindibilidade à sociedade.[82] Com isso, a prática do sistema

---

mento, 1999, a Ouvidoria de Polícia do Rio contabilizou 93 denúncias de homicídios cometidos por policiais. A esmagadora maioria fora de horário de trabalho, possivelmente a serviço de esquadrões da morte. Em São Paulo, a Ouvidoria constatou um recorde em quatro anos de existência: no ano passado, instalou 414 procedimentos para investigar a morte de civis por policiais, 32% a mais do que em 1998. As denúncias de homicído praticados por policiais feitas no Rio representam 5,6% do total, enquanto as 414 de São Paulo equivalem a 8,6%. Os números referem-se exclusivamente a procedimentos abertos pelas ouvidorias, e não ao total de mortos por policiais. Ver a respeito editorial publicado no jornal Folha de São Paulo, edição de 1º de dezembro de 1999, p. 2.

[81] Outra estatística que não pode ser olvidada refere-se às chacinas na capital paulista e na Grande São Paulo, expedientes criminosos que contam com a participação de um significativo número de policiais. Os números são assutadores. Em 1994, houve 34 chacinas com 134 mortos; em 1995, 49 chacinas que resultaram em 168 mortos; 1996, 47 chacinas e 167 mortos; em 1997, 47 execuções com 162 mortos; em 1998, 89 chacinas com 308 mortos; e em 1999, até o dia 30 de novembro, 77 chacinas com 263 mortos. Os dados foram relacionados pelo Departamento de Homicídios e Proteção à Pessoa, da Secretaria de Segurança Pública do Estado. Ver a respeito jornal Folha de São Paulo, edição de 1º de dezembro de 1999, p. 3.

[82] Dado relevante divulga a Comissão de Cidadania e Direitos Humanos da Assembléia Legislativa do Rio Grande do Sul, referente aos abusos policiais. No ano de 1997, foram acompanhados por esta Comissão 179 casos denunciados de violência policial ou abuso de autoridade. Deste total, 104 casos referem-se a policiais militares, e os restante, a policiais civis. Destaca-se que grande parte dos casos não teve qualquer resposta dirigida à Comissão que os investigava, por parte das autoridades denunciadas, e outros não tiveram respostas conclusivas, o que, no entendimento da Comissão, pode sugerir uma atitude corporativa de encobrimento dos policiais transgressores ou uma incapacidade, proposital ou não, de atender a esta função fiscalizadora assumida pela Comissão, dentro de suas atribuições legais.

tem colocado em "xeque" a disposição constitucional relativa à ordem pública, constante no artigo 144 da Constituição Federal, no que se refere à sua manutenção e à da incolumidade das pessoas.

Ao não respeito da integridade física e moral dos destinatários do sistema penal, associa-se, também, a corrupção nele existente. Na obra *Tiras, Gansos e Trutas: Cotidiano de Reforma na Polícia Civil*, citada no Relatório Azul, Guaracy Mingardi aponta, como motivos do emprego da tortura nas delegacias de polícia, além da necessidade de punição física aos "maus elementos" e do controle social, outros dois: a necessidade de "mostrar serviço" com a elucidação de crimes e a utilidade da tortura como implemento da corrupção. Esta tem se apresentado como um dos principais caracteres negativos da prática dos sistemas penais, podendo ser circunscrita conceitualmente como qualquer conduta, dentro dos segmentos do sistema penal, que se distancia das pautas normativas pela motivação consciente objetivadora do lucro e de posições nas escalas de poder. Não é unicamente o desejo de locupletamento econômico que motiva o agente corrupto, mas, também, a vontade de agradar ao superior poderoso, para ter acesso a uma parcela de poder, para avançar na carreira. Por si só, a prática da corrupção já atingiria o Estado Democrático de Direito, mas esta situação é agravada na medida em que o mecanismo seletivo da criminalização protege estes delitos praticados pelos agentes do sistema de uma possível ação do próprio sistema. Estes delitos pouco figuram nas estatísticas criminais, sendo, diante disso, criticável a utilização dos dados oficiais relativos à criminalidade real.

Estamos diante de uma crise de legalidade dos poderes públicos que bem descreve Ferrajoli, ao referir-se a situações análogas ocorridas em Itália, França e Espanha. Para o penalista peninsular constitui-se tal crise a partir da precariedade do valor vinculativo associado às regras pelos titulares dos poderes públicos, expresso na ausência ou na ineficácia dos controles, e, portanto, à variada e espetacular fenomenologia da ilegalidade do poder. Nestes países, desmascarou-se, através de inúmeros inquéritos policiais, um gigantesco sistema de corrupção envolvendo a política, a administração pública, as finanças e a economia, desenvolvido numa espécie de Estado paralelo, deslocado para sedes ocultas de poder extrainstitucionais e extralegais, gerido pelas burocracias dos partidos políticos e por *lobbies de negócios*, freqüentemente em convivência com poderes mafiosos, regido por códigos próprios de comportamento e cobrando seus próprios impostos.[83] Além desta crise de legalidade,

---

[83] Fenômeno semelhante tem acontecido no Brasil. Com o escândalo dos grampos telefônicos realizados em alguns órgãos da Administração Federal, especialmente

vislumbrou o mestre italiano outra, de natureza constitucional, consistente na progressiva erosão do valor das regras do jogo institucional e do conjunto dos limites e dos vínculos por elas impostos ao exercício do poder público,[84] situação que se torna agravada pela inflação legislativa que acompanhou o desenvolvimento de um direito penal de emergência, em grande parte coincidente com a inflação penal, a qual se encontra na origem de uma crescente falta de

---

no Ministério das Comunicações e no BNDES, veio à tona, uma série de favorecimentos a algumas instituições bancárias nos processos de privatização das estatais, a partir de expedientes realizados pelo então Ministro das Comunicações, Luiz Carlos Mendonça de Barros em conjunto com o presidente do BNEDS, André Lara Resende. Tal situação demonstrou-se muito mais grave, ao serem reveladas as vinculações (ocupação de cargos de direção) de todos os homens diretamente ligados à Presidência da República a instituições privadas, especialmente da área bancária, além das relações íntimas com dirigentes de organizações que transitam livremente pelos corredores e gabinetes governamentais. A respeito, ver a reportagem *Quem é quem no Governo. Os homens do presidente de A a Z*, in: Revista Caros Amigos, n. 02, São Paulo: Casa Amarela, 1998, pp. 4-10. Também não é possível esquecer os números relativos aos parlamentares aos quais são imputados delitos, e que se beneficiam por um corporativismo nefasto que os protege da submissão a processos e condenações. Atualmente são acusados de crimes comuns os seguintes deputados federais: Edison Andrino (PMDB-SC), por nomear, admitir ou designar servidor contra expressa disposição da lei; Ibrahim Abi-Ackel (PPB-MG), por apropriação de bem público; Márcio Fortes (PSDB-RJ, atualmente Secretário de Estado), por divulgação de informação falsa em balanço de empresa do sistema financeiro; Moisés Lipnik (PTB-RR), por estelionato, declaração falsa em documento público e uso de papéis falsificados; Nelson Marquezelli (PTB-SP), por desacato; e Talvane Albuquerque (PTN-AL) por usurpação de função pública para obtenção de vantagem e homicídio da Deputada Ceci Cunha. Em todos estes casos, com exceção do último delito atribuído ao último deputado mencionado, o STF já solicitou licença prévia para a abertura do processo criminal. Além destes, a outros ex-deputados, não eleitos no último pleito, imputavam-se a prática de delitos comuns, a saber: Bosco França, por desacato; Eliseu Padilha, atual Ministro dos Transportes, por sonegação fiscal continuada; Marquinho Chedid, por desacato e impedimento da ação de funcionários da Justiça Federal; Oscaro Goldoni, por contrabando e uso de papéis falsificados; Osório Adriano, por sonegação fiscal continuada; e Valdir Collatto, por peculato. Ver a respeito reportagem publicada no jornal Zero Hora, edição de 14.02.1999, p. 8.

[84] Ver a respeito FERRAJOLI, Luigi. *O Direito como sistema de garantias*. In: O novo em Direito e Política. Porto Alegre: Livraria do Advogado, 1996, p. 89, e *op. cit.* nota 1. Para este autor, disso decorre, contemporaneamente, um problema que é comum a todas as democracias avançadas: a crescente anomia do Estado hodierno. E isto, por duas razões: de uma parte, pela massiva expansão de suas funções na vida social e econômica e, conseqüentemente, dos espaços de discricionariedade; de outra, pela redução da capacidade regulativa do Direito, da inadequação e da falta de efetividade das suas técnicas de garantia e pela tendência do poder político de liberar-se dos controles jurídicos e a deslocar-se para sedes invisíveis.

certeza, obscuridade e dificuldade de conhecimento do Direito, fato que favorece uma adição ao ilegalismo difuso.

Neste caminho, sem qualquer hesitação, podemos afirmar que nosso sistema penal é ineficaz e excessivamente repressivo, decorrência não só de leis que não tutelam adequada ou suficientemente os direitos humanos, mas, também, como resultado das pautas de conduta dos grupos humanos que formam os distintos setores ou seguimentos do sistema penal e ensaiam suas próprias ideologias, marcadamente violentas, corruptas, burocratizadas e setorizadas. Temos, pois, a violência, a corrupção, a burocratização e a setorização como os quatro cavaleiros do apocalipse do sistema penal, aqui enumerados pela ordem de relevância com que atingem as garantias constitucionais e a realização do Estado Democrático de Direito, no que toca à sua efetivação em relação à atuação estatal penal.

A percepção da violência do sistema penal pode ser distorcida pelas justificações feitas por ele próprio, na maioria das vezes em que ocorre, mas não pode ser negada. As lesões, os homicídios, as sevícias, os tormentos, as torturas, os castigos físicos, as violências sexuais, praticadas quando os perseguidos encontram-se nas mãos do Estado, revelam a existência de uma violência institucionalizada, cujo ocultamento torna-se cada vez mais uma atividade de extrema dificuldade para os componentes do *establishment* estatal penal. Dentre estes fatos, o mais notório é a morte,[85] e a deslegitimação do

---

[85] Significativos são os dados revelados por estatística realizada pela Brigada Militar do Rio Grande do Sul, relativos à investigação, através de Inquéritos Policiais Militares e sindicâncias, de delitos praticados por policiais em serviço, no período compreendido entre 1995 e 1998. Pelo delito de agressão com lesões corporais, foram investigados 223 policiais em 1995, 360 em 1996, 409 em 1997 e 385 em 1988; por homicídio, foram investigados 35 policiais no primeiro ano do período citado, 28 no segundo, 22 no terceiro e 44 no quarto. Além destes crimes contra a pessoa, foram objetos de investigação outros delitos como suborno, com um total de 28 policias investigados nos quatro anos, mau atendimento de ocorrência praticado por 201 policiais, abuso de autoridade praticado por 90 policiais, furto por 105 e extorsão por 22 outros polícíais. Se os dados referentes aos delitos contra as pessoas são dignos de uma profunda reflexão e preocupação, parecem irrisórios quando comparados ao número de homicídios praticados pelas polícias militares dos Estados do Rio de Janeiro e São Paulo. A primeira matou 600 civis no ano de 1998, e a segunda, no mesmo ano, 400, conforme dados obtidos pelo pesquisador José Vicente da Silva Filho, do Instituto Fernand Braudel. Ver a respeito reportagem publicada no jornal Zero Hora, edição de 14.03.1999, p. 49. Também bastante significativos são os dados revelados na pesquisa realizada pelo editor-assistente da revista Veja, jornalista Alexandre Secco, após manusear 2.000 processos criminais envolvendo agentes da polícia em nove Estados da Federação. O resultado é assustador. O primeiro dado revela que 10% de todos os policiais estão envolvidos em algum tipo de crime. Metade é de delitos graves como seqüestro, assalto e assassinato. Em termos proporcionais, existem setenta vezes mais pessoas investigadas por delitos

discurso e do sistema penal por ele proporcionada ultrapassa os limites teóricos, não só pela sua fácil percepção, mas, principalmente, porque atinge diretamente a consciência ética humanista.

Tomando o Rio Grande do Sul como parâmetro de análise, temos que ponderar e minimizar a afirmação feita pelo Ministério da Justiça de que é este Estado que possui o melhor sistema prisional do País, podendo ser visto como modelo para outras unidades de Federação.

Em primeiro lugar, há de se ressaltar que este tipo de argumento é utilizado despudoradamente por muitas autoridades pertencentes aos grupos governamentais, notadamente com uma função ideológica, de mascaramento da real situação em que tem se desenvolvido a atuação estatal executiva penal.

Alguns dados sobre a mortalidade no sistema prisional gaúcho, repetimos, considerado modelo para o País, são assustadores.[86] A Comissão de Cidadania e Direitos Humanos (CCDH) da Assembléia Legislativa do Estado, na busca de dados para formular o Relatório Azul, teve acesso, num primeiro momento, a dados relativos apenas à Comarca de Porto Alegre, onde teriam morrido, somente no ano de 1997, 51 presos. Esse deveria ser, com certeza, um dos dados mais importantes para os que trabalham com o sistema penitenciário, pois se refere a nada menos que a vida das pessoas sob custódia do Estado. Do manuseio destes dados, concluiu a CCDH que as autoridades não desenvolvem suas atividades tendo em mente esse terrível índice de mortalidade. O levantamento encaminhado ao Poder Judiciário sobre as mortes é precário, apresentando equívocos, inclusive sobre o local e a data onde vieram a falecer os presos. Em 31 de março de 1998, foi enviado pela Susepe à CCDH, em função de pedido formulado pelo deputado Marcos Rolim, uma relação nominal de todos os presos que morreram durante o cumprimento de pena, no período compreendido entre 1995 e 1998, nos estabeleci-

---

graves dentro da polícia do que fora dela. Outros dados são também terríveis. Enquanto a população carcerária representa 0,1% da sociedade, os policiais acusados de crimes graves representam 3% do efetivo das polícias. As acusações de roubo, extorsão, tráfico de drogas e homicídio contra policiais cresceram 400% nos últimos cinco anos. Em São Paulo, 60% das quadrilhas investigadas por prática de crime organizado têm policiais envolvidos. A cúpula é pior do que a base. Para cada denúncia de crime contra um investigador de polícia, existem treze denúncias contra um delegado. Na PM, a proporção é de quinze denúncias contra oficiais para cada denúncia contra um praça. A respeito, ver Revista Veja. São Paulo: Abril. Edição 1.609, ano 32, n. 31, de 04.08.1999, pp. 84-99.

[86] Ver a respeito *Relatório Azul – Garantias e Violações dos Direitos Humanos no RS*. Porto Alegre: Assembléia Legislativa, 1998, pp. 379-383.

mentos prisionais gaúchos. Segundo os dados, morreram 181 pessoas que se encontravam sob a custódia do Estado desde 1995, sendo 62 apenas no ano de 1997. No Hospital Penitenciário (HP), neste período faleceram 87 presos, o que, em princípio, não fecha com os dados fornecidos para o Relatório Azul 1996, onde foi informado que apenas no HP haviam falecido 62 presos entre janeiro de 1995 a setembro de 1996.[87]

Se o sistema prisional gaúcho, tido como modelo no Brasil, já apresenta graves problemas, consistentes em graves fatos violadores de direitos humanos, o que dizer dos demais. De lembrança recente, recordemos o massacre do Carandiru, no qual foram executados 111 presos, e até hoje nenhuma autoridade foi punida; o massacre de Carajás, em que foram mortos 19 sem-terras; os abusos da Favela Naval em São Paulo, a execução da Candelária e de Vigário Geral, no Rio de Janeiro, região do mundo onde mais a polícia mata membros da sociedade civil.

Fatos como esse, em última análise, configuram um sistema paralelo de aplicação de penas de morte sem qualquer processo, expediente nada novo na América Latina. Todo este fenômeno da pena sem processo, segundo o entendimento de Zaffaroni,[88] gera-se em atitudes policiais que se estendem ao resto do sistema penal, e que no âmbito latino-americano é particularmente grave devido ao caráter quase militar de nossos serviços policiais.

Diante dessa realidade, há uma necessidade emergente de retificação radical do discurso jurídico-penal, a fim de alterar-se substancialmente a prática do sistema. Há um arbítrio legislativo que pretende uma segurança jurídica a partir de uma suposta competência legislativa de criar o mundo, garantindo uma certeza alienante. Contra-argumentam os porta-vozes do sistema que a racionalidade e a democracia impedem a fabricação do mundo pelo legislador,

---

[87] O desencontro de dados relativos à situação dos presos no País é algo significativo. Segundo o Censo Penitenciário de 1995, em seu Quadro XVIII (Custo mensal do preso por Estado), a população carcerária no País é de 123.247 presos. Neste mesmo documento, apenas que em seu Quadro XII (número de presos por tipos de crimes cometidos), o número total de presos no País sobe para 152.709 pessoas. Já no quadro X (número de presos por cor), o número total de aprisionados é de 148.760 pessoas. Ora, é inadmissível que num País que pretenda ser um Estado Democrático de Direito, os próprios órgãos estatais não tenham um absoluto controle das informações relativas às pessoas que estão sob sua custódia, em regime de privação de liberdade. A respeito, ver *Censo Penitenciário 1995*. Brasília: Ministério da Justiça, 1995. Disponível na Internet: http://www.mj.gov.br/depen/censo/censo95j.htm

[88] Cfe. ZAFFARONI, Eugenio Raul. *Sistemas Penales y Derechos Humanos en América Latina*, p. 54.

retórica que falece ao primeiro enfrentamento com os dados empíricos da realidade histórica. Esse arbítrio, baseado em uma realidade inexistente, precisa ser freado através da consideração dos corretos dados sobre o sistema penal, deslocando-se o discurso de justificação das construções dogmáticas até esta base de dados realística.

Em investidas teóricas e idealistas[89] de justificação do sistema, tem-se esforçado herculeamente o saber jurídico, especialmente o saber dogmático através da multiplicação de ficções técnicas, buscando a criação de uma realidade, em parceria com a *mass media*, que evite ou dificulte a percepção de tão grave realidade e, por conseqüência, da própria deslegitimação. O resultado destas atuações dogmáticas, concretamente, apenas reproduz a ineficácia do sistema. Esta linha de atuação apresenta, aparentemente, uma maior segurança, caminho contrário ao percorrido por uma construção de base realista. Nesta, onde o discurso jurídico-penal deve objetivar a vinculação da pauta decisória das agências judiciais em dados da realidade e no paradigma de sociedade traçado constitucionalmente, há sempre uma parcela de incerteza, imanente ao enfrentamento do mundo, onde o devir histórico reclama uma constante reconsideração, onde nada está acabado.

2.1.3. O delito em tempos de globalização e a implicação dos custos públicos do crime na realização do núcleo social do Estado Democrático de Direito

Dentre os inúmeros aspectos relativos ao delito que a dogmática penal recusa-se a abordar, temos o seu custo público que aparece, ao lado da não-solução dos problemas sociais através de um enfoque estigmatizante, como o penal, da diminuição da adaptabilidade após a prisionização e os dos efeitos adversos da estigmatização, como

---

[89] Sobre este dilema entre bases idealistas ou realistas as quais estão vinculados os juspostivistas dogmáticos e os juristas críticos, respectivamente, bem se posiciona Zaffaroni ao dizer que *o idealismo tende a gerar um "mundo do jurista", o que lhe outorga uma grande segurança ao afastá-lo da permanente mudança do devir próprio do mundo real, isolando-o dos debates sobre a realidade. O realismo, ao contrário, é um caminho que proporciona respostas menos absolutas, mais contingentes e, quase sempre, provisórias.* Para ele, *em geral, o jurista tende a inclinar-se para o idealismo, que lhe permite construções teóricas dentro de uma "estética jurídica", que compartilha os valores de uma arquitetura autoritária, predominante – não casualmente – na maioria dos "palácios de justiça" do Ocidente, com seu monumentalismo frontalista. O realismo, apesar de não representar esta "segurança", possui a vantagem de valorizar um mundo não articulado na medida das necessidades do valor, ou, o que é o mesmo, do sujeito que avalia*". Cfe. ZAFFARONI, Eugenio Raul. *Em Busca das Penas Perdidas*, p. 188.

motivos fundamentadores de toda e qualquer política descriminalizadora.

Tal questão assume uma significativa importância em tempos de globalização, face ao enorme paradoxo que surge entre as políticas neocapitalistas e a atuação estatal penal.

A aplicação prática da doutrina neoliberal tem revelado cruamente a sua lógica fundada na competência e no lucro. A viabilização da globalização tem reclamado e conseguido a destruição dos núcleos constituintes dos direitos fundamentais e da cidadania, que, em muitos países, como o Brasil, ainda nem foram obtidos pela grande maioria da população. O Estado social, expressão máxima do constitucionalismo regulador das relações sociais, políticas e econômicas de um povo, nos limites de um território, por meio de um governo soberano, vai sendo substituído por órgãos, instituições ou entidades que se apresentam, para os fins e necessidades funcionais do neoliberalismo, como mais eficientes sob os aspectos econômico, financeiro, mercadológico e até mesmo coercitivo.

Com a implementação das políticas neoliberais, onde o mercado aparece como o novo critério de regulação social, instaura-se uma nova fase do capitalismo, sem limites territoriais de expansão das forças produtivas. Os detentores do poder econômico, os novos dirigentes globais, surgem como membros de uma nova classe totalmente descompromissada com a coletividade e com o trabalho. O discurso neoliberal consolida-se deslegitimando os direitos e as garantias individuais e coletivas, e o Estado, como depositário desses valores universais associados à idéia do público, passa a ser um empeço ao desenvolvimento dessas relações numa concepção de mundo que se aproxima da noção hobbesiana de guerra total de todos contra todos.

Enquanto observamos a imposição de exigências por organismos financeiros internacionais aos Estados nacionais que importam na sua constante diminuição, traduzindo-se isto em uma legislação social mínima e no estabelecimento de um Estado fundado no direito reflexivo, o que torna problemática qualquer tentativa de realização de uma cidadania social, em sentido contrário visualizamos, no campo da atuação estatal penal, a adoção de políticas criminalizadoras, a partir da atuação dessas entidades, refletidas nas posições públicas de uma considerável parcela de parlamentares que têm uma identificação ideológica profunda com as pretensões neoliberais, e cujas campanhas eleitorais são financiadas por estas instituições privadas. Para uma parte das relações sociais, especialmente as de natureza econômica, o direito reflexivo, descentralizado, para outra, constituída por fatos que merecem uma maior desvaloração social e, portanto, estão sujeitos à incidência da lei penal, um Direito estatal máximo, centralizado e repressivo, onde se multiplicam os tipos penais, sem qualquer atenção para os princípios constitucionais que devem informar, substancial, política e juridicamente, todas as demais normas hierarquicamente inferiores.

Assistimos a uma crise da positividade do Direito Penal que cada vez mais afasta nosso modelo estatal do *standard* do Estado Democrático de Direito, levando-nos em direção a um Estado arbitrário. Sobre este aspecto do direito penal contemporâneo, bem observa José Eduardo Faria[90] que *diante das desigualdades sociais, setoriais e regionais dos bolsões de miséria e guetos "quarto mundializados" nos centros urbanos, da criminalidade e da propensão à desobediência coletiva, as instituições judiciais do Estado, antes voltadas ao desafio de proteger os direitos civis e políticos e de conferir eficácia aos direitos sociais e econômicos, acabam agora tendendo a assumir funções eminentemente punitivo-repressivas. Para tanto, a concepção de intervenção mínima e última do direito penal é alterada radicalmente (Adorno, 1996). Esta mudança tem por objetivo torná-lo mais abrangente, rigoroso e severo, para disseminar – medo e o conformismo no seu público-alvo – os excluídos. Por isso, enquanto nos âmbitos dos direitos basicamente sociais e econômicos vive-se hoje um período de reflexo e "flexibilização", no direito penal se tem uma situação diametralmente oposta.*[91]

Esta situação paradoxal não surge por acaso, mas tem sua razão de ser mais remota no processo de exclusão econômico-social propiciado pela globalização, cujo consectário mais significativo é o aumento da criminalidade, que se processa paralelamente à incapacidade estatal de combater as atividades criminosas. Não só os bancos e empresas multinacionais tiram proveito da mundialização econômica, mas também os cartéis do crime organizado dela se beneficiam. Citando um funcionário da Interpol, Martin e Schumann referem que *o que é bom para o livre comércio também é bom para a*

---

[90] Cfe. FARIA, José Eduardo. *Direitos Humanos e Globalização Econômica: Notas para uma Discussão.* In: O Mundo da Saúde. São Paulo, ano 22, v. 22, n. 2, mar/abr. 1998, p. 79.

[91] Ilustram tal situação de maximização penal a quantidade de novos tipos penais que surgem a uma velocidade espantosa, tendo como conseqüência uma crescente juridicização e criminalização das inúmeras atividades antes não atingidas pela lei penal; o enfraquecimento dos princípios da tipicidade e da legalidade, pela quantidade de normas em branco utilizadas; o encurtamento das fases procedimentais de perseguição estatal; e, também, a inversão do ônus da prova em um sem-número de procedimentos.

criminalidade.[92] A miséria e a diminuição do Estado são impostas pela globalização conjuntamente com o aumento da delinqüência e, também, com a exigência de que ao Estado cabe combater esta criminalidade crescente. Nota-se, com isso, que em todos os níveis, manifesta-se um grave erro sistêmico da integração mundial: num sentido, há a disponibilidade em escala mundial do fluxo de mercadorias e capitais; noutro, em sentido contrário, temos a regulamentação e controle dos efeitos desse processo integrativo como atribuição de um Estado nacional desmontado economicamente, e que aparece como a única instância concreta à qual os cidadãos e eleitores podem reivindicar suas necessidades.

Assim, não dispondo o Estado nacional de recursos suficientes para reprimir a criminalidade, temos, paralela e contraditoriamente, a minimização da maioria de suas funções clássicas[93] e a maximização em matéria penal. Incapazes de combater as causas de geração da criminalidade, os Estados nacionais apostam num aumento do aparato legal e policial, o que, como tentaremos demonstrar, pelo seu custo social, tem sérias implicações na realização do Estado social e, reflexamente, na (im)possibilidade de realização do Estado Democrático de Direito.

O Estado autoritário aparece como a solução diante da impotência da política frente aos efeitos da economia. Com oportunidade, exemplificam Martin e Schumann que o governo alemão optou pela legalização de escuta telefônica nas sindicâncias policiais, enquanto o governo da Baviera já havia introduzido a chamada investigação confidencial, possibilitando aos policiais realizar diligências independentemente de suspeitas ou ocorrência, podendo prender o cidadão com base em simples suposição.[94]

No Brasil, temos a recente Lei nº 9.034/95, que dispõe sobre utilização de meios operacionais para a prevenção e repressão de

---

[92] Cfe. MARTIN, Hans-Peter e SCHUMANN Harald. *A Armadilha da Globalização. O Assalto à Democracia e ao Bem Estar Social*. São Paulo: Globo, 1997, p. 288.

[93] É relevante destacar que a alteração das funções clássicas do Estado moderno tem operado no sentido pretendido pelas políticas neoliberais. Assim temos, por exemplo, que as funções tradicionais que deveriam ser executadas pelo Poder Executivo estão sendo transferidas para os setores que absorvem parte da estrutura estatal pelas privatizações, cujas aquisições na sua maioria são pagas com papéis podres emitidos pelo próprio governo; temos também que as funções legislativas estão sendo substituídas por atividades normatizadoras privadas, realizadas entre as partes interessadas e, por fim, a atividade judicial de solução de conflitos está sendo reduzida pela implementação de instâncias privadas de soluções de conflitos como a mediação e arbitragem.

[94] Ver a respeito MARTIN, Hans-Peter e SCHUMANN, Harald. *A Armadilha da Globalização*, p. 294.

ações praticadas por organizações criminosas. Cria essa lei a possibilidade de que inúmeras diligências investigativas possam ser realizadas pelo próprio juiz que poderá manter em sigilo os autos da diligência, fora dos autos do processo, sem intervenção de cartório ou servidor. São estas algumas manifestações legislativas que revelam o reingresso de nossa sociedade em um modelo feudal, ou, na linguagem de Roth,[95] no rumo a um modelo de regulação social neofeudal. Enquanto para este autor o caráter neofeudal da regulamentação social reside em parte nessa evolução e em parte em uma leitura pessimista da forma decisória sugerida pelo direito reflexivo, através da infinidade de foros de negociações descentralizados, visualizamos a neofeudalidade da atuação de todo o sistema penal, independentemente da exigência de uma maior centralização neste âmbito, a partir do aumento da atividade estatal e da conseqüente perda de segurança dos cidadãos em relação a ela.

Essa maximização operacional do sistema penal se revela, num primeiro momento, no aumento da edição de normas penais, fato que tem algumas conseqüências imediatas. A grande quantidade de leis penais não tem passado por um filtro constitucional, havendo, a partir disto, uma violação dos conteúdos principiológicos existentes em nossa Constituição, afrontando-se, com isso, os direitos fundamentais de primeira geração, seja por seus conteúdos processuais inquisitivos, seja por criminalizar uma série infindável de condutas, gerando uma situação de incerteza para os cidadãos e invertendo a função originariamente cunhada para os tipos penais, que ao invés de servirem como uma garantia aos membros da sociedade civil contra a atuação arbitrária do Estado, possibilitam, contrariamente, uma atuação estatal penal desmesurada e não raras vezes ilegal.

Em conexão a isso, é demasiadamente sabido que o custo do delito para o Estado é muito alto,[96] e se a análise deste aspecto levar

---

[95] Cfe ROTH, André-Noël. *O Direito em Crise: fim do Estado Moderno?* In: Direito e Globalização Econômica. José Eduardo Faria (org.). São Paulo: Malheiros, 1996, p. 24.

[96] Para dimensionar a magnitude do custo do delito para os cofres públicos, lancemos aqui os dados sobre o custo médio mensal necessário para a manutenção dos presos no País. Segundo o Censo Penitenciário de 1997, existem no Brasil 101.482 pessoas encarceradas, sendo que o número de vagas é de 74.592, resultando num *deficit* de 26.890 vagas. Para a manutenção da estrutura carcerária existem 28.105 funcionários trabalhando no sistema, estando 5.829 lotados na área administrativa, 19.882 na área de segurança e apenas 2.394 na área técnica, o que nos dá uma relação de 3,61 presos por funcionário. O custo operacional médio mensal do sistema para cada preso é de R$ 406,91, valor que multiplicado pelo número total de presos nos indica um gasto mensal com o sistema penitenciário de R$ 41.294.040.

em consideração os resultados negativos obtidos,[97] atinge patamares estratosféricos. Estes custos para as finanças públicas decorrem da necessária estruturação do Estado para a realização de atividades destinadas à repressão, à investigação, a estudos científicos, à prevenção e, até mesmo, do custo das infrações contra as finanças do Estado. Tem, assim, o erário público especificamente, para a execução da lei, para a administração da justiça e para o "tratamento" do delinqüente, que aportar recursos para o pagamento dos salários de policiais, do Ministério Público, da magistratura, de ministros, do pessoal administrativo, do pessoal penitenciário, para amortização de prédios públicos, para a aquisição de equipamentos, de instalações ocupadas na prevenção, na administração da justiça e na reabilitação.[98]

---

[97] A falência do sistema punitivo, levando-se em conta as suas finalidades preventivas, tanto geral quanto especial, é uma verdade incontestável. Alguns dados sobre a reincidência ilustram de forma significativa esta afirmação:
a) enquanto no País houve uma diminuição do número de encarcerados, baixando o número total de 123.247 (Censo de 95) para 101.482 (Censo de 97), no Rio Grande do Sul houve um aumento de 10.280 presos em 1993, para 12.690 presos em novembro de 1997;
b) o índice de reincidência, segundo o Censo de 97, é, para o País, de 25%. Conforme estudos realizados pela Universidade Federal do Rio Grande do Sul, em convênio com a Secretaria de Justiça e da Segurança, este índice, no Rio Grande do Sul sobe para 32%, sendo de 23% nas "casas pequenas", 33% nas "casas médias" e de 40% nas "grandes casas". Levou-se em conta nestas pesquisas o conceito de reincidência penitenciária, ou seja, considerou-se como reincidente o indivíduo que cumpriu pena, obteve a liberdade e, novamente condenado, voltou a submeter-se ao cumprimento de pena privativa de liberdade. A respeito, ver Relatório Azul 97, pp. 377-378;
c) reconsiderando o conceito de reincidência penal, ou seja, conceituando como reincidente aquele que após estar cumprindo pena, obtém a liberdade e volta a cometer de crimes, a Susepe (Superintendência de Serviços Penitenciários do Rio Grande do Sul), obteve cifras ainda mais preocupantes. Por esta pesquisa, realizada em 84 presídios estaduais, o percentual de reincidência médio no Rio Grande do Sul é de 41,01%. Para os fins da pesquisa, o Estado foi dividido em oito regiões, apresentando algumas índices elevadíssimos de reincidência: Região de Santa Maria (10 presídios, 700 detentos), índice de 57,71%; região de Caxias do Sul (06 presídios, 785 detentos), índice de 54,24%; região de Santa Cruz do Sul (11 presídios, 810 detentos), índice de 46,05%; e região de Porto Alegre (13 presídios, 4.549 detentos), índice de 45,92%. Os percentuais elevam-se estratosfericamente em alguns presídios-pólos: Presídio Estadual de Santa Cruz do Sul, com percentual de reincidência de 88%; Presídio Estadual de Santa Maria, 78,88% de reincidentes; e Presídio Estadual de Charqueadas (PEC), com um índice de 73,33% de reincidentes. A respeito, ver PENTEADO, Gilmar. *A reincidência no crime é rotina*. In: Jornal Zero Hora, edição de 25.05.98, pp. 04-05.
[98] Dados relevantes constam nos Balanços Gerais do Estado do Rio Grande do Sul. Na conta das Despesas Gerais por Função da Administração Direta, as rubricas Defesa Nacional e Segurança Pública consumiram, em reais, os seguintes valores, no período de 1991 a 1997: 1991 (R$ 37.648,00); 1992 (R$ 501.652,00); 1993 (R$ 7.636.710,00); 1994 (R$ 219.411.897,00); 1995 (R$ 407.190.576,00); 1996 (R$ 501.167.055,00), 1997 (R$ 576.953.659,25) Na conta das Despesas Gerais por Órgão da Administração

Toda esta estrutura importa em recursos estatais que poderiam ser alocados em outras rubricas orçamentárias, destinadas à realização de direitos sociais mais elementares dos cidadãos que não são atendidos pelo Estado, política que num médio prazo, sem dúvida alguma, resultaria numa diminuição da delinqüência. Esta situação torna-se mais revoltante na medida em que milhões e milhões são gastos mesmo tendo-se consciência e convicção de que as técnicas e métodos utilizados não dão respostas ao problema do delito, mas, pelo contrário, o agravam.[99]

Direta, a Secretaria da Justiça e da Segurança realizou os seguintes gastos no mesmo período: 1991 (R$ 41.336,00); 1992 (R$ 243.740,00); 1993 (R$ 10.284.601,00); 1994 (R$ 286.328.993,00); 1995 (R$ 480.845.601,00); 1996 (R$ 576.428.351,00). A esses valores devemos agregar, para termos um quadro completo de gastos que o sistema penal impõe aos cofres públicos, parte das despesas realizadas pelo Poder Judiciário, pelo Ministério Público, pela Defensoria Pública e Justiça Militar Estadual. Tais despesas tornam-se exorbitantes e ofensivas à realização do Estado Social, quando comparamos, por exemplo, com as despesas realizadas com saúde. Ilustrativamente, na primeira conta (despesas por função) citada nesta nota, o gasto com saúde e saneamento foi, no ano de 1996, de R$ 218.119.908,00, quantia que não chega à metade do gasto com defesa e segurança pública, enquanto na segunda (despesas por órgão), o gasto realizado pela Secretaria da Saúde e do Meio Ambiente foi de apenas R$ 189.351.839,00, pouco mais de um terço do que foi gasto pela Secretaria da Justiça e da Segurança. Ver a respeito a publicação *Finanças do Estado*. Porto Alegre: Secretaria da Fazenda do Estado do Rio Grande do Sul, vol. XLVI, 1997, pp. 99-101.

[99] Inobstante o significativo aumento dos valores empregados pelo Estado do Rio Grande do Sul na Segurança Pública, o número de ocorrências registradas pela prática de delitos cresceu em todo o Estado. Ilustrativamente, o número de ocorrências por ano: 1992 (636.009); 1993 (673.073); 1994 (742.295); 1995 (783.178); 1996 (863.932); 1997 (848.043). Em recente levantamento realizado pela Polícia Civil do Rio Grande do Sul, tomando como objeto de amostra o período compreendido entre 1994 e 1999, ficou demonstrada a evolução quantitativa dos principais crimes cometidos no Estado. Os roubos com lesões aumentaram 23,7%; os roubos com morte, 11,1%; outros roubos, fora destas duas categorias, tiveram uma elevação de 32,7%, abigeatos, 13,4%; arrombamentos, 2%; furtos e roubos de veículos, 21,5%; furtos em veículos, 29,5%, e outros furtos, 5,5%. Ver a respeito Jornal Zero Hora, edição de 02 de fevereiro de 2.000, p. 38. Também bastante significativos são os dados divulgados pela Secretaria da Justiça e da Segurança do Rio Grande do Sul, publicados no Jornal Zero Hora, edição de 23 de janeiro de 2000, p. 64, que comprovam o aumento da criminalidade na orla gaúcha na primeira quinzena de 2000, em relação ao mesmo período do ano de 1999. Os arrombamento aumentaram 102%; os roubos a residências, 300%; os roubos de veículos, 400%; os furtos de veículos, 29%; os furtos em veículos, 117%; os roubos a motoristas, 300%; os roubos a pedestres, 164%; os furtos ao comércio, 264%. Esses dados são mais alarmantes, na medida em que a Brigada Militar aumentou seu efetivo nesta região, em relação a 1999, em 508 policiais, e a Polícia Civil em 70 homens. Vê-se, em comparação aos dados tradutores da despesa em segurança pública com os desta nota, que, alheia ao aumento do gasto, a prática de delitos aumentou, revelando que o problema é sistêmico-estrutural, não sendo possível a sua solução pelo aumento da repressão pelo sistema penal.

Outro aspecto relevante nesta problemática diz respeito à distribuição necessária do custo do delito. Não há uma distribuição equânime em toda a sociedade dos valores gastos com a atividade estatal em decorrência da prática delituosa. Na maior parte são os segmentos mais carentes da população que arcam com esta despesa, pois é destas camadas sociais que provém a maior parcela dos tributos arrecadados, especialmente através da tributação da circulação de mercadorias e da renda, cuja utilização é feita no aporte de recursos aos órgãos estatais de atuação penal.[100] Pelas palavras de Cervini,[101] *a má distribuição do custo do delito e suas conseqüências engendram desconfiança em relação à estrutura dominante de poder, assim como ao sistema preconceituoso de justiça penal; isso desanima a cooperação com o sistema e minimiza o suposto efeito dissuasivo das sanções. Razões elementares de eqüidade requerem que as conseqüências do delito se redistribuam de forma similar entre as vítimas, os delinqüentes, as possíveis vítimas e os possíveis delinqüentes*, sendo esta uma das possíveis formas de realização de uma justiça penal social.

Assim, chegamos à conclusão de que nestes tempos de pós-modernidade, em que o Estado nacional encontra-se aviltado em suas características e atribuições mais elementares, a atuação dos sistemas penais surge como fator negador do Estado Democrático de Direito. E isto por duas razões: primeiro, porque diante do aumento da criminalidade em função da exclusão do modelo neocapitalista, e considerando-se a ineficácia do modelo penal em realizar os objetivos, que aparentemente se propõe, o Estado tem-se utilizado de mecanismos normativos criminalizadores de forma exacerbada, sem qualquer respeito aos princípios e garantias constitucionais, gerando com isso uma crise de positividade do direito penal, e criando enormes possibilidades, que têm-se concretizado em nosso dia-a-dia, em decorrência do significativo aumento da intervenção estatal penal, de violações dos direitos humanos de primeira geração, seja pela incerteza diante da quantidade de ações criminalizadas, seja pela atuação inquisitiva e ilegal dos seus órgãos; em segundo lugar, porque em razão do aumento da criminalização e, conseqüentemente, do número de ações sujeitas à atuação dos sistemas penais, tem o

---

[100] De um total arrecadado de R$ 7.840.261.889,00, pelo Estado do Rio Grande do Sul em 1996, R$ 3.879.186.336,00 foram provenientes do ICMS e R$ 833.692.499,00 de transferências da União que se constituem em grande parte de retorno do IR pago pelo Estado, suas autarquias e fundações por ele instituídas ou mantidas, conforme determinam os artigos 157 e 159 da CF/88. Vê-se que é a grande parcela pobre da população quem paga as contas públicas.

[101] Cfe. CERVINI, Raúl. *Os Processos de Descriminalização*. São Paulo: Revista dos Tribunais, 1995, p. 61.

Estado aumentado o seu aparato repressivo para combater os crimes que ele mesmo tem criado, com a conseqüência próxima do aumento da despesa em segurança pública, o que impede a realização de outros direitos sociais muito mais fundamentais para as necessidades de populações, especialmente do terceiro mundo, até então não realizadas em função de simulacros de Estado social, e cuja efetivação apresenta-se como a mais viável e eficaz alternativa para a redução das práticas delituosas.

Como resolver esta situação crítica por que passam o sistema penal e o saber penal que o sustenta teoricamente? Concordamos com Zaffaroni quando este coloca que diante da deslegitimação dos sistemas penais surgem duas grandes correntes de propostas político-criminais: a proposta de um direito penal mínimo ou contração do direito penal e a proposta de sua abolição ou do abolicionismo penal.[102]

2.2. O DIREITO PENAL NO ESTADO DEMOCRÁTICO DE DIREITO E A SÍNTESE NORMATIVA ENTRE O ESTADO DE DIREITO E O ESTADO SOCIAL

Expostas essas situações graves geradas pela operacionalização do sistema punitivo brasileiro, impõe-se, como medida relegitimatória, a sua reengenharia político-normativa, a partir de uma reflexão desenvolvida a partir da rede normativa do texto constitucional, buscando-se, com isso, dentro de parâmetros racionais-humanistas, o prognóstico normativo autorizado pelo modelo de Estado Democrático de Direito projetado constitucionalmente.

Isso nos leva, obviamente, a uma complicada tarefa de sintetizar os núcleos de regras liberais e sociais previstos em nossa Constituição, para daí ser extraído o substrato hermenêutico que irá possibilitar uma nova exegese de nosso direito penal e, por conseqüência, a sua conformação a este projeto de Estado e de sociedade pretendido. De um lado, temos que pensar nos tradicionais princípios do Estado de Direito, e de outro, nas exigências das necessidades de democratização da própria sociedade.

A Constituição Federal de 1988, sem dúvida alguma, contém um projeto com objetivos voltados a um processo de transformação do Estado e da sociedade brasileira, e isso exige não só a sujeição do Estado a processos jurídicos e a realização não importa de que idéia de Direito, mas também a sua sujeição a critérios materiais que o

---
[102] Cfe. ZAFFARONI, Eugênio Raul. *Em Busca das Penas Perdidas*, p. 89.

transcendem, especialmente através da conjugação de dois princípios substantivos constantes na Constituição Federal: o princípio da soberania do povo e dos direitos fundamentais, previsto no artigo 1º, parágrafo único, incisos I, II e III, e o da realização da chamada democracia econômica, social e cultural como objetivo da democracia política, que está também no artigo 1º, nos incisos IV e V, e no artigo 3º, incisos I, II, II e IV.

Historicamente se observa que, em termos de compatibilização do Estado de Direito com o Estado Social, as dificuldades são significativas. Inobstante a existência, desde a Constituição de 1934, de cláusulas constitucionais sociais que fundamentassem um projeto de mudança social em nosso País, o que se verificou historicamente até nossos dias foi o desenvolvimento de um projeto econômico eminentemente liberal, sustentado por uma práxis autoritária nas relações de poder e até mesmo do Estado com a sociedade.

As dificuldades dessa compatibilização repousam no fato de que os grandes núcleos de regras constitucionais têm natureza totalmente distintas. Enquanto o núcleo social leva a um compromisso político de realização material de todos os estratos populacionais, o núcleo liberal objetiva um quadro jurídico de rigor constitucional e legal.

Na busca dessa síntese, qual será o prognóstico normativo para o direito penal?

Enquanto no Estado de Direito o fenômeno do exercício do poder é por definição circunscrito e delimitado no seu conteúdo constitucional, no Estado Social há um extravasamento dessas limitações porque nele as possibilidades de extensão das formas de domínio são imensas, podendo atingir intensidades sutis e num certo sentido até fora de controle do ponto de vista do Estado de Direito.

Temos na Constituição Federal as formalidades ou a forma do projeto de Estado Democrático de Direito pretendido. Para efeito de um modelo constitucional para o Estado de Direito, concebido como um Estado mínimo, reduzido em suas funções, esta formalidade adquire os contornos de uma cláusula de bloqueio ou função de bloqueio; enquanto para o atendimento do núcleo social do Estado, temos um modelo constitucional alicerçado em uma cláusula com a função de legitimação das aspirações sociais, o que de certa forma já existia nas Constituições de 1934, 1937, 1946, 1967/69.

O problema a que aqui nos referimos pode ser expresso da seguinte maneira: há uma constituição que apresenta no seu corpo normativo um sistema de valores, propondo um modelo de Estado cuja efetivação depende da realização de tais valores. A concretização deste projeto social necessariamente irá enfrentar o conflito entre o modelo de Estado com a função de bloqueio e o Estado com a função de legitimação de aspirações sociais.

Diante desta situação, a questão que se coloca diz respeito à captação do sentido da Constituição no momento em que, concebida como um sistema de valores, o modelo de Estado que ela institui se transforma num instrumento de realização política, com base na qual a atividade legislativa e judicial será forçada, pela pressão social, a concretizar princípios e programas encerrados no texto constitucional. Há, assim, um problema de conformação política dos fatos ao modelo, isto é, de sua transformação conforme um projeto social ideológico.

Na Constituição de 1988, as tarefas colocadas ao Estado ensejam não só uma multiplicação de normas, mas também à sua modificação estrutural, colocando-se a descoberto as suas limitações. Exige-se do Estado a responsabilidade pela transformação social adequada da sociedade, o que coloca para ele outras funções que não se casam plenamente com a função de bloqueio dos velhos modelos constitucionais.

Essa situação, quando confrontada com as vicissitudes de um direito penal dentro do Estado Democrático de Direito, enseja uma certa preocupação, pois a função de bloqueio foi instituída, em sua maior parte, em razão de desumanas passagens históricas proporcionadas pela atuação do sistema punitivo.

Nesse sentido, cabe-nos questionar quais os limites da contribuição do direito penal para a realização do Estado Social brasileiro. Como deverá ser um direito penal inserido dentro de um paradigma de Estado Democrático de Direito, no qual as liberdades sejam amplamente garantidas, mas também as pretensões materiais satisfeitas, como forma de realização da dignidade e cidadania dos brasileiros?

Sem aprofundar a análise de que uma intervenção penal máxima somente poderia servir à formação de um Estado totalitário, também um modelo mínimo ou a abolição de toda e qualquer forma de controle social penal do Estado podem servir a uma atuação penal desmedida e autoritária, distanciada da realização de um Estado Democrático de Direito, especialmente se, paralelamente às reduções, depararmo-nos com uma supressão das garantias.

Todo o projeto político da modernidade, pelo menos em tese, está fundamentado na realização dos direitos humanos, sendo este o paradigma ideal de justiça política que se pretende. O Estado moderno estruturou-se em cima desta idéia. Todo o sistema de divisão e independência de poderes, dentro de um esquema de pesos e contrapesos, a isto se destinou. Mas, como antes já demonstramos, nem sempre os titulares dos poderes desenvolveram seus esforços no sentido da realização de uma justiça política. Mesmo tentando a realização, na maioria das ocasiões, do paradigma da filosofia da consciência, pelo distanciamento dos conflitos como fator de legitimação de decisões, os detentores do poder não conseguiram jamais se imunizar de suas paixões, mas, pelo contrário, no exercício de suas prerrogativas dentro dos conflitos sociais, esqueceram suas atribuições, atendendo, não raras vezes abusivamente, seus próprios interesses.

Na atuação estatal penal isto não tem sido diferente. Mesmo estando investidos em seus poderes a partir de processos democráticos de representação, não têm os protagonistas das decisões de interesse público obtido o resultado pretendido dentro de padrões ético-políticos de justiça que visem à realização dos direitos humanos. E se as estratégias de justiça política até aqui adotadas, desde os primórdios da modernidade, não lograram tal êxito, qual o caminho a seguir, visando a atingir este fim? Não podemos esquecer nosso passado penal e, por isso, concordamos com Höffe quando este afirma que *são experiências históricas e considerações interdisciplinares que esclarecem de que modo os princípios de justiça e sua condição de realidade, o poder jurídico coletivo, se realizam adequadamente no mundo empírico.*[103]

No Estado Social há uma nova concepção de democracia: a social, que ultrapassa o mero formalismo da democracia representativa,[104] e todo ordenamento jurídico deve estar voltado à sua

---

[103] Cfe. HÖFFE, Otfried. *Justiça Política. Fundamentação de uma Filosofia Crítica do Direito e do Estado.* Petrópolis: Vozes, 1991, p. 368.

[104] Há aproximadamente dois séculos a democracia, ou pelo menos, o termo democracia tem aparecido como um denominador comum de todos os regimes que se desenvolveram nos países econômica e politicamente mais avançados. Fala-se, muitas vezes inadvertidamente, de liberalismo ou de socialismo democrático, o que implica seriamente concepções totalmente distintas. Num primeiro momento, podemos entender democracia, adotando as palavras de Bobbio, como um método ou um conjunto de regras de procedimentos para a constituição de um Governo e para a formação das decisões políticas mais do que uma ideologia. Para este autor, na teoria política contemporânea, as definições de democracia tendem a resolver-se e esgotar-se num elenco mais ou menos amplo de regras do jogo, ou, com outra expressão, em "procedimentos universais" destinados ao estabelecimento de *como* se deve chegar à decisão política, deixando de lado *o que* se deve ou não decidir. Dentro desta concepção teríamos, segundo o senador peninsular, um conceito formal de democracia no qual as principais regras do jogo seriam: a) a existência de um órgão máximo legislativo eleito direta ou indiretamente pelo povo; b) a necessidade de coexistência junto ao órgão legislativo de outras instituições com dirigentes eleitos; c) o corpo de eleitores formados por todos os cidadãos que tenham

realização. Algumas parcelas do ordenamento devem contribuir mais do que outras, e neste aspecto entendemos que o direito penal, pela gravidade das sanções que impõe, deva ser a parte do ordenamento jurídico menos utilizada para tal fim, pois uma exacerbação do ordenamento e da atuação estatal penal para a realização do Estado Social implicaria necessariamente uma violenta redução das liberdades individuais que são, sem dúvida alguma, um dos pilares fundamentais do Estado Democrático de Direito.

A tradicional teoria acerca da democracia considera-a, sem dúvida alguma, em função dos efeitos substanciais que potencialmente podem surgir a partir do estabelecimento e cumprimento das regras formais do jogo, como o melhor e mais seguro caminho para a justiça concreta, sendo ela a forma exata de organização do estado de justiça, não sendo possíveis tensões entre democracia e justiça.

Partindo-se dessa nota conceitual sobre democracia formal, e jamais desprezando o processo histórico por ela caracterizado, não é possível crer-se que o simples respeito aos procedimentos formais democráticos possa garantir que uma decisão política venha a satisfazer a realização de uma pretensão de justiça voltada para a concretização dos direitos humanos, não só das vítimas do sistema penal, mas também das vítimas das ações delituosas. Neste aspecto, razão parece ter Höffe quando diz que *os procedimentos democráticos de decisão são determinados por regras de maioria, mas decisões de maioria são, quando muito, vantajosas, para a maioria e, de modo algum, para todos. Mas a maioria pode impor seus interesses à minoria, de modo que a democracia pode se tornar uma variante do "direito do mais forte"*.[105]

Até mesmo Rousseau, um dos teóricos clássicos da democracia, reclama, como uma de suas condições suplementares, a existência de

---

atingido a maioridade; d) o voto igual (*one man, one vote*); e) o voto livre, segundo a opinião a ser formada o mais livremente possível; f) o oferecimento de alternativas de escolha para o eleitor; g) o princípio da maioria numérica; h) a imposição de que as decisões tomadas pela maioria não devem limitar os direitos da minoria, especialmente de se tornar maioria; i) a necessidade de o órgão do governo gozar de confiança do Parlamento ou do chefe do poder executivo, por sua vez, eleito pelo povo.

[105] Cfe. HÖFFE, Otfried. *Justiça Política*, p. 370. É necessário destacar que inobstante tenhamos observado nos últimos dois séculos uma significativa evolução no conceito e na realização da democracia formal, não raras vezes observamos a ocorrência de uma das mais acreditadas regularidades ou uniformidades captadas pela ciência política, transformada até mesmo em dogma científico por Roberto Michels: a lei férrea da oligarquia, segundo a qual em cada regime, seja qual for sua "fórmula política", é sempre uma minoria organizada ou um número muito restrito de minorias, em luta entre elas, que governam um país. A respeito ver, BOBBIO, Norberto. *Dicionário de Política*, vol. I, p. 166.

bastante igualdade nas classes e nas riquezas, sem o que a igualdade não poderia subsistir muito tempo nos direitos e na autoridade".[106]

Repensar o discurso jurídico-penal e a atuação do sistema penal nele baseada importa repensar o modelo de sociedade desejada, o que, por sua vez, demanda uma reconsideração da própria noção de democracia.

A sociedade brasileira, inobstante não ter jamais observado, e ainda não observando todas as regras do jogo democrático formal, estabeleceu, a partir da promulgação da Constituição Federal de 1988, um pacto dirigido a um novo modelo de sociedade, fundado no paradigma do Estado Democrático de Direito, onde se delimitaram claramente as abstenções dos poderes públicos frente às garantias individuais liberais dos cidadãos, bem como as obrigações de fazer do Estado a fim de satisfazer os direitos sociais de sua população.

A partir desse momento histórico, passou a existir, urgentemente, a necessidade de refazermos a noção de democracia no imaginário social de nosso povo e de nossos governantes. Falamos de uma concepção democrática substancial ou material, com referência a certos conteúdos inspirados em ideais característicos da tradição do pensamento democrático, especialmente o igualitarismo, não só jurídico, mas também social e econômico.

Importante salientar neste ponto que ambas as noções de democracia não são excludentes uma da outra, mas, pelo contrário, complementares, ressalvando-se apenas que a material situa-se num lugar preferencial, incorporando, no plano axiológico, valores mais importantes e, por conseguinte, prévios em relação à outra.

Recorrendo-se a Ferrajoli,[107] veremos que em um sentido não formal e político, mas substancial e social de democracia, esta se equipara ao Estado de Direito, refletindo não só a vontade da maioria, mas, muito além disto, os interesses e as necessidades vitais de todos. Para o mestre da Universidade de Camerino, as garantias, tanto liberais como sociais, expressam, com efeito, os direitos fundamentais dos cidadãos frente aos poderes do Estado, os interesses dos fracos em relação aos fortes, a tutela das minorias marginalizadas ou discrepantes em relação às maiorias integradas, as razões de *los de abajo respecto a los de arriba*. Neste sentido, para ele, não existe diferença entre os direitos de liberdade e os direitos sociais: também os direitos sociais como cada vez se faz mais evidente nos países ricos, em que a pobreza tende a converter-se em uma condição minoritária,

---

[106] Cfe. ROUSSEAU, Jean-Jaques. *O Contrato Social.* São Paulo: Cultrix, p. 74.

[107] Cfe. FERRAJOLI, Luigi. *Derecho y Razón,* p. 864.

são direitos individuais virtualmente contrários à vontade e aos interesses das maioria.

A partir disso, propõe uma redifinição do conceito de democracia, chamando de democracia *substancial* ou *social* ao "Estado de Direito" dotado de garantias efetivas, tanto liberais como sociais, e democracia *formal* ou *política* ao "Estado político representativo", é dizer, baseado no princípio da maioria como fonte de legalidade. Arrola, neste passo, duas categorias de normas: a) as *substanciais*, em relação às *formais* de democracia política, são as normas consideradas secundárias que enunciam tais condições, as quais, de maneira diferente das normas sobre o *"que"* e sobre o *"como"* se deve decidir, que se referem às fontes e às formas de produção das normas primárias, fazem referência ao "que" se deve ou não decidir; b) e *sociais*, em relação às políticas em matéria de representação, podem ser consideradas suas funções: enquanto, com efeito, o Estado representativo supõe que a soberania resida no povo e, por conseguinte, seu exercício seja legítimo enquanto represente a vontade da maioria, o Estado de Direito requer que as instituições políticas e jurídicas sejam instrumentos dirigidos à satisfação dos interesses primários de todos e sejam, portanto, legítimas enquanto tutelem e realizem concretamente tais interesses.

Como consectário dessas exigências da democracia substancial, o princípio da democracia política, relativo ao *quem* decide, encontra-se subordinado aos princípios da democracia social relativos ao *que não é lícito decidir e ao que é lícito deixar de decidir.*

Para Ferrajoli, a expansão democrática a partir de sua concepção substancial pode acontecer não só mediante a multiplicação das sedes não políticas nas quais resulta formalmente democratizado o *quem* e o *como* das decisões, mas sobretudo mediante a extensão dos vínculos estruturais e funcionais impostos a todos os poderes – democráticos, burocráticos, públicos e privados – e pela elaboração de novas técnicas garantistas aptas para assegurar uma maior efetividade.[108]

Neste projeto de democracia social deve ser observada uma expansão dos direitos dos cidadãos e, correlativamente, dos deveres do Estado, o que em outros termos importa uma maximização das liberdades e expectativas e uma minimização dos poderes.

A partir daqui começa a se desenhar uma proposta de um Estado liberal mínimo e de um Estado social máximo, o que implica um Estado e um Direito mínimo na esfera penal e, por outro lado, um Estado e um Direito máximo na esfera social. Com essa fórmula,

---
[108] FERRAJOLI, Luigi. *Derecho y Razón*, p. 865.

que não cremos nem pretendemos seja mágica, achamos possível resgatar grande parte das pretensões de um Estado Democrático de Direito, que temos pactuado em nossa Constituição, especialmente no campo penal, com a realização dos direitos fundamentais não só daqueles que se vêem enredados com o sistema penal pela prática de ações tidas como delituosas e amargam suas sanções oficiais e paralelas, mas também com a realização dos direitos fundamentais do restante da população, potencial destinatária de ações delituosas que somente serão reduzidas a níveis aceitáveis com a instituição de um Estado social que até a presente época não passou de um simulacro em nosso País.

Cremos que para a realização do Estado Democrático de Direito, diante dos abusos por parte dos poderes públicos constituídos sob uma democracia formal, faz-se necessário não só a efetiva observância do cumprimento dos limites fixados a eles através da Constituição, mas, também, a revisão objetivando uma ampliação desses limites. Estes necessariamente devem ser mais estritos, e os critérios de suas escolhas devem seguir princípios de uma justiça política do ponto de vista ético-humanitário, o que somente é possível através da positivação e realização dos direitos humanos.

Nesta concepção a democracia passa não mais a ser uma série de meios e procedimentos visando a atender, no que se refere aos processos decisórios, ao princípio da maioria, mas, noutro sentido, um conjunto de fins, com função de proteção das minorias, garantindo a igualdade em direitos em relação àqueles que não possuem as mesmas convicções econômicas, sociais, políticas, religiosas e formação lingüístico-cultural da maioria.

Para isso, adiante da consolidação e institucionalização dos direitos humanos, devem eles ser considerados como parte do direito positivo de um Estado. Deve ser ultrapassada a sua consideração dentro de um plano ideal, como solenes declarações de intenção, de esperanças ou postulados genéricos inatingíveis ou irrealizáveis. Muito mais do que isso, são eles princípios de legalidade, componentes de um pacto social traduzido em uma Constituição, e para a sua realização não basta a observância do princípio da maioria nos processos decisórios. Exige a concretização dos direitos humanos o cumprimento da Constituição não só pelos cidadãos componentes da população de um Estado, mas, principalmente, pelos próprios poderes públicos que têm uma função de proteção. Com isso, realizam-se no plano concreto as pretensões dos destinatários dos direitos fundamentais positivados no que se refere ao seu significado de proteção, seja em relação aos outros cidadãos, seja contra as instâncias de poder público ou privado.

Utilizando as palavras de Höffe,[109] é pela estruturação jurídica do Estado constitucional democrático, com tribunais independentes, que se torna possível o cumprimento das vinculações do poder estatal e a monitoração dos poderes individuais. É por este caminho, desde uma eliminação do monopólio e da ilimitação do poder, por uma múltipla articulação da rede de poderes públicos, com um sistema de controle recíproco entre eles, que se apresenta como possível a efetiva realização dos direitos fundamentais. E isto é de fundamental importância quando transferido para toda e qualquer pretensão de análise e reestruturação do discurso jurídico e do sistema penal.

O grande momento vivido pela experiência constitucional brasileira atual na instauração do Estado Democrático de Direito está, assim, no modo como as exigências do Estado Social se jurisfaçam nos contornos do Estado de Direito. Ainda observa-se no imaginário dos aplicadores da lei uma lógica liberal, e no dos agentes das instituições do Estado policial uma práxis autoritária, situação bastante temerária para um quadro de expansão dos limites do direito penal, tendo em vista sua participação para a realização do Estado Social.

O princípio legitimador deste modelo de Estado, ainda que muito abstrato e genérico, tendo pela frente a compatibilização das funções de bloqueio e de legitimação das aspirações sociais, deve ser baseado na possibilidade de impedimento de que as funções sociais do Estado se transformem em funções de dominação. Esse é o grande risco de um direito penal exacerbado voltado para a realização do social. Será preciso ver no reconhecimento do Estado Democrático de Direito uma espécie de repúdio à utilização desvirtuada das necessárias funções sociais como instrumento de poder, especialmente de poder penal, porque isto destruiria o Estado de Direito, pervertendo-se a base do Estado Social que estaria tão desnaturado. Em conseqüência, o Estado Democrático de Direito perderia seu contorno constitucional.

Por outro lado, também não podemos esquecer que não mais se admite levar à interpretação da Constituição todos aqueles formalismos típicos da interpretação liberal-individualista. A Constituição tem que ser entendida como a instauração do Estado e da comunidade. Ela não deve se submeter àquele puro formalismo sob pena de fazermos o inverso, impedindo a realização do Estado Social. O difícil é fazer essa composição sem desfigurar a idéia de Estado Democrático de Direito.

---

[109] Cfe. HÖFFE, Otfried. *Justiça Política*, pp. 377-378.

2.2.1. A utilização do Direito Penal para a regulação da liberdade individual no Estado Social

Mesmo após mais de duzentos anos da instituição do Estado de Direito Liberal, não houve ainda uma solução satisfatória em relação à garantia da liberdade individual frente à intervenção estatal. Os direitos fundamentais que são eficazes contra o Estado protegem o cidadão frente às arbitrariedades dos poderes públicos. A visão do homem de nosso tempo parte da idéia do cidadão emancipado, aquele que, em tese, deverá fazer o uso adequado da liberdade garantida. Quais os limites desta liberdade? Quais as restrições que o Estado pode impor aos indivíduos para realizar um projeto de Estado Social que nosso País ainda não atingiu concretamente, mas que abstratamente está contemplado na Constituição?

A liberdade de participação na vida pública, para decidir quais os caminhos que deverão ser percorridos pelo grupo, é um privilégio usufruído por um pequeno número de cidadãos, formado em sua maioria por componentes das classes economicamente mais fortes. O restante da população limita-se a participar dos processos eletivos, destinados à formação da vontade do Estado. Dessa situação é possível concluir que a regulação jurídica detalhada das relações sociais, decisiva para a situação existencial dos indivíduos, é realizada por uma diminuta minoria, filiada a partidos políticos e que consegue, por articulações variadas, dominar os foros de discussão e determinação destas instituições. A grande maioria dos cidadãos está excluída deste processo, e não há um efetivo sistema de comunicação entre representantes e representados.

A não-realização dos anseios e desejos da maioria da população tem levado esta a recorrer, em um significativo número de situações, às iniciativas civis, não-governamentais, que hoje já ocupam espaço em grande parte de atividades que originariamente deveriam ser executadas pelo Estado.

Talvez seja verdadeira a afirmação de que os cidadãos não estão tão emancipados quanto imaginem, e parcialmente impedido esteja o exercício da cidadania, a fim de atingir-se uma qualidade de vida satisfatória. E isso ocorre em grande medida em razão da forma como tem atuado nosso Estado, seja não realizando os direitos sociais, seja violando ou não permitindo o gozo das liberdades individuais.

Diante desse quadro, a proteção constitucionalmente garantida contra intervenções ilegítimas do Estado na configuração existencial do indivíduo é assumida como óbvia e necessária.

Mas a ameaça à liberdade não pode, hoje, ser colocada em termos estritamente individuais. As condições de vida negadas são constrangimentos objetivos tão ou mais perigosos que uma violação individual.

Das estruturas da sociedade moderna, dos efeitos da tecnologia, da acumulação do capital, condições que afetam diretamente a vida dos cidadãos, resultam limites fáticos à livre manifestação da personalidade constitucionalmente garantida. A liberdade deve ser invocada dentro de uma condição comunitária, em que prevaleça a vinculação do indivíduo com o grupo social, dentro de uma relação de dependência recíproca.

Nessa conjuntura, o postulado do Estado Social reclama a uma forçosa limitação da liberdade individual. Mas em que planos deve dar-se esta limitação, e quais os instrumentos normativos que o Estado deve utilizar para regular estas privações individuais?

É uma conseqüência inafastável do mandato do Estado Social tornar possível uma compensação adequada de interesses, que jamais poderá significar liberdade absoluta, mas a garantia justa de um espaço suficiente de liberdade para cada um.

O Estado Social demanda uma redução da liberdade, especialmente porque uma liberdade ilimitada conduziria, na moderna sociedade de classes, a uma hegemonia dos econômica e socialmente mais fortes sobre os débeis. Toda regulação que sirva à compensação de poder comporta, simultaneamente, diminuição de liberdade para uns e ampliação da mesma para outros. Esta regulação de interesses antagônicos é a tarefa essencial do Estado Social, e o Direito é o principal instrumento para a concretização desta empreitada.

Sendo o direito penal o mais violento instrumento normativo de regulação social, particularmente por atingir, pela aplicação das penas privativas de liberdade, o direito de ir e vir dos cidadãos, deve ser ele minimamente utilizado. Numa perspectiva político-jurídica deve-se dar preferência a todos os modos extrapenais de solução de conflitos. A repressão penal deve ser o último instrumento utilizado, quando já não houver mais alternativas disponíveis. Mas não utilizada da maneira como vem sendo feita, paralelamente a outros procedimentos de natureza não-penal, como tem ocorrido especialmente nos crimes econômicos e tributários. Devem ser esgotadas as opções não-penais, antes de iniciar-se a persecução penal.

A realização do Estado Social depende muito mais do aporte de recursos para a implementação de uma série de direitos, do que propriamente de repressão à liberdade individual.

A diminuição da liberdade individual, como corolário do aumento da liberdade comunitária, deve dar-se, preferencialmente em relação à propriedade, tributos, acumulação de capital, ou seja, nos pontos fundamentais que irão possibilitar uma redistribuição social e a realização da igualdade material. E para isto o aparato jurídico não-penal disponível já dispõe de uma série de mecanismos capazes de atingir esses objetivos. Evidentemente que, quando o Estado não lograr êxito no campo extrapenal, deve ele utilizar, em última instância, a aplicação da lei penal.

Com a utilização mínima do direito penal estar-se-á privilegiando não só a liberdade individual, valor fundamental do Estado Democrático de Direito, mas, como já dito anteriormente, pela redução do aparato repressivo estatal e, conseqüentemente, com a diminuição desta despesa pública, poderão os recursos desta rubrica ser alocados para a realização de direitos sociais.

2.3. DA NECESSÁRIA FUNDAMENTAÇÃO ANTROPOLÓGICA DE UMA POLÍTICA CRIMINAL NO ESTADO DEMOCRÁTICO DE DIREITO

Como visto nos itens 2.1.2 e 2.1.3, há uma incompatibilidade entre o exercício de poder dos sistemas penais e toda e qualquer aspiração à realização dos direitos humanos. E se no desenvolvimento constitucional ocidental não pudemos observar a um processo progressivo de reconhecimento e realização dos direitos humanos, grande parcela deste fenômeno se deve ao exercício do poder penal estatal. Zaffaroni bem lembra, quanto a isto, que *enquanto os direitos humanos assinalam um programa de igualdade de direitos de longo alcance, os sistemas penais são instrumentos de consagração ou cristalização da desigualdade de direitos em todas as sociedades.*[110]

Essa situação do penalismo, especialmente latino-americano, impõe que qualquer reengenharia do discurso e do sistema penal passe necessariamente pelo filtro de um programa transformador cunhado a partir dos direitos humanos positivados constitucionalmente, como priorização da vida e da pessoa humana, dentro de uma legitimação antropológica do poder penal.

Nesse sentido, toda e qualquer resposta à deslegitimação enfrentada pelo discurso jurídico-penal e pelo sistema penal importa em repensar o próprio modelo de sociedade. Sendo o Direito uma ferramenta, um instrumento disponível ao homem, deve ele estar atrelado à noção de homem pretendida, nela estando compreendida uma noção de cidadania, de emancipação e, principalmente, de li-

---

[110] Cfe. ZAFFARONI, Eugenio Raul. *Em Busca das Penas Perdidas*, p. 149.

berdade. E isto desemboca necessariamente na concepção de sociedade desejada. Este paradigma já foi estabelecido constitucionalmente a partir da Carta de 1988, com a especificação, pelo legislador, de todos os padrões morais, sociais, pautas de valor e de cultura que devem orientar nossa sociedade.

Para o juspositivismo dogmático, os questionamentos antropológicos parecem estar já respondidos na lei penal positivada, como resultado de uma atividade desenvolvida no plano da política criminal. Isto é insustentável, e só serve para justificar uma separação radical entre dogmática e política, além de proporcionar a construção de toda uma argumentação dogmática de legitimação interna do discurso jurídico.

Se não é a dogmática penal que nos fornece o conceito de homem do qual deve-se nutrir toda a construção jurídico-penal, inevitavelmente deve ela manejar seu objeto de reflexão a partir desse conceito de homem cunhado partir da realidade social e do paradigma de sociedade pretendido constitucionalmente.[111]

Pela falta de uma fundamentação antropológica nos termos antes reclamados, cremos que o exercício do poder penal estatal não pode ser considerado como o exercício de um direito penal fundamentado eticamente em noções humanistas, por não ter a capacidade de cumprimento da função que lhe é atribuída ou que deveria ser atribuída no atual estágio de desenvolvimento cultural da humanidade, qual seja, nas palavras de Zaffaroni, a de *possibilitar las condiciones externas de realización del hombre o sea, asegurar los bienes jurídicos históricamente necesarios para la posibilitación de la autenticidad (libertad) de cada uno de los co-existentes, de la mejor manera posible en*

---

[111] Estes requisitos exigíveis para um profícuo manejo da lei parecem estar sendo esquecidos pelos juspositivistas dogmáticos que têm construído toda ciência penal desde fatos primeiros, apriorísticos, traduzidos pelos institutos legais. Buscam eles constantemente a legitimação e a coerência interna do discurso e do sistema, esquecendo que há uma necessidade muito maior e substancial de legitimar-se todo exercício estatal penal a partir de uma concepção antropológica de liberdade e emancipação não só jurídica mas, principalmente, econômico-social. Isto não tem sido levado em conta pelos construtores de uma ciência penal alienada e idolátrica dos institutos penais que, para eles, parecem ter uma essência em si mesmos, serem fatos apriorísticos ao próprio homem, concepção que tem dificultado toda e qualquer compreensão e interpretação do fenômeno jurídico. Sobre este aspecto, coloca Zaffaroni *que el derecho penal sea para el hombre implica que el mismo significa para el hombre, es decir, que es algo significativo, que no es un "hecho puro". Si separamos al derecho penal de su significación, le quitamos su carácter de hecho humano de la misma manera que a cualquier cosa que le quitamos su significación. Aquí radica esencialmente la necesidad de una comprensión teleológica del derecho penal fundada en lo antropológico".* Cfe. ZAFFARONI, Eugenio Raul. *Tratado de Derecho Penal.* Buenos Aires: Ediar, t. II, p. 424.

las circunstancias dadas.[112] E isso em grande parte ocorre porque o exercício do poder penal não reconhece a autodeterminação do homem, e as definições do direito penal não raras vezes se esgotam no formal, distanciando-se não só de seus requerimentos básicos de existência e funcionamento, mas, principalmente da necessária referência histórica.

Temos neste passo que um direito penal antropologicamente fundado é um direito penal liberador, que assume uma forma utilitária ao homem a partir do cumprimento de suas atribuições de garantia que possibilitarão a auto-realização dos indivíduos, contrariamente ao que ocorre num direito penal repressivo que faz do homem um instrumento do Estado, de sua lei penal, configurando-o e retirando a imensa maioria de suas possibilidades de eleição e de autogestão.

Avanços e retrocessos existiram na história penal da humanidade no que se refere à aproximação ou distanciamento da legislação penal em relação a uma fundamentação antropológica. À medida que se operou o afastamento, o pensamento e as práticas penais encobriram o homem, dando relevância às coisas e aos esquemas teórico-jurídicos completos e plenos, deixando, com isso, o direito penal de ser útil ao homem e à sociedade. Por estas vias, houve a pretensão da solução de problemas sociais através de um ponto de vista individualista, sobre casos particulares, proibindo o que não se pode alcançar, aumentando penas para compensar a impunidade, criminalizando condutas sem relevância social, etc. Assim se posicionando e agindo, o direito penal não logrou e não logrará garantir os bens que são necessários para projetar a realização do mundo em bases ético-humanísticas, ou, em outras palavras, não possibilitou e não possibilitará que uma maioria mais ou menos ampla goze desta garantia.

Um direito penal não fundamentado antropologicamente não garante efetivamente os bens jurídicos fundamentais aos homens. É o que acontece no Estado gendarme. Os bens jurídicos devem estar ao alcance de cada homem enquanto deles necessita para projetar-se e realizar-se no mundo. Cada bem jurídico tem um lugar no espaço, mas este espaço só pode ser criado pelo legislador a partir do modelo social pretendido e pactuado constitucionalmente. Com isso, temos como impositivo que, diante de uma nova ordem social constante na Constituição Federal, para a consecução de um direito penal de fundamentação antropológica, necessário se faz reassentar a teoria do bem jurídico penal dentro de padrões e limites constitucionais, com a máxima atenção aos direitos individuais e sociais positivados.

---

[112] Cfe. ZAFFARONI, Eugenio Raul. *Em Busca das Penas Perdidas*, p. 426.

2.4. SOBRE A RELAÇÃO ENTRE O MODELO DE SOCIEDADE PRETENDIDO PELAS CLASSES DETENTORAS DO PODER POLÍTICO E O CONCEITO DE BEM JURÍDICO-PENAL

Historicamente, nem sempre houve a necessária vinculação dos bens jurídico-penais aos preceitos constitucionais estabelecedores e garantidores dos direitos fundamentais dos cidadãos.

Em uma breve síntese evolutiva,[113] ainda que reconheçamos que a moderna idéia de bem jurídico surge a partir do movimento liberal iluminista, no qual também se fundam as bases do direito penal contemporâneo, não podemos olvidar que mesmo nos Estados teocráticos a associação de uma pena a um ato tido como criminalmente lesivo ocorria porque havia a afetação de um bem jurídico que era devido a Deus, entidade que posteriormente veio a ser substituída pelo Estado na justificação da intervenção das mais diversas potestades, especialmente a penal.

O movimento iluminista, a partir de duas correntes filosóficas distintas, o racionalismo cartesiano e o empirismo inglês, construiu um processo evolutivo em que, totalmente desvinculado de noções ético-religiosas, o delito passou a ser considerado como violação do pacto social, e a pena, como instrumental de sua prevenção, havendo, com isso, o favorecimento e garantia dos bens individuais frente à incerteza da atuação estatal nos procedimentos persecutórios e de execução penal. O conceito liberal de bem jurídico corresponde ao de direito subjetivo, compreendendo como tais os direitos pré-legislados, a entes jurídicos que existem como tais, independentes de seu reconhecimento jurídico. Há um matiz jusnaturalista a alimentar tal concepção.

Para o pensamento ilustrado, partindo de Beccaria, e recorrendo de Feuerbach a Filangieri, de Romagnosi a Carmignani, a violação causada pelo delito atingia um direito subjetivo variável conforme a espécie delitiva. O objeto do delito tinha que ser necessariamente um direito subjetivo natural da pessoa, um dos bens fundamentais para cuja tutela existia o Estado, e que seriam a vida e os meios necessários a sua preservação, como a liberdade, a saúde, os membros ou os bens. Em suma, *o crime é a ação que contradiz ao direito de outrem.*[114]

---

[113] Ver a respeito PRADO, Luiz Régis. *Bem Jurídico-Penal e Constituição*, pp. 27 e seguintes; ZAFFARONI, Eugenio Raul. *Manual de Direito Penal Brasileiro*, pp. 247 e seguintes; FRAGOSO, Heleno. *Direito Penal e Direitos Humanos*, pp. 34 e seguintes; MALAREÉ, Hernan Hormazábal. *Política Penal en el Estado Democrático*. In: El Poder Penal del Estado; FERRAJOLI, *Derecho y Razón*.

[114] Cfe. FEUERBACH, citado por FRAGOSO, Heleno. *Direito Penal e Direitos Humanos*, pp. 34-35. A tese de Feuerbach acerca do bem jurídico atende a toda uma

Em um momento ulterior, numa busca da superação das concepções individualistas, e especialmente da tese feuerbachiana, Birnbaun cunha a concepção materialista de bem jurídico em substituição à de direito subjetivo. Para ele, era decisivo para a tutela penal a existência de um bem radicado diretamente no mundo do ser ou da realidade (objeto material), de relevância individual ou coletiva, e que pudesse ser lesionado pela ação delitiva. Segundo Polaino Navarrete, citado por Prado,[115] há um afastamento de Birnbaun em relação à tese de Feuerbach em três pontos: *na configuração do conceito de bem comum, na ampliação do fim do Estado e na renúncia de extrair a doutrina, do objeto do delito, os postulados das condições de vida em sociedade, como haviam feito o iluminismo e o liberalismo originário.*[116]

Com a ideologia do positivismo, dentro do contexto de uma Alemanha recém-unificada, há a consolidação definitiva do conceito de bem jurídico. Segundo Malarée,[117] a Alemanha, naquela época, caracterizava-se por uma estrutura econômica baseada na agricultura, pouco industrializada, encontrando-se totalmente atrasada economicamente em relação ao resto da Europa. Diante desta situação, o resgate econômico alemão e a busca do terreno perdido em relação às demais potências industriais européias exigiam um poder estatal forte e autoritário, havendo a necessidade de seu fortalecimento e equiparação em relação ao indivíduo. A solução encontrada pela teoria política segundo o penalista catalão é o reconhecimento da autonomia do Estado, sua personalidade moral ou jurídica e também o poder público, o poder de dominar como um direito, passando o Estado, desde aí, a ser titular de um direito subjetivo público de

---

conjuntura ideológica com reflexos em vários campos culturais. No âmbito jurídico, traduz-se num traslado dos direitos da esfera teológica para a esfera antropológica; no econômico, há uma ruptura no paradigma de propriedade medieval (feudalismo).

[115] PRADO, Luiz Régis. *Bem Jurídico-Penal e Constituição*, p. 30.

[116] Em Birnbaun, novamente se observa a vinculação do conceito de bem jurídico com o modelo de sociedade e de exercício do poder pretendido e executado em uma determinada época. No período da Restauração, especialmente com fundamento na doutrina político-filosófica de Hegel, o Estado é o único depositário de todo e qualquer bem jurídico. O único objeto do delito era a vontade geral, e o fato individual é concebido como uma lesão ou perigo, não de um interesse individual, mas de um bem de valor coletivo para toda a sociedade. Com isso atende-se novamente aos interesses de proteção penal através da criminalização e penalização dos delitos contra a religião e contra a moral, excluídos da intervenção penal estatal à luz da teoria privatista de Feuerbach.

[117] Cfe. MALARÉE, Hernan Hormazábal. *Política Penal en el Estado Democrático*, p. 158.

exigir a obediência, o que se refletiu imediatamente no paradigma penal.

É neste contexto de conservadorismo social embasador de uma pretensão de progressismo econômico que o positivismo jurídico, através das correntes parcialmente antagônicas frenteadas por Karl Binding e Franz von Liszt, constrói novos conceitos de bem jurídico penal. Genericamente, pode-se apontar que há uma reação antiilustrada ou antigarantista que, segundo Ferrajoli,[118] determina a perda de toda função axiológica do bem jurídico e o deslocamento dos interesses individuais afetados ao interesse do Estado, ou seja, o âmbito da lesão passa a ser o universal estatal. Disso decorreu uma progressiva desmaterialização do conceito de bem jurídico, que a partir das concepções hegelianas passa a atender aos interesses e à vontade do Estado e, posteriormente, à simples idéia de Direito e de Estado.

Para Binding, os bens jurídicos são uma criação exclusiva do legislador, cuja única limitação de atuação é constituída pela lógica, dentro de um positivismo jurídico fundamentado no poder do Estado e no dever de obediência que têm os cidadãos. O delito é conceituado como uma lesão de um direito subjetivo do Estado, identificado como o seu direito de mandar, que por si mesmo é suficiente para exigir a obediência. Com este objeto, dirigiu-se a atenção do direito penal para o fim das normas que seriam, segundo ele, a manutenção das condições concretas para uma sã vida em comum, que se materializariam nos bens jurídicos por sua qualidade de bens para a vida. Os bens, enfim, são, nessa concepção, uma criação exclusiva do legislador, que atua sem outra limitação que não a sua própria consideração, imposta somente pela lógica.[119]

Já em von Liszt, o delito ultrapassa as raias do âmbito normativo e avança na seara de todas as demais ciências que se ocupam de tal fenômeno, adquirindo contornos materiais. Na concepção lisztiana, o bem jurídico constitui uma realidade válida em si mesma, cujo conteúdo valorativo não depende do legislador, por ser um dado social preexistente. Contrariamente a Binding, para von Liszt, o bem jurídico não é um conceito exclusivamente jurídico, uma criação do

---

[118] Cfe. FERRAJOLI. *Derecho y Razón*, pp. 468-469.

[119] Vê-se que a teoria jurídico-penal de Binding, concebida dentro de um modelo positivista jurídico, e marcadamente formalista, fundamenta-se no poder do Estado e no dever de obediência dos cidadãos. Para MALAREÉ, *Política Penal en el Estado Democrático*, p. 159, o pressuposto ideológico desta teoria *parte de la consideración del Estado como persona jurídica que se autolimita en virtud del derecho, lo que a su vez legitima ideológicamente la titularidad del Estado de derechos subjetivos públicos, como, por ejemplo, el derecho de exigir obediencia a los ciudadanos*".

legislador contida na formulação da norma, mas uma criação da vida e como tal um interesse vital do indivíduo ou da comunidade, que a proteção do Direito lhe dá a categoria de bem jurídico; a norma não cria o bem jurídico, mas o encontra dentro da realidade social, originando-se disso o seu caráter restritivo, porque o fim do Direito não é outro que o de proteger os interesses do homem, e estes preexistem à intervenção normativa, não podendo eles ser de modo algum criação ou elaboração jurídica, mas uma imposição que a ela se faz.[120]

Ao conceber o bem jurídico como um interesse juridicamente protegido, identificando as "condições da existência social" com as "condições da comunidade estatal", von Liszt ainda atrela as definições do que deve ou não ser um bem jurídico às decisões políticas do Estado, e, inobstante abrir uma gama muito maior de possibilidades do que a concepção de Binding, nela permanecem caracteres conservadores da defesa social e do fortalecimento de um Estado que haveria de conduzir a Alemanha a sua esperada revolução econômica.[121]

Com a finalização do Segundo Império arquitetado por Otto von Bismarck, ocorrida ao final da primeira guerra mundial, a partir da Constituição de Weimar alterou-se radicalmente o modelo de sociedade pretendido para a Alemanha. Com o novo pacto social, recuperou-se a idéia de liberdade iluminista, mas a ela agregou-se um programa econômico-social, que passou a ser preponderante em razão das desigualdades sociais causadas pelo processo de industrialização. No plano político-filosófico, resgatou-se o pensamento kantiano, devendo a ideologia legitimadora do poder ser coerente com a idéia do relativismo. No âmbito penal, desenvolveu-se a partir disto uma concepção metodológica ou teleológico-metodológico do bem jurídico. Começa, como refere Malareé,[122] um processo de espiritualização dessa categoria jurídica, passando a ser considerada como um valor cultural abstrato, de cunho ético-social, o que para Ferrajoli[123] determinou uma definitiva desmaterialização do conceito de bem jurídico, transformando-se, de critério de delimitação e deslegitimação externa, em instrumento positivo e auto-reflexivo de

---

[120] Cfe. VON LISZT, Franz, citado por PRADO, Luiz Régis. *Bem Jurídico-Penal e Constituição*, p. 32.

[121] Apesar de haver significativas diferenças entre as teorias de Binding e de von Liszt, particularmente no que se refere a sua origem social ou normativa, ambas coincidem em suas manifestações a favor de um modelo de sociedade e uma forma de Estado, ao buscarem legitimar ideologicamente o *jus puniendi* estatal.

[122] Cfe. MALAREÉ, *Política Penal en el Estado Democrático*, p. 163.

[123] Cfe. FERRAJOLI, *Derecho y Razón*, p. 469.

legitimação política dos interesses tutelados assumidos como valores ético-culturais, o que deu lugar a considerar-se a sua violação como um comportamento imoral.

Quase contemporaneamente à concepção de bem jurídico cunhada pelos alemães a partir do paradigma do Estado social, pactuado na Constituição de Weimar, o direito penal socialista soviético,[124] considerado como uma mera superestrutura e conseqüência necessária da divisão da sociedade em classes, constrói a sua concepção de bem jurídico. A sua finalidade primordial foi a de proteger, por meio da repressão, o sistema de relações sociais e de produção, correspondentes aos interesses do proletariado, dirigido por um *establishment* burocrático. Destituído de um sistema efetivo de garantias individuais, o direito penal soviético não teve qualquer função de proteção do indivíduo ou da própria sociedade, mas, noutro sentido, constituiu-se em um instrumento de repressão com vistas a proteger interesses políticos de caráter revolucionário. Os bens jurídicos principais eram o Estado socialista soviético e as relações de produção comunistas, conforme é possível concluir-se pelos conteúdos dos conceitos materiais de delito inseridos na legislação em exame. O Código Penal de 1922 dispunha em seu artigo 6º que "cada delito deve ser considerada toda ação ou omissão socialmente perigosa, que ameaça os princípios básicos da constituição soviética e a ordem jurídica criada pelo governo dos operários e camponeses, para o período de transição ao Estado Comunista". Com a mesma ideologia manifestou-se a legislação penal de 1926 ao dispor que "é socialmente perigosa toda ação ou omissão que se dirija contra o sistema soviético ou atinja a ordem jurídica, que é instituída pelo regime dos operários e camponeses para o período da transição à ordem social comunista", concepção que se repetiu nos artigos 7º dos Princípios Gerais, de 1958, e do Código de 1960. Vê-se, nitidamente, que a ordem econômico-produtiva socialista estava acima de qualquer outro bem jurídico, divergindo a concepção soviética de crime e bem jurídico de qualquer outra do mundo ocidental.

Voltando ao pensamento penal alemão, em Richard Honig, há a negação da existência de bens jurídicos reais, havendo para eles a atribuição de uma mera função de ajuda à interpretação. Define-os como o fim reconhecido pelo legislador em um preceito jurídico penal particular em sua mais breve formação. Nesta concepção, o

---

[124] Ver a respeito ASÚA, Luis Jimenez. *Tratado de Derecho Penal*. Buenos Aires: Losada, t. 1, pp. 551 e seguintes; FERRAZ DE ANDRADE, Gilda Figueiredo. *O Crime na Legislação Soviética*. In: Cadernos de Advocacia Criminal. Porto Alegre: SAFe, v. 1, n. 3, 1988, pp. 60-66.

bem jurídico passa a ser considerado como uma "síntese categorial" na qual o pensamento jurídico se esforça para captar o sentido e o fim das prescrições penais particulares. Diante desse posicionamento, o bem jurídico material e concreto de von Liszt, que assumira uma função eminentemente garantidora, desaparece, convertendo-se na mera finalidade perseguida pelo legislador.[125]

A partir dessa noção metodológico-teleológica, e também em contraposição ao positivismo, o bem jurídico é introduzido por Hans Welzel nos domínios do pensamento finalista. Para este autor, cuja teoria penal fundou-se na distinção entre o desvalor do ato e o desvalor do resultado, o bem jurídico é uma instância pré-jurídica, na realidade social influindo e sendo influenciada pela relação social.[126]

Contemporaneamente, especialmente a partir dos anos setenta, surgem, em continuação da corrente inaugurada por von Liszt, as chamadas correntes sociológicas sobre o bem jurídico, divididas entre o funcionalismo sistêmico e o interacionismo simbólico. Temos, assim: em K. Amelung, uma relevância ao critério da nocividade social; em G. Jacobs, uma legitimação substancial na vigência da norma enquanto objeto de tutela; em H. Otto, o bem jurídico como uma situação/relação real ou fática de um sujeito com um objeto; em Habermas, a identidade social como principal critério para a criação de bens jurídicos; em W. Hassemer, a valoração subjetiva, com as variantes dos contextos sociais e culturais, como o que realmente importa para a construção de uma doutrina realista do bem

---

[125] O desaparecimento da função limitadora e garantidora do bem jurídico nas teorias espiritualistas com fundo kantiano traduziu-se no esforço para distinguir-se o objeto da ação, do objeto material do delito e do objeto jurídico do delito, e cujo resultado foi uma exacerbação do abstracionismo das teorias sobre o bem jurídico. Isto tudo parece sintonizar-se com as diretrizes do novo modelo de Estado, o social, que surge a partir da Constituição de Weimar. Com a inserção de cláusulas sociais nas Constituições, não se contemplam nestas Cartas somente as garantias individuais, mas passa-se a dar relevância para a realização de direitos sociais, e as normas que dispõem sobre tais direitos passam a ser consideradas pela doutrina constitucionalista como programáticas, cujo conteúdo expressa um objetivo, uma finalidade desejada pelo Estado. Isso parece ter gerado um reflexo em matéria penal, com o esvaziamento da sua função de garantia, cujo principal efeito vem a ser uma significativa inflação penal nos limites do Estado social europeu.

[126] A crítica a Welzel é feita no sentido de que a partir da sua teoria sobre o bem jurídico, inobstante o fato de ter resgatado esta categoria para a relação social, tornou-se possível a instituição de figuras delitivas sem qualquer bem jurídico a ser protegido, e o fato de derivá-la da norma sem explicar sua gênese, o que levou a considerar-se sua definição como formal, impossibilitando a explicação sobre o que é que realmente protege o Estado quando sanciona a realização de uma determinada conduta. A respeito, ver MALAREÉ, *Política Penal en el Estado Democrático*, p. 165.

jurídico, fundada em diretrizes político-criminais de ordem racional. Acrescente-se a estas teorias a inserção do conceito de bem jurídico dentro de uma estrutura social de interação, vinculada ao Estado Democrático de Direito, realizada por Callies, além da vinculação do bem jurídico à idéia de danosidade social feita por Mir Puig. Por fim, em termos de doutrina sociológica, cabe fazer referência ao funcionalismo, desenvolvido por Parson, Merton e Luhmann, a partir da obra de Durkhein, e onde a sociedade é compreendida como um sistema global ou de interação, e o Direito como um subsistema do sistema social geral, com a finalidade de reduzir complexidades. Neste contexto, o delito vem a ser um comportamento disfuncional que obstaculiza o funcionamento do sistema, e o bem jurídico passa a ter uma relevância na medida em que está dirigido ao bom funcionamento do próprio sistema, relegando-se a um segundo plano a figura dos indivíduos, seus interesses e necessidades.

Inobstante todas as teorias antes mencionadas atenderem a demandas de logicidade e sistematicidade, não podemos deixar de referir que a racionalidade das mesmas sempre atendeu a projetos de sociedade e de exercício do poder pelas classes dominantes ligadas ao Estado. A aplicação estanque de uma ou outra jamais atendeu a um projeto racional de construção de um direito penal dirigido indistintamente a todos os estratos sociais, e sob o aspecto científico, ora adotaram uma postura normativista exacerbada, ora amarraram-se a exagerados sociologismos funcionalistas que alimentaram projetos totalitários de sociedade. Por outro lado, analisa Ferrajoli[127] que, ou são muito amplas, como as eticistas, caindo na vala de vagos princípios, ou são muito estreitas, como as ilustradas, que ao identificarem bens jurídicos com direitos ou interesses individuais, impossibilitam ou tornam inidôneas as proibições de condutas que atingem bens públicos ou coletivos, como por exemplo os crimes contra a administração pública ou de sonegação fiscal. De extrema lucidez também é a análise feita por Luisi acerca dessas diversas concepções históricas de bem jurídico, ao afirmar que *todos esses enfoques, seja os que encaram o bem jurídico enquanto preexistente à própria ordem jurídica, como os que acentuam a sua natureza funcional ou sistêmica, primam pela carência de concretitude, posto que não definem conteúdos, ou seja, não dizem, por exemplo: quais as unidades sociais de função ou quais das disfunções afetam a conservação do sistema e o quantum da nocividade social das mesmas.* Em verdade, como acentuou Ferrando Mantovani, o bem jurídico tem sido reduzido à categoria formal que os

---

[127] Cfe. FERRAJOLI, *Derecho y Razón*, p. 471.

diferentes Estados usam para tutelar os bens que entendem, na ótica ideológica de cada um, mais relevantes e necessários de preservação.[128]

Diante dessa situação, impõe-se-nos o seguinte questionamento: que conceito de bem jurídico devemos cunhar e quais os critérios a serem adotados para o estabelecimento do que é mais relevante em nossas relações sociais a ponto de sofrerem a incidência da lei penal? A resposta a tal questão abre desde já a perspectiva de estabelecimento de um rol de limites à atividade legislativa penal, o que, presentemente, com raras exceções, parece não se constituir em objeto de preocupação e pesquisa pelos juristas de nosso País.

2.5. PARÂMETROS CONSTITUCIONAIS DO BEM JURÍDICO-PENAL

É importante destacar com Ferrajoli que, inobstante ter havido uma parábola involutiva do conceito de bem jurídico, desde o surgimento do pensamento ilustrado – o que revelou uma progressiva perda do ponto de referência externo –, após a Segunda Guerra Mundial, com o renascimento de uma cultura liberal e democrática, recuperou o conceito de bem jurídico o seu caráter garantista, tanto pelo resgate de sua referência a situações objetivas e interesses de fato independentes das normas jurídicas, quanto pela retomada de sua relevância crítica e função axiológica, a partir de limites estabelecidos com base em valores ou bens constitucionais.[129] Seguindo este último caminho, ingressa a teoria jurídico-penal, no que se refere ao bem jurídico, no âmbito das teorias constitucionais, dentro de limites impostos pelo paradigma do Estado Democrático de Direito. Por aí entendemos devam seguir as orientações político-criminais para a definição dos bens a serem protegidos pela lei penal e, conseqüentemente, quais condutas devam ser proibidas. Neste sentido manifesta-se Luisi com grande propriedade ao dizer que *as constituições, portanto, não apenas são o repositório principal dos bens passíveis de criminalização, mas também contêm princípios relevantíssimos que modelam a vida da comunidade e que, para usar a linguagem dos constitucionalistas, constituem cláusulas pétreas, embasadoras do sistema constitucional, insuscetíveis de serem revistas. E a presença destas cláusulas e dos direitos que elas consagram e delas derivam marcam limites que o legislador ordinário, principalmente em matéria penal, não pode transpor.*

---

[128] Cfe. LUISI, Luiz. *Bens Constitucionais e Criminalização*. In: Revista do Centro de Estudos Judiciários do Conselho da Justiça Federal. Brasília, n. 4, 1998, p. 105.

[129] Cfe. FERRAJOLI, Luigi. *Derecho y Razón*, p. 470.

A criminalização há de fazer-se tendo por fonte principal os bens constitucionais, ou seja, aqueles que, passados pela filtragem valorativa do legislador constitucional, são postos como base e estrutura jurídica da comunidade. E, embora o legislador criminal possa tutelar com suas sanções bens não previstos constitucionalmente, só o pode fazer desde que não violente os princípios básicos da constituição.[130]

O objetivo imediato de qualquer política penal em nosso País deve estar direcionado para a realização dos dois núcleos fundamentais que compõem o nosso Estado Democrático de Direito: o liberal e o social, bastante desfigurados pela atuação do sistema penal, conforme antes demonstrado. Nesse sentido deve direcionar-se para a redução do número de mortes, de violência e de ilegalidades com que atua o sistema penal e permitir a geração de espaços de emancipação e de realização da cidadania pela reconstrução de vínculos comunitários de solidariedade.

Para isso, partindo do pressuposto de que o conceito que encerra o nosso paradigma de Estado Democrático de Direito é algo dinâmico e não estático, com a sua instituição na Constituição Federal de 1988 tornou-se imperativa a revisão pelo Estado de todo o seu aparato coercitivo,[131] para, num processo constante de abertura, reduzir a coerção penal ao mínimo indispensável.

Compreendendo-se a atuação estatal penal como a *ultima ratio* para a solução dos conflitos nominados como criminais, quando num Estado Democrático de Direito decidem os poderes públicos incriminar uma conduta – o que significa definitivamente o reconhecimento do fracasso de sua política social –, o objeto de proteção da norma penal deve ser estritamente individualizado.[132] Isto significa

---

[130] Cfe. LUISI, Luiz. *Bens Constitucionais e Criminalização*, p. 106.

[131] Coincidente é a manifestação de LIMA DE CARVALHO, Márcia Dometila. *Fundamentação Constitucional do Direito Penal*. Porto Alegre: Sergio Antonio Fabris, 1992, p. 22, ao dizer que *com a substituição da antiga ordem constitucional, de cunho ao mesmo tempo liberal e autoritário, pela nova ordem constitucional de 1988, fruto de uma longa discussão em ampla Assembléia Constituinte, urge pôr-se em debate a questão da validade e eficácia das normas infraconstitucionais precedentes, de caráter penal, especialmente a tipologia penal.* Considerando a indispensabilidade da legislação penal, indaga mais adiante *qual o tratamento a ser dado às antigas leis penais, produzidas e fundadas em uma situação histórica diversa, a fim de torná-las compatíveis com a nova ordem constitucional, sem feri-la, por via reflexa, por inadequação com os seus princípios e valores, mormente o valor justiça, adjetivado, na nova ordem, pelo valor social.* Em resposta preliminar, assevera que *a não fundamentação de uma norma penal em qualquer interesse constitucional, implícito ou explícito, ou o choque mesmo dela com o espírito que perambula pela Lei Maior, deveria implicar, necessariamente, na descriminalização ou não aplicação da norma penal.*

[132] Caso absurdo de indeterminação do bem jurídico protegido por um tipo penal está na Lei n. 9.112/95, que dispõe sobre a exportação de bens sensíveis e serviços diretamente vinculados. O artigo 7º, que institui um tipo para toda a lei, com pena

assinalar claramente, livre de qualquer encobrimento ideológico, o que realmente deve ser protegido pela norma penal. Trata-se, neste sentido, de que o bem jurídico protegido pelo preceito penal seja uma expressão real da superação da contradição que se gera entre o Estado como monopolizador da coerção e agente realizador de um significativo rol de direitos sociais que muitas vezes demandam proteção através do direito penal, e a liberdade que o Estado Democrático de Direito reconhece e garante aos indivíduos.

Este processo de revisão do direito penal deve ser feito conforme a critérios científicos e com sensibilidade aos problemas que afetam à sociedade. Isto reclama o abandono da concepção do direito penal como uma ciência dogmática no sentido mais estrito da palavra, fundado em uma concepção asséptica do Direito que pretenda desconhecer sua natureza de ciência social e, portanto, sua natureza essencialmente política. Disso surge a exigência para o jurista de não desconhecer a necessidade do aporte do resto das ciências sociais à revisão crítica do direito penal, o que em nossa visão deve ser iniciado mediante a reconstrução dos conceitos de bem jurídico penal e do próprio delito de acordo com os princípios estruturais do Estado Democrático de Direito, presentes em nossa Constituição.

Nesta perspectiva, o direito penal não pode prescindir da noção de bem jurídico a ser protegido dentro do Estado Democrático de Direito, sob pena de resultar materialmente injusto e ético-socialmente intolerável, conforme coloca Polaino Navarrete.[133]

Tendo em consideração a nova conjuntura garantista contida em nossa Constituição Federal de 1988, bem como a necessária relação que se estabelece entre as noções de sociedade, bem jurídico e função da pena, surge o problema de rever-se todos os critérios que devem ser considerados para a seleção de bens e valores fundamentais para a sociedade, o que irá surtir reflexos imediatos no âmbito penal. Sendo a pena uma conseqüência da valoração dos bens mais relevantes a serem protegidos penalmente, temos que, para efeitos de determinação da intervenção estatal penal, somente os bens jurídicos de máxima relevância e importância devem ser objeto de atenção do legislador penal.

entre um e quatro anos de reclusão, diz o seguinte: as pessoas físicas que, direta ou indiretamente, por ação ou omissão, concorrerem para o descumprimento desta lei, incorrerão em crime. Este tipo de previsão genérica ofende aos mais elementares princípios garantistas de delimitação do bem jurídico, gerando uma área de incerteza para os cidadãos que realizam este tipo de atividades na vida contidiana.

[133] Cfe. POLAINO NAVARRETE, citado por PRADO, Luiz Régis. *Bem Jurídico-Penal e Constituição*. São Paulo: Revista dos Tribunais, p. 19.

Nessa análise, que necessariamente deve revestir-se de uma constante criticidade, pouco têm-se empenhado os representantes do discurso dogmático oficial, evitando a abordagem da ineludível relação entre ideologia e bem jurídico em nome de uma ciência que, segundo eles, deve manter uma certa distância das outras ciências sociais, com a transferência de tais discussões para o campo da política criminal, ramo do conhecimento jurídico que, segundo o pensamento tradicional, deve ser mantido à distância dos comentários realizados nos manuais. Neste aspecto, novamente é lapidar a colocação de Luisi acerca da nova postura a ser adotada pelos penalistas. Diz o mestre cruz-altense a respeito que *o universo normativo vigente, particularmente o penal, está a exigir um excepcional esforço para se ajustar às necessidades emergentes do trepidante progresso científico e tecnológico que marca o dia-a-dia do mundo contemporâneo. E esse imperativo faz com que o jurista, especialmente o penalista, deixasse de ser apenas um intérprete da lei e passasse a dar a sua contribuição para a renovação da ordem legal. Para usarmos a linguagem de Manoel Rivacoba y Rivacoba, a análise dogmática encontra-se em repouso, e o criminalista assume cada vez mais uma postura político-jurídica.*[134]

Evidentemente que o conteúdo acima citado aproxima-se muito mais do plano do *dever ser* que propriamente do mundo fático ou do *ser*, pois a quantidade de juristas comprometidos com a renovação ou oxigenação da ordem jurídico-penal restringe-se a um pequeno grupo.

A delimitação dos bens jurídicos, como bem já situava von Liszt, demanda um conceito situado no limite entre a ciência jurídica e a política criminal, e para um melhor encaminhamento, parece-nos relevante o lançamento de alguns interrogantes fundamentais: primeiro, pode definitivamente o legislador definir como delito qualquer coisa que lhe ocorra? Segundo, existem limites determinados a esta atividade legislativa incriminadora?

A resposta a tais questões há de contemplar a necessidade de que a concepção de bem jurídico a ser formulada dentro de um Estado Democrático de Direito estabeleça critérios capazes de limitar o legislador ordinário em sua atividade legislativa incriminadora, inferência que deve ser feita a partir da Constituição, operando-se, assim, *uma espécie de normativização de diretivas político-criminais*, como propõe Prado,[135] ou uma *identificación del horizonte axiológico del jurista con la constitución*, como sugere Ferrajoli.[136]

---

[134] Cfe. LUISI, Luiz. *Bens Constitucionais e Criminalização*, p. 107.
[135] Cfe. PRADO, *Bem Jurídico-Penal e Constituição*, p. 51.
[136] Cfe. FERRAJOLI, Luigi. *Derecho y Razón*, p. 470.

Com isso, teremos a vinculação do direito penal vigente às concepções morais, sociais, econômicas, critérios de valor e pautas de conduta e de cultura que se acham encartadas na Constituição, de modo que, se o legislador afasta-se desses limites, podemos dizer que a norma legislada é inconstitucional por violar princípios fundamentais constantes no contrato social constitucionalizado. Neste sentido, impõe-se ao legislador e ao aplicador da lei o ajuste de suas atuações aos princípios caracterizadores do Estado Democrático de Direito,[137] cuja legitimação está muito além da mera legalidade, mas, sim, na idéia de justiça material.

Diante desse modelo, altera-se a própria função do direito e do sistema penal: face à existência de uma série de bens valorados em nível constitucional, cabe ao direito penal assegurar esses bens, seja pela criminalização de determinadas condutas, seja pela consideração da irrelevância de outras, por não atingirem qualquer bem jurídico, ou porque sua criminalização importará na violação de outros bens contemplados constitucionalmente. Com uma visão ainda mais ampliada desta alteração, assevera Prado[138] que *no Estado moderno,*

---

[137] No plano pragmático de aplicação da lei penal, essa questão é lançada para uma discussão inserida nas esferas da vigência e da validade de um dispositivo legal. Na teoria juspositivista clássica, as noções de existência, vigência e validade se confundem. Nela, tendo a norma obedecido ao procedimento formal de sua criação, bem como à competência do órgão do qual deve emanar, ela seria existente, vigente e válida, não havendo a indagação acerca da sua necessária vinculação substancial aos princípios constitucionais. Numa concepção garantista estrita, o atendimento das exigências formais dá existência à norma legal, mas o mesmo não podemos dizer quanto à sua vigência e validade. Para que seja válida a norma jurídica, ela, além de suprir todas as condições formais do processo legislativo para sua criação, também deve estar ajustada substancialmente em seu conteúdo aos princípios constitucionais materiais que orientam toda e qualquer concepção normativa destinada à regulação e ao controle social. FERRAJOLI, Luigi. *Derecho y Razón*, p. 874, entende que a não vinculação substancial entre norma inferior e princípios constitucionais afetaria apenas a validade. Entendemos que também a vigência da norma encontra-se afetada, na medida em que não estando adequada substancialmente aos princípios do Estado Democrático de Direito, impossível se torna a sua incidência sobre qualquer substrato fático, não se podendo formular com base nela qualquer juízo de reprovabilidade sobre o agente, pois sua ação a princípio enquadrada na norma inconstitucional teria apenas uma aparência de ser injusta, não se caracterizando, em última instância, como antijurídica, pois os mandatos arbitrários por inconstitucionais não devem ser obedecidos, desprezando-se, assim, a sua própria vigência.

[138] Cfe. PRADO, *Bem Jurídico-Penal e Constituição*, p. 52. Entendemos que a parcela de contribuição do direito penal, através da criminalização de condutas, com o fim de realizar o Estado Social, deve ser a menor possível. Conforme já expusemos anteriormente, a Administração Pública dispõe de uma série de mecanismos jurídicos, diversos da repressão penal, que possuem as potencialidades de forçarem pessoas físicas e jurídicas a realizarem as condutas legal e constitucionalmente

junto a esta proteção de bens jurídicos previamente dados, surge a necessidade de assegurar, se necessário através dos meios de Direito Penal, o cumprimento das prestações de caráter público de que depende o indivíduo no quadro de assistência social por parte do Estado.

Com base nesse novo modelo estatal, normativamente construído na Constituição de 1988, é que se deve basear a reformulação da concepção de bem jurídico e do próprio conceito de delito ou injusto material, levando-se em consideração a necessária colocação da pessoa como entidade preponderante sobre qualquer outra, dentro de um plano ético-jurídico que a eleve e a diferencie axiologicamente de todas as outras.

Numa perspectiva acrítica e conservadora, a dogmática tradicional tem criado sérios problemas à concretização da teoria do bem jurídico dentro dos parâmetros do Estado Democrático de Direito, e, por conseqüência, à própria pragmatização do direito penal vigente, ao buscar constantemente um critério positivo de identificação dos bens jurídicos que demandam a proteção penal, atendendo a um modelo da filosofia ontológica de busca de legitimação apriorística das proibições e sanções. Sobre este aspecto, de extrema validade a crítica de Ferrajoli[139] ao referir que *en realidad no puede alcanzarse una definición exclusiva y exhaustiva de la noción de bien jurídico. Lo que significa que una teoria del bien jurídico no puede casi nunca decirnos positivamente – y además no serviría de nada que nos lo dijera – que una determinada proposición penal justa en cuanto protege un determinado bien jurídico. Puede ofrecernos únicamente una serie de criterios negativos de deslegitimación – que no son sólo la irrelevancia o evanescencia del bien tutelado sino también la desproporción con las penas previstas, la posibilidad de una mejor protección con medios no penales, la idoneidad de las penas para lograr una tutela eficaz, o, incluso, la ausencia de lesión efectiva a causa del comportamiento prohibido – para afirmar que una determinada prohibición penal o la punición de un concreto comportamiento prohibido carecen de justificación, o que ésta es escasa.*

Desde essa perspectiva, temos que considerar que a justificação da eleição de um bem jurídico como merecedor da tutela penal reclama um ponto de vista externo, devendo-se evitar um enfoque legitimador interno ao sistema de cunho meramente legalista. Mais uma vez, confirma-se o ponto de vista de von Liszt acerca da situação muito mais política do que jurídica da concepção e da doutrina

---

exigidas para a configuração do Estado do Bem-Estar em nosso País. Evidentemente, que não logrando resultado positivo, os poderes públicos, só então, devem utilizar-se dos instrumentos penais.

[139] Cfe. FERRAJOLI, Luigi. *Derecho y Razón*, p. 471.

sobre o bem jurídico, o que, por sua vez, determina, também, uma carga externa de justificação da pena. Isso, indubitavelmente, irá desembocar em uma minimização do aparato penal, seja normativo ou institucional.

Nesse sentido, objetivando uma política penal orientada para a tutela máxima de bens com o mínimo necessário de proibições e castigos, propõe Ferrajoli quatro critérios para a consecução de um direito penal mínimo a partir de uma revisão das concepções acerca do bem jurídico:[140]

a) as proibições devem se justificar quando dirigidas a impedir ataques concretos a bens fundamentais do tipo individual ou social e, em todo caso, externos ao direito mesmo, entendendo por ataque não só o dano causado, mas também o perigo que se correu;

b) a esfera dos interesses tuteláveis penalmente será tanto maior quanto menor for o custo da pena;

c) as proibições não só devem estar dirigidas à tutela de bens, mas, mais do que isto, devem ser idôneas para a tutela a qual se propõem;

d) e, por fim, uma política penal de tutela de bens tem justificação e confiabilidade somente quando for subsidiária de uma política extrapenal de proteção dos mesmos bens.[141]

De posse dessas orientações, o intérprete, segundo a precisa lição de Dolcini e Marinucci, será obrigado a reconstruir os diversos tipos de crime em conformidade com o princípio de que "não" há crime sem ofensa a bens jurídicos. Entre os múltiplos significados, eventualmente compatíveis com a letra da lei, o intérprete deverá fazer uma escolha com a ajuda do critério de bem jurídico, considerado fora dos tipo incriminador os comportamentos não ofensivos do bem.[142]

---

[140] Cfe. FERRAJOLI, Luigi. *Derecho y Razón*, p. 472.

[141] É importante frisar que, para a realização do Estado Democrático de Direito, na parcela que disto toca ao direito penal, ao lado da deflação penal, como expediente de realização de um programa de direito penal mínimo, em um mesmo patamar de importância surge a necessidade de uma maior penalização de comportamentos nocivos aos interesses sociais, transindividuais e coletivos. Neste sentido manifesta-se Ferrajoli, dizendo que *un programa de derecho penal mínimo debe apuntar a una masiva deflación de los "bienes" penales y de las prohibiciones legales como condición de su legitimidad política y jurídica. Es posible, también, que en esta reelaboración quede de manifiesto la oportunidad, en aras de la tutela de bienes fundamentales, de una mayor penalización de comportamientos hoy no adecuadamente prohibidos ni castigados.* Ver a respeito FERRAJOLI, Luigi. *Derecho y Razón*, p. 477.

[142] Cfe. DOLCINI, Emilio, MARINUCCI, Giorgio. Constituição e Escolha de Bens Jurídicos. *In: Revista Portuguesa de Ciências Criminais*. Vol. 4. Lisboa: Aequitas, 1994, p. 153.

Essa é uma exigência que necessariamente deverá ser observada, especialmente quando tanto se fala em criminalização para a realização do Estado Social. Historicamente, a utilização do direito penal para a concretização de um projeto de Estado Social trouxe alguns sérios ataques a avanços conseguidos para a garantia da liberdade dos cidadãos. Em oposição a modelos liberais, foram instituídos os paradigmas do moralístico direito penal da vontade e da atitude interior, ou do autoritário direito penal baseado na infidelidade ao Estado ou à comunidade, ou do vago e direito penal da personalidade perigosa. Bem se sabe que estes modelos de direito penal serviram muito mais à formação de Estados e governos autoritários do que propriamente sociais.

Desta necessária imbricação entre bem jurídico e valores constitucionais, resultam algumas importantes colocações, a partir da análise do texto de nossa Constituição Federal. A Carta Política impõe não só a adoção do modelo de crime como ofensa a bens jurídicos, mas também os vínculos na escolha dos bens a tutelar penalmente. E disso decorrem três ordens de problemas, como bem registram Dolcini e Marinucci:[143] I) se da Constituição procedem ou não proibições de incriminação, *absolutas ou relativas; II) se* apenas os bens constitucionalmente relevantes, *são suscetíveis de tutela penal; III) se a Constituição impõe ou não* obrigações de tutela penal. *Adiantando respostas que daremos adiante, ao primeiro problema respondemos afirmativamente; ao segundo, negativamente, e ao terceiro, também positivamente, apesar de não concordarmos com a inserção de dispositivos criminalizadores na Constituição, por não ser esta uma das finalidades de uma Carta Política.*

---

[143] Cfe. DOLCINI, Emilio, MARINUCCI, Giorgio. Constituição e Escolha de Bens Jurídicos, p. 155.

3. A teoria do garantismo e o discurso penal brasileiro

3.1. NOTAS GERAIS SOBRE A TEORIA DO GARANTISMO

Para que se torne possível alcançar essa proposta de minimização do direito penal, apontado para uma massiva deflação dos bens jurídico-penais e das proibições legais, como condições de sua legitimidade, necessariamente teremos que submeter a uma revisão, dentro de uma perspectiva garantista de realização do Estado Democrático de Direito, não só o nosso aparato coercitivo legal e institucional, mas também nosso modelo normativo de direito penal, nossa teoria jurídica relativa às categorias conceituais de vigência, validade e eficácia, bem como a concepção de filosofia política que impõe ao Direito e ao Estado suas cargas de justificação.

É precisamente nestas três acepções – de modelo normativo, de teoria jurídica e de filosofia política – que Ferrajoli concebe a teoria geral do garantismo, de matriz iluminista e positivista, fundamentada em nível epistemológico no conceito de centralidade da pessoa e da instrumentalidade do Estado, e tendo como pressuposto metodológico a separação entre Direito e moral, entre ser e dever ser, entre normatividade e efetividade do sistema legal, conforme as próprias palavras do pensador italiano, para quem *los distintos princípios garantistas se configuran, antes que nada, como un esquema* epistemológico *de identificación de la desviación penal encaminado a asegurar, respecto de otros modelos de derecho penal históricamente concebidos y realizados, el máximo grado de racionalidad y de fiabilidad del juicio y, por tanto, de limitación de la potestad punitiva y de tutela de la persona contra la arbitrariedad.*[144]

Partindo deste aporte metodológico, Ferrajoli considera que esta separação, com reflexos nos planos epistemológico, teórico e político, deve ser considerada como objeto privilegiado de investigação nos diversos planos de análise do fenômeno jurídico, a saber:

a) o metajurídico da relação entre Direito e valores ético-políticos externos;

---
[144] Cfe. FERRAJOLI, Luigi. *Derecho y Razón*, p. 34.

b) o jurídico da relação entre princípios constitucionais e leis ordinárias e entre leis e suas aplicações;

c) e o sociológico da relação entre Direito em seu conjunto e práticas efetivas.

Estas premissas metodológicas decorrem do ponto de vista adotado por Ferrajoli acerca da existência de um Estado real em contraposição a um modelo ideal, que, desde aí, coloca a questão teórica central de toda a teoria garantista: a divergência existente nos ordenamentos complexos entre modelos normativos (tendencialmente garantistas) e práticas operativas (tendencialmente antigarantistas), construindo, assim, uma teoria da divergência entre normatividade e realidade.[145] Nesta perspectiva, afirma Ferrajoli que *é certamente indispensável uma abordagem realista do Direito e do funcionamento concreto das instituições jurídicas se não queremos cair na oposta e não menos difundida falácia, idealista e normativista, de quem confunde o Direito com a realidade, as normas com os fatos, os Manuais de Direito com a descrição do efetivo funcionamento do próprio Direito.*[146]

Há que se ressaltar que o paradigma garantista é um modelo ideal e, segundo seu idealizador, em grande parte ideológico, recheado de aporias lógicas e teóricas, as quais provocaram em várias ocasiões a sua desqualificação científica e política por parte da cultura jurídica com resultados antigarantistas.

Diante do desrespeito às garantias dos cidadãos, não só pelos próprios cidadãos, mas, também e principalmente, pelos poderes públicos, o Direito no ponto de vista positivista-crítico-garantista é concebido como um sistema artificial de garantias, papel que se tornou possível pela específica complexidade de sua estrutura formal que é marcada nos ordenamentos de constituição rígida, por uma dupla artificialidade: o caráter positivo das normas produzidas, característica fundamental do positivismo jurídico, e a sua sujeição ao próprio Direito, não só formal, mas também substancialmente, característica específica do Estado Constitucional de Direito.

---

[145] Esta divergência entre normatividade e realidade, no entendimento de Ferrajoli, encerra uma crise do próprio Direito sob tríplice aspecto. O primeiro aspecto refere-se a uma crise da legalidade, do valor vinculativo associado às regras pelos titulares dos poderes públicos, que se exprime na ausência ou na ineficácia dos controles, e, portanto, na variada e espetacular fenomenologia da ilegalidade do poder, uma erosão do valor das regras do jogo institucional; o segundo aspecto diz respeito a uma inadequação estrutural das formas do Estado de Direito às funções do *Welfare State*; e o terceiro relaciona-se à crise do Estado social e que se manifesta no deslocamento dos lugares de soberania, na alteração do sistema de fontes e, portanto, num enfraquecimento do constitucionalismo. Ver a respeito FERRAJOLI, Luigi. *O Direito como Sistema de Garantias*, pp. 89-90.

[146] *Idem*, p. 92.

Essa dicotomia entre os aspectos formal e material é uma constante no pensamento garantista de Ferrajoli, e matiza de forma manifesta os seus três âmbitos de abrangência: o do modelo normativo de Direito, o da teoria jurídica da validade e o da filosofia política de legitimação. Nesta ótica, quanto ao primeiro, há um aprofundamento do conceito de legalidade, que ultrapassa o plano formal (mera legalidade), para chegar ao substancial (estrita legalidade); em relação ao segundo, propõe o garantismo uma nova concepção de validade das normas, que não mais se satisfaz com o atendimento às disposições constitucionais formais sobre a produção de normas, mas exige a adequação aos conteúdos das normas constitucionais positivas, ou seja, propõe um alargamento do âmbito das normas sobre produção de normas e, por fim, o plano da legitimação não fica adstrito ao universo fechado do sistema jurídico, nem tampouco se justifica pelo fato de emanarem as decisões estatais da autoridade constituída, pelo contrário: a legitimação do Estado e do Direito existe a partir do momento em que estes instrumentos a serviço do homem tutelem e garantam os interesses, bens e valores não só da maioria, mas de todos.

Especificamente em relação ao âmbito penal, de onde se originou o garantismo de Ferrajoli, os seus elementos constitutivos referem-se basicamente a duas ordens de problemas: os relativos à definição legislativa e os relativos à comprovação jurisdicional da desviação punível.[147] Aos primeiros, associa o garantismo a noção de convencionalismo penal; aos segundos, a de cognoscitivismo processual. É detidamente em relação a estas duas ordens de problemas, com o acréscimo do plano da aplicação jurisdicional das leis penais, que passaremos a analisar o sistema penal brasileiro, enfocando-o nas três acepções garantistas antes referidas.

3.2. UM NOVO MODELO NORMATIVO PARA O DIREITO PENAL BRASILEIRO

3.2.1. A insuficiência da legalidade formal

Todo o projeto do Direito moderno, desde a sua separação da moral, fundou-se no paradigma da legalidade,[148] fórmula jurídica de

---
[147] Cfe. FERRAJOLI, Luigi. *Derecho y Razón*, p. 34.

[148] Significativas divergências existem acerca da origem do princípio da legalidade, havendo opiniões que o vinculam ao Direito romano, à Magna Carta Inglesa ou ao Direito medieval. Inobstante estas alternativas históricas apresentadas, concorda-

expressão do princípio liberal da necessidade da antecipação das regras do jogo, construído exatamente com a finalidade de eliminar os modelos medieval e absolutista de relações entre o Estado e os cidadãos, nos quais havia uma determinação dos lugares sociais e uma incerteza do conteúdo das leis e das sedes de seu surgimento, e, conseqüentemente, da própria atuação estatal, especialmente a penal. O projeto iluminista, ao romper com este paradigma, estabeleceu a centralização da produção normativa e, com o princípio da legalidade, exteriorizado com a edição de normas gerais e abstratas, de conteúdo determinado, torna as posições na sociedade, pelo menos em tese, indeterminadas, ficando todos sujeitos à lei e com possibilidades de acesso ao poder. A partir disso, a incidência legal restringiu-se aos fatos ocorridos posteriormente a sua entrada em vigor.

Criou-se com isso, não só uma relação temporal entre lei e fato, pela qual a primeira deve ser sempre anterior ao segundo, mas, também, algumas outras referentes ao exercício do poder e à própria aplicação da lei que, segundo Bobbio, levam a idéia da legalidade a poder ter sua significação desdobrada em três níveis da relação entre a lei, vista como norma geral e abstrata, e o poder:[149]

a) o primeiro nível é caracterizado pela relação entre a lei e a pessoa do príncipe que, desde a instituição do princípio da legalidade, deixou de ser *legibus solutus*, não podendo mais governar segundo seu beneplácito, mas somente em conformidade com as leis a ele superiores. Tem-se aqui o conceito de governo *sub leges;*

b) o segundo nível é o da relação entre o príncipe e seus súditos, pelo qual a idéia do governo de leis remete necessariamente à imposição de que os governantes devem exercer o próprio poder unicamente através de leis de abrangência geral, dirigidas a todos, e não a alguns em particular, e só excepcionalmente por decretos e ordenações, ou seja, um governo *per leges;*

c) por fim, o terceiro nível refere-se à aplicação das leis em casos particulares. Neste âmbito, o princípio da legalidade exige dos juízes a definição das controvérsias a eles submetidas à apreciação, não com base em juízos casuísticos diferenciados, isto é, conforme os

---

mos com Luisi, quando este afirma que *todavia é a partir da pregação dos teóricos do chamado iluminismo que realmente surge como real apotegma político o princípio da Reserva Legal. Ele tem seu fundamento histórico como lucidamente ensina a H. H. Jescheck, na teoria do contrato social do iluminismo.* A respeito da evolução histórica e doutrinária do princípio da legalidade, ver LUISI, Luiz. *Os Princípios Constitucionais Penais.* Porto Alegre: Sergio Antonio Fabris, 1991, pp. 13-25.

[149] Cfe. BOBBIO, Norberto. *Dicionário de Política*, v. 1, p. 675.

casos específicos, mas com base em prescrições definidas na forma de normas legislativas.

Sob o aspecto da produção e da aplicação do Direito, é relevante referir que com relação ao primeiro nível antes citado, o princípio da legalidade exprimiu a idéia da produção do Direito *através das leis* e, com relação ao segundo, a aplicação *de acordo com as leis*.

A importância do princípio da legalidade ou da reserva legal, especialmente no campo penal, adquire sua máxima relevância ao referir-se ao caráter formal ou legal da definição da desviação, seja por vincular a lei como condição necessária da existência do delito, seja por submeter o juiz à lei. Pela reserva da lei, não pode o juiz qualificar como delitos os fenômenos que considera imorais ou merecedores de sanção segundo sua consciência ou juízo de valores, mas somente aqueles que, com independência de suas valorações, vêm formalmente designados pela lei como pressupostos de uma pena, de forma precisa, taxativa, com o menor índice possível de termos imprecisos ou que demandem uma extensão hermenêutica muito ampla no momento da tipificação.

Num plano mais genérico, também pode-se destacar que o princípio da legalidade teve uma inegável importância histórica como instrumento criado para o rompimento com todos os modelos superados das sociedades medieval e absolutista que não mais atendiam às demandas de justiça material que surgiam no seio da sociedade européia. Havia uma necessidade de reorganização social que exigia uma renovação do arsenal jurídico, função que foi em grande parte cumprida pela reserva legal, dentro de uma concepção liberal-individualista das relações sociais e de produção. Com o Estado social do início do século, este princípio fundamental do Direito moderno sofre um revés em sua evolução, tendo chegado setores da doutrina a sugerir sua supressão.[150]

Mas se, por um lado, o princípio da legalidade oferece uma garantia aos cidadãos quando a edição de leis penais é realizada dentro de parâmetros racionais humanistas, por outro, uma inflação

---

[150] Sobre este revés sofrido pelo princípio da legalidade com a instituição do Estado social, com acuidade coloca Luiz Luisi que neste modelo estatal o *"indivíduo" iluminista, foi substituído pela "pessoa" que não é apenas titular de direitos, mas que por viver em sociedade tem deveres para os seus consociados, e para a sociedade como um todo, titular de seus próprios direitos de natureza transindividual e coletiva"*. Acrescenta o penalista gaúcho que em função dessa nova realidade *alguns tem recomendado o uso de tipos indeterminados e abrangentes que possibilitem a subsunção em seu âmbito de um elenco amplo de fatos, ensejando, em nome de exigência de uma justiça material, atuante e presente, um perigoso grau de discricionariedade judicial.* Cfe. LUISI, Luiz. *Os Princípios Constitucionais Penais*, p. 23.

legislativa em matéria penal pode tornar a reserva legal um instrumento com reflexos totalmente diversos e contrários aos seus objetivos garantistas primordiais, fato que se verificou com especial particularidade a partir da instituição do Estado social e estendeu-se sem limites até nossos dias, sendo hoje um fenômeno que se manifesta concomitante ao processo de mundalização econômica, caracterizando-o marcadamente.

Os modelos sociais já se alteraram profundamente por algumas vezes. Vivemos em uma sociedade mundializada em que a acumulação do capital atingiu uma magnitude de tal ordem quantitativa, que há, a partir desse fenômeno, um retrocesso social em direção aos parâmetros medievais caracterizado pelos seguintes fatos:

a) há uma desigualdade econômica como nunca houve em toda a história da humanidade, e a criminalidade multiplica-se geometricamente;

b) as sedes de decisões tornam-se cada vez mais nebulosas e indefinidas, o que tem gerado uma total insegurança àqueles que ocupam a posição de seus destinatários;

c) por outro lado, os pactos sociais constitucionalizados são totalmente desprezados pelos aplicadores da lei, especialmente no que se refere aos direitos sociais, para os quais inexiste o princípio da legalidade formal;

d) e, por fim, em matéria penal multiplicam-se os discursos de emergência, majoritariamente criminalizadores e penalizadores, sem qualquer atenção a todo o desenvolvimento histórico-científico até hoje realizado pela ciência jurídico-penal, e cuja aplicação concreta tem gerado significativas violações dos direitos fundamentais, como já visto no capítulo II, seção 2.1.3.

Inobstante estas vicissutudes sociais contemporâneas, ainda convivemos com o modelo normativo do iluminismo: uma legalidade formal que apenas impõe a todas as atuações dos poderes públicos uma relação de anterioridade temporal entre lei e fato, constituindo o que denomina Ferrajoli de *mera legalidade*, indicada pela fórmula clássica *nulla poena et nullum crimen sine lege*, que determina o submetimento do juiz à lei, não podendo, em razão disto, ele qualificar como delito os fenômenos que considera imorais ou merecedores de sanção, mas somente os que, com independência de suas valorações, vêm formalmente designados pela lei como pressuposto de uma pena.

A mera legalidade, dentro de sua limitação funcional, dirige-se não só a juízes, mas também aos demais operadores que necessitam aplicar as leis penais, as quais aparecem como condicionantes de suas atuações. E esta imposição, somada ao fato de que ainda permanece introjetada no imaginário dos construtores e dos aplicadores da lei uma concepção de justiça formal, tem gerado uma atuação repressora exacerbada seja policial, judicial ou do Ministério Público, ao considerarem como delito qualquer fenômeno livremente qualificado como tal pela lei. Esta situação revela um paradoxo: se a não existência de uma lei penal anterior, determinada e precisa, causava problemas às relações entre cidadãos e Estado nos primórdios da sociedade moderna, hoje observamos que a existência excessiva e poluidora de leis deste gênero, cujo conteúdo é em grande parcela determinado livremente pelos legisladores, também tem causado sérias dificuldades para a realização dos direitos fundamentais de todos, sejam liberais ou sociais, conforme demonstrado anteriormente aos tratarmos da (im)possiblidade de realização do Estado Democrático de Direito pela atuação do sistema penal.

Diante disso, cabe-nos questionar se o modelo normativo da legalidade formal, em que a lei aparece como condicionante, ainda é adequado, diante de uma sociedade tão modificada, cultural e tecnologicamente, como a atual, para atender aos anseios de justiça material de todos os cidadãos, especialmente no campo da atuação estatal penal, cuja justificação tem sido alvejada diariamente pelos fatos produzidos pelo sistema. A resposta só pode ser uma: não. O princípio da legalidade, enquanto ativo somente dentro de uma relação formal de aplicação da lei, é insuficiente para atender às demandas de justiça dentro da esfera da atuação estatal penal nos parâmetros da sociedade atual. A ele precisam ser somados instrumentos que possibilitem aos legisladores e aplicadores da lei realizar uma leitura substancial do fenômeno sujeito à incidência da lei penal,[151] impondo-os limites desta ordem, e não somente de natureza meramente formal.

---

[151] A concepção formalista e abstrata está de tal forma incrustada no imaginário dos criadores e aplicadores da lei que parece haver uma satisfação da demanda de justiça somente com a edição e aplicação da lei, independentemente de sua substância. Esta realidade está tão presente em nosso cotidiano jurídico que até mesmo a lesividade dos delitos abrangidos pela Lei nº 9.099/95 é aferida pela pena cominada abstratamente pelo legislador penal. Nesse sentido dispõe o artigo 61 da referida lei que se consideram infrações de menor potencial ofensivo, para os efeitos desta Lei, as contravenções penais e os crimes que a lei comine pena máxima não superior a 1 (um) ano, excetuados os casos em que a lei preveja procedimento especial. Ora, até mesmo a definição processual da especificidade de um rito serve como critério de determinação da lesividade, o que se constitui em verdadeira aberração.

3.2.2. A legalidade estrita: critérios substanciais para a determinação dos bens jurídico-penais e proibição, e para um novo conceito de delito

O modelo normativo penal brasileiro, observado num plano histórico, foi e tem sido limitado, constitucional e infraconstitucionalmente, apenas sob o aspecto formal, dentro das potencialidades da mera legalidade. Na Constituição de 1824, no plano da limitação à definição da desviação e suas conseqüências, tínhamos como garantias constitucionais contra a atuação estatal apenas a necessidade da anterioridade da lei (art. 179, XII), a pessoalidade da aplicação da pena (art. 179, XX) e a proibição de penas corporais cruéis (art. 179, XIX), permanecendo possível, ilogicamente, a pena de morte. Na Carta Constitucional de 1891, repetiu-se a legalidade formal (art. 72, § 15), e limitou-se substancialmente a lei penal apenas pela proibição das penas de galés, banimento judicial e morte em tempos de paz (art. 72, §§ 20 e 21). Esta situação repisou-se em todas as demais Constituições Federais de nosso País, e o resultado disto é, diacronicamente, uma total liberdade do legislador penal em definir crimes, havendo, contemporaneamente, uma desnecessária e perniciosa inflação penal, que possibilita uma atuação não satisfatória, sob o aspecto da realização dos direitos fundamentais dos cidadãos, por parte dos operadores jurídicos, especialmente os agentes estatais.

No âmbito processual, as limitações foram um pouco mais estruturadas, apesar de até mesmo em nossos dias observarmos a violação dessas garantias pelas práticas antigarantistas dos órgãos e agentes do sistema.

Já na Constituição Imperial tínhamos o princípio da jurisdição (art. 179, XI), segundo o qual ninguém poderia ser sentenciado, senão pela autoridade competente, e do qual decorria a necessidade de ordem escrita de autoridade legítima para a execução de uma prisão (art. 179, X), com exceção do flagrante delito. Estas garantias são reiteradas na primeira Constituição republicana (art. 72, §§ 13, 14 e 15), agregando-se a elas o princípio da ampla defesa (art. 72, § 16), da abolição da pena de morte (art. 72, § 21) e a instituição do *writ* do *habeas corpus* (art. 72, § 22).

Nas Constituições de 1934 e 1937 há uma repetição deste rol de garantias, mas nesta última há um violento revés na estrutura garantista, com a reinstituição da pena de morte (art. 13, alíneas *a* a *f)* e dos tribunais de exceção para o julgamento dos crimes que atentassem contra a existência, a segurança, a integridade do Estado, a guarda e o emprego da economia popular (art. 122, § 17).

Com o término do regime ditatorial de Vargas, e com a promulgação da Constituição de 1946, restaura-se e amplia-se o rol de garantias processuais anteriores à Constituição de 1937, nele incluindo-se o princípio da contradição processual, conjuntura reprisada nas demais Constituições posteriores até nossos dias.

Se o sistema, até então limitado pela legalidade formal, não tem apresentado resultados dentro de um padrão de racionalidade humanista, necessariamente se impõe uma revisão da concepção do princípio da legalidade e um redirecionamento de sua função limitadora, não mais somente a juízes e outros operadores da segunda fase do fenômeno jurídico, mas, também e principalmente, aos legisladores, operadores do momento primário do processo de juridicização da sociedade.

É com a finalidade de estabelecer uma limitação aos poderes públicos já na fase de elaboração e definição legislativa, para possibilitar um exercício mais efetivo das liberdades e garantias individuais, que Ferrajoli concebeu um modelo normativo de Direito, dentro do paradigma do Estado de Direito, fundado na *legalidade estrita*, *substancial* ou *reserva absoluta da lei penal*.

Esse modelo de legalidade tem suas bases fundadas em três planos: o epistemológico, no qual surge como um sistema cognoscitivo ou de poder mínimo; o político, onde se identifica como uma técnica de tutela objetivando a minimização da violência e a maximização da liberdade; e, por fim, no plano político, manifestando-se como um sistema de vínculos impostos ao Estado na garantia dos direitos fundamentais.

Para o jurista da Universidade de Camerino, o esquema epistemológico garantista penal compõe-se de dois elementos básicos: um relativo à definição legislativa e outro à comprovação jurisdicional da desviação punível, constituindo, ambos, conjuntos de garantias penais e processuais penais, respectivamente.

Com referência ao primeiro elemento, constitui ele, como já dito, o *convencionalismo penal*, resultante do princípio de estrita legalidade na determinação abstrata do que é punível, exigindo, para tanto, duas condições: o caráter formal ou legal do critério de desviação e o caráter empírico ou fático das hipóteses de desviação legalmente definidos. A primeira condição equivale ao princípio da reserva da lei ou legalidade formal, e, por conseqüência, ao submetimento do juiz à lei; a segunda condição encerra o caráter absoluto da reserva da lei penal, em virtude da qual o submetimento do juiz o é somente à lei, mas somente se as definições legislativas das hipóteses de desviação vêm dotadas de referências empíricas e fáticas precisas, estando em condições de determinar seu campo de aplicação de forma exclusiva e exaustiva.[152]

Dessa forma, apresenta Ferrajoli o princípio da estrita legalidade *como una técnica legislativa específica dirigida a excluir, por arbitrarias y discriminatorias, las convenciones penales referidas no a hechos sino directamente a personas y, por tanto, con carácter "constitutivo" antes que "regulativo" de lo que es punible.*[153]

Quanto ao elemento da comprovação judicial da desviação punível, dentro da perspectiva de legalidade estrita garantista, compõe ele o *cognoscitivismo processual* na determinação concreta da desviação punível. Tal requisito vem assegurado pelo que Ferrajoli chama de *princípio da estrita jurisdicionalidade* que, por sua vez, exige duas condições: a *verificabilidade* ou *refutabilidade* das hipóteses acusatórias em virtude de seu caráter assertivo e sua *prova empírica* em virtude de procedimentos que permitam tanto a verificação como a refutação.

Objetivando restringir o máximo possível as manifestações de poder dirigidas a estes dois elementos basilares do esquema epistemológico garantista, a teoria do garantismo penal, propõe uma tábua esquemática de princípios limitadores da atuação penal, seja em âmbito legislativo ou judicial, cada um deles se constituindo como condição necessária para atribuição da pena dentro do modelo de direito penal. Os termos abrangidos na formulação destes princípios são: a pena, o delito, a necessidade, a ofensa, a ação, a culpabilidade, o juízo, a acusação, a prova e a defesa. Com base nisso, constrói Ferrajoli o sistema garantista SG, estruturado com proposições prescritivas que não descrevem o que ocorre, mas o que deve ocorrer; não enunciam as condições que um sistema penal efetivamente satisfaz, mas as que deve satisfazer em adesão a seus princípios normativos internos e/ou a parâmetros de justificação externa.

O sistema garantista SG compõe-se de dez axiomas, seis de natureza penal e quatro de origem processual, incluindo todos os termos antes referidos, estruturados de uma forma escolástica segundo o próprio autor, a saber: A1) *Nulla poena sine crimine* (princípio da retributividade); A2) *Nullum crimen sine lege* (princípio da legalidade lata); A3) *Nulla lex poenalis sine necessitate* (princípio da necessidade ou da intervenção mínima); A4) *Nulla necessitas sine iniuria* (princípio da lesividade); A5) *Nulla iniuria sine actione* (princípio da materialidade); A6) *Nulla actio sine culpa* (princípio da culpabilidade); A7) *Nulla culpa sine iudicio* (princípio da jurisdicionalidade); A8) *Nullum iudicio*

---

[152] Cfe FERRAJOLI, Luigi. *Derecho y Razón*, p. 34.
[153] Idem, p. 35.

sine acusattione (princípio da separação entre juíz e acusação); A9) *Nulla accusatio sine probatione* (princípio da carga da prova); A10) *Nulla probatio sine defensione* (princípio do contraditório).[154] A estes princípios acrescentaríamos o da proporcionalidade da pena, que julgamos de fundamental importância num contexto garantista de aplicação da lei penal.

Esses princípios, utilizando uma terminologia de Bobbio, constituem as regras fundamentais do jogo do direito penal desenvolvido dentro da estrutura do moderno Estado Democrático de Direito, e uma vez presentes em sua totalidade no corpo constitucional, dão suporte à existência de um sistema jurídico de máximo grau garantista, em razão da opção ético-política em favor dos valores normativamente tutelados por eles.

Na medida em que observamos a ausência de um ou outro dos princípios garantistas penais, seja no texto constitucional, seja no corpo do discurso legislativo infraconstitucional, temos uma relação de proporção inversa entre garantismo e autoritarismo.

Neste enfoque, o princípio da *mera legalidade* (*nulla poena, nullum crimen sine lege*) se limita a exigir a lei anterior como condição necessária da identificação do delito, sendo a lei condicionante, como já dito, enquanto o princípio da *estrita legalidade* exige todas as demais garantias como condições necessárias da legalidade penal, passando nele a lei a ser condicionada.

3.2.2.1. Tipologia do sistema penal brasileiro frente ao modelo garantista de estrita legalidade

Considerando a estrutura normativa do Estado Democrático de Direito, composta por uma complexa formação hierárquica de normas onde as superiores têm um caráter axiológico em relação às inferiores, e estas um caráter fático em relação àquelas, e a questão teórica central da teoria garantista – a divergência existente nos ordenamentos complexos entre modelos normativos (tendencialmente garantistas) e práticas operativas (tendencialmente antigarantistas), faz-se necessária, para uma futura projeção de minimização e humanização de nosso direito penal, uma aferição do grau de garantismo presente em nosso sistema jurídico penal, a partir de uma confrontação entre normas infraconstitucionais, constitucionais, princípios convencionais internacionais e práticas do sistema. Nossa análise na presente seção restringir-se-á ao segundo e terceiro itens citado, ficando a avaliação do conjunto de normas infraconsti-

---
[154] Cfe. FERRAJOLI, Luigi, *Derecho y Razón*, p. 92.

tucionais penais para a última seção deste trabalho, momento de projeção de uma necessária filtragem constitucional deste nível de normas de nosso sistema punitivo positivado.

Em relação às práticas operativas do sistema, conforme já visto nas duas primeiras seções do Capítulo II, pode-se afirmar com uma boa dose de certeza que estão um pouco distante do modelo limite ideal garantista, em razão das violações que cotidianamente são realizadas e impossibilitam, em uma não desprezível medida, o exercício dos direitos fundamentais dos cidadãos.

O mesmo já não pode ser dito em referência às garantias processuais constitucionais. Conforme brevemente introduzido na seção 3.2.2, temos uma série de garantias desta natureza que atendem à demanda de um sistema garantista limite. Temos, positivados em nossa Constituição, o princípio da jurisdição (art. 5º, LIII), o do devido processo legal (art. 5º, LIV), o do contraditório e da ampla defesa (art. 5º, LV), o da inadmissibilidade, no processo, de provas obtidas ilicitamente (art. 5º, LVI), o da presunção da inocência (art. 5º, LVII), bem como uma série de princípios relativos à prisão de cidadãos (art. 5º, LXI, LXII, LXIII, LXIV, LXV, LXVI) que, uma vez efetivados no momento da aplicação da lei, propiciam, em tese, uma garantização dos cidadãos e um respeito efetivo aos seus direitos fundamentais.

3.2.2.1.1. Proibições constitucionais de incriminação

Da confrontação de nossa estrutura constitucional de princípios penais com o modelo garantista ideal SG, verifica-se a existência de uma parcial defecção. Dos seis axiomas garantistas de natureza penal propostos por Ferrajoli, temos em nossa Carta constitucional a presença apenas dos princípios da reserva legal e da culpabilidade, inexistindo o princípio da retributividade, o da necessidade, o da materialidade e o da lesividade, quadro que tem possibilitado uma atuação exacerbada não só do legislador penal, mas também dos próprios aplicadores da lei. Também não se encontra positivado o princípio da proporcionalidade, de fundamental importância para a limitação da atuação da Administração frente aos cidadãos.

Apesar dessas graves deficiências principiológicas, a jurisprudência tem, paulatinamente, tratado de positivá-los através de julgados, criando, com isso, uma insipiente conjuntura de realização do Estado Democrático de Direito brasileiro.

Mas nossa Carta Constitucional não apresenta somente omissões ou não positivações de importantes princípios. Existe uma série de princípios materiais constitucionais, de natureza genérica, que, na medida em que estiverem introjetados no imaginário da maioria dos legisladores, intérpretes e aplicadores da lei, potencializarão a realização do projeto democrático e social constitucionalizado. Estes são os chamados direitos de liberdade, tão pouco usados como referenciais de análise de nossa legislação infraconstitucional penal.

A Constituição brasileira de 88 deu um gigantesco passo em relação às anteriores, ao positivar uma série de direitos de liberdade relativos aos mais diversos campos da vida social – civis, ético-sociais, econômicos e políticos. Temos, por exemplo, no rol do artigo 5º, a liberdade de pensamento (IV), a liberdade à profissão religiosa (VIII), a liberdade de expressão (IX), a liberdade de domicílio (XI), de exercício do trabalho (XIII), de locomoção (XV), de reunião (XVI), de associação (XVII). Outro exemplo é o direito de greve, previsto no artigo 9º.

Todos esses direitos de liberdade constituem-se em proibições constitucionais ao poder de incriminação dos legisladores, e estes não podem transformar em delito o puro e simples exercício do direito, nem tampouco podem tutelar penalmente os bens ofendidos por quem exerce o direito, a não ser que se trate de um bem constitucionalmente relevante.[155] Seriam inconstitucionais, neste sentido, normas que viessem a estabelecer regulamentação desses direitos constitucionais, especialmente através da instituição de crimes para algumas hipóteses de exercício destes direitos.

Mas as proibições ao poder de incriminação dos legisladores não ficam restritas aos direitos de liberdade. Para o legislador ordinário podem derivar proibições de incriminação dos princípios fundamentais enunciados na Constituição, sejam elas genéricas ou circunscritas a setores específicos da vida social.

Exemplo disso é o princípio da igualdade, do qual resultam inúmeros obstáculos à discricionariedade do legislador na escolha de bens a tutelar penalmente. Seriam inconstitucionais quaisquer

---

[155] Importante exemplo que não podemos deixar de mencionar, de instrumento normativo infraconstitucional que vem em total desacordo com o direito de liberdade de expressão de comunicação é o projeto da chamada Lei da Mordaça, pelo qual os órgãos de imprensa não poderão veicular informações relativas à prática de crimes, enquanto estiver em curso a investigação policial e o próprio processo judicial, na fase anterior à sentença. Isto constitui-se em uma violação a um importante princípio da Constituição Federal que foi positivado exatamente para impedir os expedientes autoritários verificados na época da ditadura militar. É bem sabido que determinados órgãos de imprensa utilizam-se deste tipo de informação para fazerem um jornalismo sensacionalista e de baixíssima qualidade, mas é preferível conviver com isto do que com a censura. Num Estado Democrático de Direito deve haver tolerância com as liberdades, mas jamais com as arbitrariedades.

normas que estivessem voltadas a impor ordens ou proibições baseadas numa discriminação sexo, raça, língua, etc.

Existem, no nosso entendimento, alguns tipos penais no Brasil que violam este importante princípio. Por exemplo, os crimes de sedução, rapto violento mediante fraude e rapto consensual, nos quais somente as mulheres podem ser sujeitos passivos. Com a mudança comportamental ocorrida nas últimas décadas, traduzida numa liberalização das mulheres, especialmente no campo sexual, é tranqüilamente possível que estes crimes possam ter como sujeitos passivos homens. E não há elemento essencial algum nestes crimes que determine inexoravelmente que os homens não possam ser vítimas dos mesmos. Outro exemplo bastante significativo diz respeito ao crime previsto no artigo 231, que prevê o tráfico de mulheres. O crime, punido com pena de reclusão de 3 a 8 anos, é definido como sendo a ação de "promover ou facilitar a entrada, no território nacional, de mulher que nele venha a exercer a prostituição, ou a saída de mulher que vá exercê-la no estrangeiro". Este tipo penal desconhece situações de prostituição masculina, prática corriqueira em nossa sociedade, inclusive com anúncios públicos em jornais de grande circulação. Por que somente coibir o tráfico de mulheres quando é possível que também haja o tráfico de homens para fins de prostituição.

A partir da proposta de pesquisa de Zaffaroni, realizada por inúmeros penalistas de toda a América Latina, condensada no informe final do *Sistemas Penales y Derechos Humanos en América Latina*, constatou-se que os códigos penais latino-americanos vigentes costumam conter algumas prescrições garantistas gerais, particularmente quanto à exigência da legalidade. Em geral, costumam ser garantias que já estão constitucionalmente consagradas, sendo pleonástica a sua inserção na legislação infraconstitucional, pois não cumprem nenhum objetivo que não possa ser cumprido pela norma constitucional.[156] O que reiteradamente tem ocorrido é a ampliação ou especificação do conteúdo das garantias constitucionais, o que, de um ponto de vista técnico-normativo, é despiciendo.

Na doutrina e na jurisprudência reina certo grau de desconhecimento da extensão das garantias fundamentais em matéria penal. Há de parte de nossos doutrinadores e aplicadores da lei um certo

---

[156] Estas repetições, na legislação infraconstitucional penal, dos princípios constitucionais garantistas revela a concepção que a grande maioria dos juristas tem da Constituição, considerando-a como um documento político de escassa aplicação. Estas posturas manifestam um acentuado positivismo que submete os operadores jurídicos mais aos termos da lei penal infraconstitucional que propriamente aos dispositivos principiais da própria Constituição.

reconhecimento do significado transcendente dos princípios garantistas de direito penal, mas na prática operativa é possível observar-se uma total carência de profundidade na aplicação dos mesmos à tarefa dogmática concreta. O acentuado positivismo, nas palavras de Zaffaroni, *ha llevado a un cierto aislamiento entre el enunciado general de los princípios garantizadores y su aplicación a los casos concretos.*[157]

Há, no Brasil, uma preocupante inércia, com raras exceções dentro do círculo de doutrinadores e aplicadores da lei, em relação à denúncia de inconstitucionalidade de leis penais, especialmente incriminadoras, tanto que, como já referido anteriormente, não há ação direta de inconstitucionalidade alguma que se refira a este espectro de matéria jurídica. Quando a contradição entre as normas infraconstitucional e constitucional é muito evidente, o problema parece ser de mais fácil solução, mas quando a contradição deve ser inferida de uma adequada exegese do texto constitucional, a situação parece tornar-se um pouco mais complicada, especialmente porque qualquer atividade hermenêutica a ser realizada neste sentido deve partir dos aportes da filosofia da linguagem, a serem aplicados sobre conceitos fundamentais como o de Estado Democrático de Direito, de democracia substancial, dentro de uma perspectiva de validade conteudística, e não meramente formal.

Em nossos dias, em que, especialmente pela acentuação das diferenças socioeconômicas, há um aumento progressivo das práticas delituosas, observamos uma grande resistência a restringir o alcance punitivo da lei penal, mesmo que, paradoxalmente, tenhamos princípios constitucionais dos quais, através de uma correta atividade hermenêutica, podemos inferir que a atuação estatal penal deva ser minimizada a ponto de não atingir os mais elementares direitos fundamentais dos cidadãos. Toda interpretação teleológica da lei penal, com fundamentos na ordem constitucional, é vista pela grande maioria dos operadores com extrema desconfiança, em razão das fortes influências que sobre eles exerce o juspositivismo dogmático. Em decorrência deste influxo, a grande maioria dos operadores jurídicos está presa à falácia de que os princípios constitucionais não poderiam servir de parâmetro hermenêutico e de validade substancial sobre as leis penais, por serem demasiadamente genéricos.

Ora, é uma realidade incontestável a de que as constituições como as convenções internacionais contêm enunciados genéricos, que, pela sua própria natureza e objetivos, não poderiam, de forma alguma, conter tecnicismos penais, pois consistem muito mais em

---

[157] Cfe. ZAFFARONI, Eugenio Raul. *Sistemas Penales y Derechos Humanos en América Latina* (informe final), p. 8.

técnicas legislativas e princípios de política criminal do que propriamente normas *stricto sensu*. Cabe, neste aspecto, à doutrina e à jurisprudência especificarem estes enunciados genéricos, determinando, caso a caso, o alcance técnico-penal de tais textos.

O que vemos na operacionalidade concreta das leis penais é que estas lacunas interpretativas não são preenchidas satisfatoriamente, seja pela pobreza das constituições em matéria de princípios garantistas materiais penais, seja pela tendência dos operadores da lei a utilizarem os textos constitucionais para limitarem o alcance das garantias. A partir disto é possível constatar a existência de um enorme abismo entre os textos constitucionais e as convenções internacionais de direitos humanos, e entre as constituições e os textos normativos penais infraconstitucionais.

Nesta perspectiva, embora tenhamos um direito penal constitucional, ainda que com uma série de defecções – o que irá se constituir em objeto de análise das próximas seções -, este Direito não é explicitado ou especificado em nossa legislação infraconstitucional. A isso se deve agregar que o nosso sistema constitucional penal não recepcionou de forma satisfatória os direitos humanos declarados nas convenções internacionais. Temos uma recepção mais significativa dos direitos individuais, mas no que tange aos direitos sociais, não é possível deduzir-se, em momento algum, que nossa legislação tenha absorvido ou se comprometido a realizar qualquer parcela de direitos de natureza coletiva.

Esta situação é particularmente grave num País como o nosso, em que constitucionalmente construímos um modelo de Estado Democrático de Direito, e para cuja realização devem concorrer todos os ramos do sistema jurídico.

Mas em termos garantistas, dentro de um enfoque um pouco mais interno, em nosso sistema, à medida que o mesmo se capilariza, observamos que não há uma recepção pela legislação infraconstitucional das variáveis axiológicas imposta pela Constituição Federal.

A responsabilidade por tal situação deve ser debitada à doutrina e à jurisprudência que muito pouco fizeram para a alteração deste quadro, especialmente pela larga tradição de influência que o positivismo legal tem exercido nas estratégias de operacionalização da lei e da formulação do conhecimento jurídico.

Para a superação desta conjuntura, pertinentes são as recomendações no informe final da pesquisa realizada pelo Instituto Interamericano de Direitos Humanos, entre 1982 e 1986, a saber:

a) a harmonização dos textos constitucionais com as declarações internacionais de direitos humanos;

b) a explicitação técnica, pelos códigos penais, dos princípios fundamentais para a interpretação e aplicação da lei penal, especialmente em relação à legalidade, irretroatividade gravosa, retroatividade benigna, limite jurídico da atuação penal, culpabilidade (pelo qual exclusas estariam a responsabilidade objetiva e a reprovabilidade jurídica), pessoalidade, proporcionalidade e humanidade das penas e de qualquer outra conseqüência jurídico-penal do delito;

c) a recepção pela legislação penal da hierarquia axiológica imposta pela consagração internacional e constitucional dos direitos humanos sociais, econômicos e culturais;

d) e, por fim, a elaboração, pela teoria penal e pela jurisprudência, de interpretações que se harmonizarem com a hierarquia axiológica convencional e internacional.[158]

Passemos à análise das principais defecções de nosso sistema constitucional de garantias em relação à atuação estatal penal.

3.2.2.1.2. *Reflexos da não-positivação constitucional dos princípios da necessidade e da lesividade*

Especificamente em relação aos princípios constitucionais garantistas materiais penais, as deficiências de nosso pacto político-jurídico são significativas, surgindo daí, como corolário concreto, atuações legislativas incriminadoras totalmente excessivas e aplicações da lei, nos momentos diversos da persecução estatal, totalmente ofensivas às mais elementares garantias dos cidadãos e, portanto, de sua própria cidadania e dignidade.

A ausência do princípio da necessidade dá margem ao surgimento de uma série de situações vexatórias, para não dizer de um sistema punitivo vexatório. A presença do princípio da economia ou da necessidade não expressa propriamente uma técnica punitiva, mas um critério de política criminal, cuja satisfação está condicionada, mas não é condicionante das demais garantias. Essa deficiência de nosso sistema tem possibilitado a presença em nossos textos legais de proibições e penas supérfluas que se chocam frontalmente com as razões de utilidade individual e coletiva que justificam o direito penal; tem tornado também possível a previsão legislativa de proibições penais totalmente injustificadas por elas mesmas serem lesivas de direitos fundamentais, não só pela impossibilidade de sua execução, mas também por não estabelecerem proteção a nenhum bem jurídico, bem como por ser absolutamente possível a sua subs-

---

[158] Cfe. ZAFFARONI, Eugenio Raul, *Sistemas Penales y Derechos Humanos en América Latina*, p. 10.

tituição por proibições civis ou administrativas; e, por fim, tem facilitado significativamente a inserção no sistema legal de penas injustificadas por serem totalmente excessivas, não pertinentes ou desproporcionais em relação à relevância do bem jurídico tutelado.

Por força do denominador comum do utilitarismo penal, as questões referentes à relevância do bem jurídico, abrangida pela discussão acerca da necessidade da incidência do aparato normativo penal, ligam-se diretamente àquelas referentes à necessária lesividade da ação a um bem jurídico concreto, como pressuposto indispensável para a consideração de uma determinada conduta como delituosa.

Essa lacuna manifesta uma grave ausência de garantias em relação ao poder de legislar sobre matéria penal. Não estando inserido o princípio da lesividade em nossos sistemas constitucional e penal, a lesão efetiva a um bem jurídico concreto não se apresenta como requisito necessário para que uma conduta comissiva ou omissiva venha a ser catalogada como delito em nosso sistema penal.

A consideração efetiva da lesividade da ação, pelos atuais dispositivos de nosso sistema penal positivado, surge, via de regra, no momento da aplicação da pena, quando o juiz, ao analisar as circunstâncias judiciais para sua fixação, dispostas no artigo 59 do Código Penal, deve referir-se às conseqüências do crime. A exceção a essa regra aparece na Lei nº 9.099/95 – Lei dos Juizados Especiais -, onde os efeitos imediatos da consideração do pequeno potencial ofensivo surgem já no momento de iniciar-se a ação penal, decorrendo da pequena ofensividade, erroneamente considerada sob o aspecto abstrato, como já comentado na nota 165, para os casos que se enquadram nos termos do artigo 61, a possibilidade de realização da transação penal, impedindo-se o prosseguimento do processo.[159]

---

[159] Algumas observações precisam ser urgentemente realizadas sobre a funcionalidade e os resultados das transações penais realizadas através da aplicação da Lei n. 9.099/95. O acordo em matéria penal parece ter tido a única finalidade de desafogar os cartórios criminais da quantidade de processos abertos. Não parece ter havido uma maior preocupação com as garantias dos indivíduos processados nos juizados especiais. A prática efetiva da transação penal revela a colocação do réu, em situação de coação institucional, diante do aparato estatal repressivo, composto por juízes e promotores, os quais, na operacionalidade da proposta de acordo, parecem estar a serviço de um mesmo interesse, tal é a quantidade de recomendações e avisos acerca dos efeitos da não aceitação da proposta de acordo. Os réus têm sido praticamente coagidos a aceitar a conciliação penal, uma vez alertados a respeito de um possível prosseguimento do processo e de todo vexame e envolvimento que isso propicia, além de, principalmente, pela possibilidade, sempre bastante grande de condenação.

O utilitarismo penal é idôneo para justificar a limitação da esfera de proibições penais somente em relação às ações reprováveis por seus efeitos lesivos para terceiros. A lei penal deve buscar a prevenção do mais graves danos individuais e sociais, e somente eles podem justificar o custo de penas e proibições de natureza criminal. Por isso, e pela extrema violência com que se manifesta o poder estatal penal, o grau de tolerância permitido ao direito penal deve ser muito maior que a qualquer outro ramo do direito positivo. Mas o que observamos nas atitudes legislativas de nossos representantes e na operacionalização judicial da lei penal é exatamente o contrário: o grau de tolerância é mínimo, e o direito penal é utilizado indiscriminadamente como um instrumento do efetivo controle social. Disso deriva a imposição desta dupla limitação do poder punitivo do Estado, constituída pelos princípios da necessidade e da lesividade.

Como decorrência desse princípio surge a exigência de que a pena cominada abstratamente e aplicada concretamente deva ser a menor possível, e o poder de legislar com a finalidade de instituir crimes seja máxima e substancialmente limitado, em razão da imposição da máxima economia na configuração de delitos. Já Beccaria, no século XVIII, em seu *Dos Delitos e das Penas*, fazia referência aos princípios da economia do direito penal e da necessária lesividade da ação, quando dizia que *se se proíbem aos cidadãos uma porção de atos indiferentes, não tendo tais atos nada de nocivo, não se previnem os crimes: ao contrário, faz-se que surjam novos*. E acrescentava o pensador milanês que *para um motivo que leva os homens a cometer um crime, há mil outros que os levam a ações diferentes, que só são delitos perante as más leis. Ora, quanto mais se estender a esfera dos crimes, tanto mais se fará que sejam cometidos, porque se verão os delitos multiplicar-se à medida que os motivos dos delitos especificados pelas leis forem mais numerosos, sobretudo se a maioria dessas leis não passar de privilégios, isto é, para um pequeno número de senhores*.[160]

Diante dessas colocações e da realidade exagerada e exacerbada de nosso sistema penal, podemos inferir que a mera legalidade ou legalidade formal não tem um suficiente potencial limitador que impeça a inflação penal, pois não estabelece limites ao poder de legislar através da inserção de princípios de natureza material no sistema. Com isso, criam-se condições para que o direito penal não responda aos seus objetivos principais de proteger e tutelar os cidadãos. Para o logro dessas finalidades, o direito penal positivado deve restringir ao máximo possível as proibições, limitando-as ao mínimo necessário e indispensável, sempre de acordo com os princípios

---
[160] Cfe. BECCARIA, Cesare. *Dos Delitos e das Penas*, Bauru: Edipro, p. 99.

constitucionais materiais que venham a exercer uma função de limitadores do conteúdo das leis penais.

O princípio da lesividade se constitui no fundamento axiológico de um dos elementos substanciais ou constitutivos do delito: a natureza lesiva do resultado ou a danosidade dos efeitos produzidos pela conduta do agente. Com base nisso, condiciona-se a absoluta necessidade das leis penais a situações efetivamente lesivas. E esta é uma questão fundamental já levantada pela grande maioria dos pensadores iluministas em matéria penal, que viam no dano causado a terceiros as razões, os critérios e a medida das proibições e das penas. Inobstante esta velha obviedade iluminista, as práticas do sistema dela se distanciam.

Só assim limitadas, as proibições, da mesma forma que as penas, podem ser configuradas, dentro do plano político garantista, como instrumentos de minimização da violência e da tutela dos mais débeis contra os ataques arbitrários dos mais fortes. Para Ferrajoli, a *necesaria lesividad del resultado, cualquiera que sea la concepción que de ella tengamos, condiciona toda justificación utilitarista del derecho penal como instrumento de tutela y constituye su principal límite axiológico externo.*[161] Sob este aspecto, desde uma ótica utilitarista, a questão do bem jurídico lesionado pelo delito não é distinta da dos fins do direito penal: trata-se da essência da justificação do direito penal.

Historicamente o princípio da lesividade tem desempenhado um papel fundamental na definição do moderno Estado de Direito, especialmente no que se refere à elaboração de um direito penal mínimo, orientado à função de defesa dos sujeitos mais débeis por meio da tutela de direitos e interesses que se consideram necessários ou fundamentais.

No moderno constitucionalismo, dentro do paradigma do Estado Democrático de Direito, especialmente no que se refere à matéria penal incriminadora, a evolução mais recente foi determinada pela contínua procura de limites ao poder legislativo, tendo como principal referencial os direitos fundamentais. As convenções internacionais de direitos e garantias individuais e o controle de constitucionalidade das leis constituem-se nas expressões mais vivas e significativas desse processo de potencialização das garantias fundamentais. E dentro da concepção garantista de Ferrajoli, temos que considerar que a noção de democracia substancial, caracterizada pela realização das garantias fundamentais de todos os cidadãos, objetiva, claramente, assegurar que a produção normativa não se resuma a um instrumen-

---

[161] Cfe. FERRAJOLI, Luigi. *Derecho y Razón*, p. 467.

to da razão do Estado, mas se mantenha respeitosa aos interesses sociais e individuais da comunidade.

Nesse aspecto, o sistema de garantias constitucionalizadas assume uma característica relevantemente substancial, ao não impor limites apenas aos procedimentos de produção legislativa, mas, principalmente, ao produto conteudístico da atuação do poder legislativo.

Com a limitação aos produtos da atuação legislativa e, conseqüentemente, com a possibilidade do controle de constitucionalidade das leis, surge uma inegável tensão entre democracia, sob o aspecto formal, fundada na concentração do poder normativo num único órgão, e garantia, cuja intensidade, segundo Palazzo, variará conforme as características internas do princípio que faz as funções de parâmetro de constitucionalidade.[162]

Dentre todos os princípios penais enumerados como componentes do sistema garantista SG, o da ofensividade ou lesividade parece ser o que mais potencializa o surgimento da tensão entre democracia e garantia, exatamente por possuir uma elevada característica conteudística que incide diretamente sobre os produtos normativos penais incriminadores, dispostos na parte especial do direito penal. Outros princípios, como, por exemplo, o da mera legalidade, têm características e potencialidades absolutamente formais, não incidindo sobre o instrumento da tutela de determinado bem jurídico, enquanto, noutro sentido, o da lesividade refere-se ao objeto da tutela e ao conteúdo da norma penal incriminadora.

Esse princípio pode ser recebido em dois planos diversos da operacionalização jurídica: no plano da elaboração legislativa e no da aplicação judicial da lei. No primeiro, volta-se o princípio da ofensividade ao legislador no momento de formular o tipo penal, forçando-o a eleger uma espécie fática dotada de um real conteúdo ofensivo dos bens jurídicos mais relevantes; no segundo, dirige-se ao juiz e ao intérprete, para exortar-los a averiguar concretamente a existência no fato histórico da lesividade sobre o bem jurídico atingido. Assim, o princípio da lesividade tem dupla tarefa limitadora: a de seleção do objeto destinado a transformar-se em conteúdo da norma penal e a de restrição da destinação da lei penal somente a casos concretos em que efetivamente tenha havido uma lesão ou dano a bem jurídico relevante de terceiro.

Ora a inexistência desse princípio em nosso catálogo principiológico constitucional e infraconstitucional abre possibilidades para, no plano legislativo, efetivarem-se previsões de hipóteses delitivas

---

[162] Cfe. PALAZZO, Francesco. *Offensivitá e ragionevolezza nel controllo di constitucionalitá sul contenuto delle leggi penali*. Não publicado. Firenze, 1997, p. 2.

destituídas de qualquer ofensividade e, no plano da aplicação da lei, punirem-se condutas que não tenham gerado qualquer dano de maior relevância, a ponto de receberem a incidência das conseqüências da lei penal.[163]

Pelos paradigmas hermenêuticos largamente adotados pelos operadores jurídicos, bem como pelas estratégias de formulação e aplicação da lei em nosso sistema, a aplicação concreta do princípio da necessidade do direito penal, a partir da relevância do bem jurídico, e do princípio da lesividade da ação, no controle da validade das leis penais, parece ter pela frente um caminho recheado de obstáculos.

---

[163] Se a grande maioria das práticas do sistema através de seus operadores nos causam perplexidade e angústia, algumas outras, ainda que isoladas, nos dão algum alento e nos permitem acreditar ser possível um funcionamento eficaz dos poderes públicos, especialmente o judiciário, no sentido da realização de uma sociedade mais justa e igualitária. É relevante destacar a atuação garantista que vem sendo desenvolvida no campo doutrinário pelo eminente jurista Luiz Luisi, um dos fundadores do movimento garantista brasileiro, cujo conteúdo de sua obra reclama, de longa data, a constitucionalização do direito penal, objetivando uma intervenção estatal mínima. A atuação garantista de LUISI pode ser demarcada temporalmente, até mesmo com anterioridade à construção de Ferrajoli, com o opúsculo denominado *A Função de Garantia do Direito Penal Moderno*, Porto Alegre: Livraria do Globo, 1973. Também é importantíssimo frisar as manifestações decisórias de algumas câmaras criminais do Tribunal de Justiça do Rio Grande do Sul, especialmente naquelas em que tem atuado como representante do Ministério Público o procurador Lenio Luiz Streck, jurista da corrente garantista desenvolvida por Ferrajoli. A título ilustrativo, faz-se imperioso citar alguns julgados do TJRS, baseados em pareceres seus, nos quais são efetivados no sistema os princípios da necessidade e da ofensividade, para elidir situações absurdas criadas nos juízos de primeiro grau. Dentre estes inúmeros acordãos, parece relevante citar os seguintes: a) acórdão proferido pela sexta câmara criminal, no processo n. 698470341, pelo qual cassou-se a condenção de 1 ano e quatro meses de reclusão de um réu que não tinha devolvido 4 botijões de gás de 13 quilos e 4 botijões de 2 quilos ao atacadista ; b) acórdão proferido pela segunda câmara criminal, na apelação-crime n. 291019937, pelo qual absolveu-se réu originariamente condenado a 1 ano e 1 mês de reclusão, por infração ao art. 171, § 1º, do CP, por ter realizado compras no valor de R$ 80,00, com um cheque furtado, mesmo tendo pago todo o valor do título antes do recebimento da denúncia. Lastreou-se tal decisão no princípio da necessidade da intervenção do direito penal a casos efetivamente relevantes, não solúveis por outras esferas do Direito, bem como, principalmente, no princípio constitucional da isonomia, a partir do qual aplicou-se, por analogia, o disposto no art. 34 da Lei n. 9.249/95 ao caso que, se fora desta perspectiva garantista, mereceria somente a incidência do art. 16 do CP; c) ainda é de mencionar-se o acórdão proferido pela quinta câmara criminal do mesmo Tribunal, na apelação-crime n. 298001900, pelo qual absolveu-se, com base no princípio da necessária lesividade da ação, ré condenada a 1 ano e 3 meses de reclusão, por ter furtado um rádio, avaliado em R$ 20,00 e gêneros alimentícios valorados em R$ 8,31.

Nossos operadores jurídicos, filhos de um juspositivismo dogmático exacerbado, e eternos procuradores de uma certeza e determinação conceitual, estão inseridos dentro de um sistema em que o juízo de constitucionalidade das leis penais refere-se, basicamente, aos princípios da reserva legal, da anterioridade, da pessoalidade e individualização da pena, todos parâmetros suficientemente predeterminados e sobretudo imutáveis nos seus conteúdos fundamentais, enquanto o princípio da necessidade e o da lesividade são privados de um real conteúdo de determinação, que possa indicar de forma absoluta os juízos nos quais opera. Especialmente o princípio da ofensividade no seu conteúdo essencial diz que são penalmente tuteláveis somente os interesses dignos, mas este esquema ou parâmetro de julgamento não pode operar concretamente fora de uma prévia individualização, vez por vez, do interesse apontado como merecedor da tutela estatal através da lei penal.

Pontuadamente quanto a esse aspecto de indeterminação do princípio da ofensividade, no dizer de Palazzo, há uma espécie de *paradosso metodologico* que marca o seu funcionamento no juízo de constitucionalidade das leis: *da un lato, si tratta di un principio contenutistico, nel senso sopra precisato di canone attinente al piano dell'oggetto della tutela; dall'altro, però, esso è privo di un contenuto prescritivo realmente predeterminato al giudizio di costituzionalità da parte della Corte.*[164]

Mas essa indeterminação, característica do princípio da lesividade, vem a ser a sua grande virtude pragmática. Esta atenuação conceitual permite aos aplicadores da lei introduzi-lo, mesmo não compondo o sistema, conforme demonstrado ilustrativamente na nota 167, através de uma linguagem mais adequada à complexidade não só do momento legislativo de criminalização, mas também e principalmente ao momento socioeconômico-cultural em que estão inseridos os cidadãos-alvo do sistema punitivo.

Nesta perspectiva, a observância do princípio da necessária lesividade do fato histórico estende-se inteiramente sobre o plano concreto da manifestação naturalística e material do delito, excluindo-se qualquer aplicação da norma incriminadora àqueles fatos concretamente destituídos de ofensividade. Para Pallazo, *tale possibilità applicativa pressuppone una norma incriminatice che sia, nella sua dimensione astratta e legislativa, già dotata di un contenuto di disvalore concepibile in*

---

[164] (*De um lado se trata de um princípio que diz respeito ao conteúdo, no sentido acima precisado do cânone atinente ao plano do objeto da tutela; de outro, porém, ele é privado de um conteúdo prescritivo realmente predeterminado ao juízo de constitucionalidade de parte da Corte*). Cfe. PALAZZO, Francesco. *Offensivitá e Ragionevolezza...*, p. 5.

termini di offesa ad un bene giuridico.¹⁶⁵ E a remessa ao juiz da utilização do princípio da lesividade dá-se, principalmente, na hipótese de concreta defasagem entre tipicidade e ofensa.

Na operatividade de nosso sistema, temos ainda sérios obstáculos em relação ao controle de constitucionalidade da espécie fática abstrata, especialmente pela aplicação do princípio da lesividade, basta ver, como já dito, que não existe nenhuma ação direta de inconstitucionalidade que se refira a alguma norma penal incriminadora. Diante dessa realidade, dentro da perspectiva do Estado Democrático de Direito que hipoteticamente temos pactuado constitucionalmente, desloca-se sobre o Judiciário a responsabilidade de tornar efetiva a aplicação deste princípio que tem uma inegável tendência a operar como filtro da atividade legislativa de definição das espécies de desviação.

3.2.2.1.3. O utilitarismo penal e a necessária exteriorização da ação

Na constituição de um sistema garantista, o princípio da materialidade da ação surge com um grau de importância equivalente ou até mesmo maior que o princípio da necessária lesividade. Segundo esta construção iluminista, nenhum dano, por mais grave que seja, pode considerar-se penalmente relevante se não decorrer de uma ação humana. Em conseqüência disto, como acentua Ferrajoli, *los delitos, como presupuesto de la pena, no pueden consistir en actitudes o estados de ánimo interiores, y ni siquiera genéricamente en hechos, sino que deben concretarse en acciones humanas – materiales, físicas o externas, es decir, empíricamente observables – describibles exactamente, en cuanto tales, por la ley penal.*¹⁶⁶

O fundamento deste princípio formulado pela doutrina laica e liberal do século XVIII reside exatamente no utilitarismo jurídico e na separação axiológica entre Direito e moral.

Pelo critério da utilidade, somente as ações externas podem produzir danos a terceiros, não sendo relevante para o direito penal os atos internos. Disso decorre a exigência de que exista uma necessária relação de causalidade entre ação e resultado danoso ou perigoso, a qual está indissoluvelmente ligada ao princípio da materialidade ou da exterioridade da ação, em razão de que somente

---

¹⁶⁵ *(Tal possibilidade aplicativa pressupõe uma norma incriminadora que seja, na sua dimensão abstrata e legislativa, já dotada de um conteúdo de desvalor concebível em termos de ofensa de um bem jurídico).* Cfe. PALLAZO, Francesco. *Offensivitá e Ragionevolezza...*, p. 9.

¹⁶⁶ Cfe. FERRAJOLI, Luigi. *Derecho y Razón*, p. 480.

a ação externa está em condições de produzir uma modificação do mundo exterior qualificável como lesão.[167]

Desses aportes teóricos, podemos parcialmente concluir que a materialidade ou exterioridade da ação é um pressuposto necessário da lesividade ou danosidade do resultado. Assim sendo, fica excluída do nexo causal toda e qualquer forma de responsabilidade objetiva por "fatos de outro" ou "por caso fortuito", hipóteses mais de ausência de ação do que de ausência de culpa. Nesse sentido, a previsão de delitos constituídos basicamente por atos internos e a responsabilidade penal sem ação contradizem o princípio da utilidade e, principalmente, dentro de uma concepção substancial ou material, o princípio da legalidade estrita, pois ambos pressupõem o requisito da materialidade.

Por outro lado, quanto ao aspecto da separação entre Direito e moral, temos que ressaltar que dentro do processo de secularização do fenômeno jurídico constituíram-se limites do Direito em relação à moral, limites em cuja virtude, segundo Ferrajoli, nem todos os pecados devem ser proibidos, já que não é tarefa do Direito sancionar ou impor a moral.[168] Temos que deixar claro neste ponto que a valoração da interioridade da moral e da autonomia da consciência, características típicas do Direito pré-moderno, conflitam com as reivindicações da absoluta licitude jurídica dos atos internos e, também, de um Direito natural à imoralidade.

Essa separação tem suas repercussões diretamente no campo da cidadania. Para o autor de *Derecho y Razón*, *este principio marca el nacimiento de la moderna figura del ciudadano, como sujeto susceptible de vínculos en su actuar visible, pero inmune, en su ser, a límites y controles*. Acrescenta ainda, na mesma linha de pensamento, apenas que com o enfoque levemente deslocado para o aspecto da dignidade da pessoa que este princípio *se traduce en el respecto a la persona humana en cuanto tal y en la tutela de su identidad, incluso desviada, al abrigo de prácticas constrictivas, inquisitivas o correctivas dirigidas a violentarla o, lo que es peor, a transformarla*.[169]

Nosso sistema constitucional não contempla qualquer referência à necessária materialidade da ação como limite à atividade legislativa incriminadora estatal. Tampouco existe, expressamente, esta previsão em nosso sistema infraconstitucional penal. Indícios aparecem da exigência da materialidade no artigo 4º do CP, que trata do tempo do crime, no artigo 7º, referente ao lugar do crime, e no artigo

---

[167] Cfe. FERRAJOLI, Luigi. *Derecho y Razón*, p. 480.
[168] *Idem*, p. 481.
[169] *Idem, ibidem*.

13, que dispõe sobre a relação de causalidade, onde, em sua segunda parte, há a referência à causa do crime, considerada como a ação ou omissão sem qual o resultado não teria ocorrido.

Há de se sublinhar que estando as referências indiciárias acerca da materialidade inseridas dentro do próprio sistema normativo penal positivado, prejudicado fica o controle a ser exercido sobre as normas incriminadoras em relação ao atendimento por elas desse princípio ou não. E dessa situação, aliada à concepção formal de delito que está incrustada no imaginário de nossos legisladores e operadores da lei penal, resulta a existência, em nosso sistema, de tipos penais que não observam esse princípio.

Quando o legislador estabelece delitos não definidos como tipos de conduta ativa ou negativa, ou quando estabelece tipos abertos suscetíveis de alcançar qualquer ação, está criando uma norma que, se houvesse a previsão constitucional do princípio da necessária materialidade da ação, estaria molestada por um vício originário de nulidade, a inconstitucionalidade.

3.2.2.1.4. Do necessário controle de constitucionalidade pela proporcionalidade das penas

Apesar de remontar à Antiguidade,[170] e ser objeto de inúmeras positivações ao longo da história, o princípio da proporcionalidade das penas, ainda não inserido em nosso catálogo constitucional, apresenta-se como outra séria defecção de nosso sistema positivado, com reflexos diretos sobre a atuação do sistema penal, especialmente dos órgãos judiciais.

Necessariamente o controle dos poderes do Estado, especialmente o de impor sanções criminais, deve ser desenvolvido sobre a proporcionalidade da pena, como manifestação de uma regulação das medidas limitativas de direitos no momento de sua aplicação judicial, visando a coibir todos os excessos dos poderes públicos.

No Direito alemão, tal princípio tem a natureza de dispositivo constitucional, buscando deixar explícito que necessariamente deve haver uma proporcionalidade entre a gravidade da ingerência e os fins perseguidos pela atuação estatal. O princípio da proporcionali-

---

[170] A primeira manifestação do princípio da proporcionalidade está em Platão, em seu *Las Leyes*. Posteriormente, foi sancionado o princípio na Magna Carta de 1215, que em seus apartados 20 e 21 fala da proporção entre pena e transgressão. Beccaria também se referiu a tal princípio em seu *Dos Delitos e das Penas*, dizendo que deve pois haver uma proporção entre um e outro, tratando do assunto em um capítulo inteiro da mesma obra. Ver a respeito BECCARIA, Cesare. *Dos Delitos e das Penas*, pp. 66-67.

dade consagra exceções não escritas à obrigatoriedade das disposições legais no caso concreto, convertendo em inadmissíveis as medidas, ainda que inclusive legalmente sejam inobjetáveis e sua aplicação possa considerar-se juridicamente correta em outras circunstâncias, se são inadequadas para a consecução do fim, se podem ser empregados outros meios alternativos menos gravosos ou se ocasionam – voluntária ou involuntariamente – graves danos que não estão em relação ponderada entre meio e fim de realização.

Apesar de não existir nenhuma relação naturalística entre pena e delito, não podemos excluir que a primeira deva ser adequada ao segundo em alguma medida. O controle do *quantum* da pena está diretamente ligado ao controle sobre o conteúdo de desvalor do delito, mais precisamente sobre os seus conteúdos substanciais. É indubitável que qualquer juízo sobre a medida da pena, sobretudo se conduzido à maneira do critério da proporção, pressupõe necessariamente o acertamento do intrínseco desvalor do delito, se não absolutamente a reconstrução conceitual da *ratio legis* e dos objetivos da disciplina. É o desvalor do delito que constitui, na verdade, o parâmetro de valoração da proporcionalidade da pena, assim como são os objetivos assumidos pelo legislador os pertinentes para valorar-se a adequação.

Aparece, dessa forma, o princípio da proporcionalidade como um instrumento de aprofundamento na defesa dos direitos fundamentais, a partir da constatação de que as normas infraconstitucionais, especialmente as normas de natureza penal, sejam materiais ou processuais, devem ser limitadas desde fora delas mesmas, através dos princípios gerais e dos valores contidos na Constituição.

No âmbito material penal, a proporcionalidade em sentido estrito obriga a realizar um juízo de ponderação entre a carga coativa da pena e o fim perseguido pela cominação penal, comparação que há de atender, em primeiro lugar, à gravidade do delito cometido, isto é, ao conteúdo do injusto, ao mal causado e à maior ou menor reprovabilidade de seu autor. Reclama-se, portanto, a limitação da gravidade da sanção na medida do mal causado, sobre a base da necessidade de adequação da pena ao fim que esta deva cumprir.

Este princípio tem aplicação em três fases distintas do processo de determinação da pena aplicável: o da individualização legal, pelo legislador do tipo, o da individualização judicial, pelo juiz prolator da sentença, e o da individualização penitenciária, pelo juiz da execução.

Na individualização legal o princípio da proporcionalidade manifesta fundamentalmente sua eficácia, como critério para a ordenação dos delitos em razão das sanções previstas em abstrato para sua comissão, determinando-se as penas em atenção à gravidade dos fatos puníveis tipificados. Neste momento, a utilização do princípio da proporcionalidade, como critério de política criminal, dependeria muito mais da projeção que a ciência jurídica faz acerca do tema do que propriamente da positivação em nosso sistema. Ocorre que, além de não termos tal princípio assentado em nossos textos legais, também praticamente inexiste pesquisa e literatura sobre os limites da predeterminação legislativa da qualidade e quantidade da pena.

Apesar de haver escassa literatura a respeito, esse princípio tem uma função fundamental no momento da operacionalização da lei penal. A partir disso, torna-se impositivo questionarmo-nos se seria possível aferir-se de outros princípios da mesma natureza, especialmente aqueles que constituem nosso País como um Estado Democrático de Direito, a consagração do princípio da proporcionalidade? Poderíamos concluir que a partir da positivação dos fundamentos de nosso Estado (justiça, dignidade da pessoa humana e solidariedade), surge, necessariamente, a idéia da proporcionalidade da pena?

Com exceção do Direito alemão que prevê constitucionalmente o princípio da proporcionalidade, nas demais legislações contemporâneas não há qualquer referência ao princípio em causa.[171]

Os Direitos alemão e italiano, com referência ao princípio da intervenção mínima, do qual decorre uma série de outros princípios, dentre os quais o da proporcionalidade das penas, entendem que, mesmo não estando explícito no texto constitucional, a estrita necessidade da intervenção penal é uma dedução lógica dos princípios constitucionais fundamentais referentes às garantias dos cidadãos frente à atuação do Estado.[172]

A Constituição Federal brasileira de 1988 dispõe sobre a inviolabilidade dos direitos à liberdade, à vida, à igualdade, à segurança, e à propriedade (art. 5º, *caput*), e põe como fundamento do nosso Estado Democrático de Direito, nos incisos II e III do seu artigo 1º, a cidadania e a dignidade da pessoa humana. Ora, se desses princí-

---

[171] Com uma atuação no âmbito penal que sempre demonstrou ser de vanguarda em relação aos demais tribunais do País, o STF inseriu em nosso sistema jurídico o princípio da proporcionalidade, ao dar provimento ao Recurso Ordinário em *Habeas Corpus* n. 92/003188-0, decidindo pelo trancamento de ação penal movida contra paciente que estava sendo processada por conduta tipificada no artigo 32 da LCP (dirigir sem a devida habilitação), por estar dirigindo com habilitação na qual já estava vencido o exame de vista. Houve a desclassificação da infração para o âmbito administrativo por entender o STF ser desproporcional a tipificação da conduta no tipo ao qual referia-se a denúncia.

[172] A respeito, ver LUISI, Luiz. *Os Princípios Constitucionais Penais*.

pios, como enfatiza a doutrina penal alemã e italiana é possível deduzir-se a existência e aplicabilidade do princípio da intervenção estatal penal mínima, seria ilógico que deles também não pudéssemos deduzir a existência implícita em nosso sistema constitucional e penal, do princípio da proporcionalidade das penas. Ademais, também é possível concluir pela manifestação implícita deste princípio em nosso sistema penal infraconstitucional, ainda que nele esteja presente uma idéia de retribuição penal, a partir do disposto no artigo 59 do Código Penal que o juiz estabelecerá a pena conforme seja necessário e suficiente para a reprovação e prevenção do crime.[173]

3.2.2.1.5. A delimitação conteudístico-constitucional do conceito de delito pela estrita legalidade

É habitual, especialmente para aqueles que buscam salvaguardar a pureza dogmática de um sistema de direito penal positivado, a sustentação de um conceito formal de delito, definindo-o como a conduta expressamente prevista como delito pela lei penal. Este é um conceito que se vincula diretamente ao dogma da *mera legalidade*, e que por mais detalhadamente que se revista de elementos lógico-dedutivos-sistemáticos, faz com que o jurista, dele partidário, venha a desenvolver sua tarefa encerrado em sua torre totalmente distante da realidade social sobre a qual incide a lei penal. A partir dele chegam-se a absurdas aplicações da lei penal nas quais importa mais o continente do que o conteúdo material de um ramo do conhecimento que, como o direito penal, encontra-se diretamente ligado à realidade da vida, ao cotidiano diário de homens e mulheres que se acham na delinqüência e das vítimas que sofrem as conseqüências de suas ações.

Partindo deste conceito, pode, definitivamente, o legislador definir como crime qualquer coisa que lhe ocorra como merecedora da incidência da lei penal e suas conseqüências.

---

[173] Com base no princípio da proporcionalidade, a sexta câmara criminal do TJRS, acolhendo parecer do procurador de Justiça Lenio Streck, prolatou acórdãos: a) na Apelação-Crime n. 698373560, pelo qual reduziu a pena imposta pelo juiz singular de um ano e oito meses de detenção, para sete meses de detenção, para um réu que havia causado danos de R$ 761,40, ao prédio de uma Prefeitura Municipal, por ter danificado o telhado em razão do lançamento de um rojão; b) na Apelação-Crime n. 698142924, decidindo pela redução da pena de dois anos de reclusão, para um ano de reclusão, com substituição por pena de multa, imposta a dois réus que, em concurso de agentes, furtaram nove traíras de um açude, causando um prejuízo ao proprietário dos peixes no valor aproximado de R$ 8,10.

Com o avanço da ciência penal, e objetivando desvendar as razões pelas quais o legislador elege determinada conduta como delituosa, cunhou-se a concepção conceitual material de delito, como complemento do conceito formal. Nela acentuando-se o critério dos bens protegidos pela lei penal, o que, por via reflexa, de certo modo, apresenta uma insipiência de limites ao legislador penal, ao estabelecer determinados critérios para a definição da desviação.

A quase totalidade dos doutrinadores brasileiros, seguindo os passos das doutrinas alemã e italiana, faz referência em suas obras a estas duas concepções de delitos,[174] ressaltando-se, reiteradamente, quando tratada a concepção material, a necessidade da lesão a um bem jurídico protegido pela lei penal. Desta simbiose entre conceito formal e material de delito, vislumbra-se uma dificuldade de limitação substancial à definição legislativa de delito, pois os critérios limitativos estão todos dentro de um âmbito interno do sistema normativo penal: crime é, formalmente, a conduta definida num tipo penal como sendo delituosa, e somente se elege, materialmente, esta conduta quando atinge um bem jurídico que a própria lei, ao definir a conduta formalmente, estipula como relevante. Esta situação, metaforizada, aproxima-se daquela em que o cavaleiro, preso à lama com seu cavalo, tenta desvencilhar-se, puxando seus próprios cabelos, o que, pelas leis físicas, é totalmente impossível, eis que as forças estão compensadas no próprio sistema.

Considerando-se que a legislação penal constitui-se majoritariamente como horizonte de projeção das construções da ciência penal, e agregando-se a isto o fato de que jamais houve, na história penal brasileira, qualquer limite substancial a atividade legislativa definidora de delitos, o que resultou, em nossos dias, numa predatória inflação penal, é de concluir que tais conceitos e concepções doutrinárias não tiveram qualquer eficácia no sentido de limitar conteudisticamente a atuação legislativa incriminadora, especialmente porque em momento algum houve qualquer critério limitador externo ao sistema normativo penal.

---

[174] Ver a respeito COELHO, Walter. *Teoria Geral do Crime*. Porto Alegre: Safe, 1991, pp. 11-12; JESUS, Damásio E. de. *Direito Penal*. 14. ed. São Paulo: Saraiva, 1990, pp. 132-133; TOLEDO, Francisco de Assis. *Princípios Básicos de Direito Penal*. 5. ed. São Paulo: Saraiva, 1990, pp. 80-81; SIQUEIRA, Galdino. *Tratado de Direito Penal*. 2. ed. Rio de Janeiro: José Konfino, t. 1, 1950, pp. 229-231; NORONHA, E. Magalhães. *Direito Penal*. 7. ed. São Paulo: Saraiva, 1971, pp. 97-98; GARCIA, Basileu. *Instituições de Direito Penal*. 6. ed. São Paulo: Max Limonad, t. 1, 1982, pp. 211-213; BRUNO, Anibal. *Direito Penal*. Rio de Janeiro: Forense, t. 1, pp. 281-283; FRAGOSO, Heleno Cláudio. *Lições de Direito Penal*. São Paulo: José Bushatsky, 1976, pp. 156-161.

Com essa constatação, cabe-nos, dentro dos objetivos do presente trabalho, determinar se existe e, em caso afirmativo, quais os critérios substanciais para a conceituação de delito e sua determinação legislativa.

É nas construções teóricas das doutrinas penais italiana e alemã, que vamos buscar os elementos para a renovação de nosso instrumental teórico acerca do conceito e dos limites legislativos para a definição dos delitos.[175] É em Franco Bricola, Francesco Angioni, Enzo Musco e Francesco Palazzo, pelo lado italiano, e em Hans Joachim Rudolphi, pelo alemão, todos citados por Luisi,[176] que vamos encontrar a definição constitucionalizada de delito, segundo a qual, será considerada uma desviação penal *todo fato lesivo de um valor constitucional, cuja significação se reflete sobre a medida da pena*.[177]

O enfoque de que o critério substancial positivo de delito deve extrair-se dos princípios constitucionais é uma problemática da qual se afasta a maioria dos autores, talvez pelo temor de que este tipo de consideração, demandando toda uma redefinição das estratégias de interpretação e aplicação da lei penal, venha a turbar a assepsia do método jurídico, próprio de um conceitualismo ou dogmática penal, dos quais não podemos renunciar para o estudo do direito positivo, mas que temos que recolocar num momento de investigação anterior à feitura da lei: o momento político-criminal, no qual são abordados os pressupostos éticos, filosóficos, ideológicos, sociais e políticos que devem informar o legislador e de cujos parâmetros não pode ele se afastar, sob pena de incorrer na elaboração de uma norma inconstitucional, com um conteúdo negador da estrutura conteudística fundamental de um sistema estatal democrático-liberal.

É nos meandros da Constituição Federal, documento onde estão plasmados os princípios fundamentais de nosso Estado, que deve transitar o legislador penal para definir legislativamente os delitos, se não quer violar a coerência de todo o sistema político-jurídico,

---

[175] É importante mencionar que, pelas definições de crime apresentadas por nossos penalistas, os mesmos, com exceção de Luiz Luisi, Luiz Régis do Prado, Márcia Dometila de Carvalho, Luis Vicente Cernichiaro, Luis Flávio Gomes e Lenio Streck, este último mais ligado à pesquisa relativa ao direito constitucional, parecem desconhecer a evolução das doutrinas penais alemã e italiana no sentido da constitucionalização da relevância dos bens jurídico-penais e, por conseqüência, do próprio conceito de delito. Esta situação tem gerado significativos efeitos negativos nos momentos de aplicação da lei penal, especialmente pela reiteração na aplicação de leis que, em confronto com os dispositivos constitucionais, seriam inválidas por as contrariarem conteudisticamente.

[176] Cfe. LUISI, Luiz. *Bens Constitucionais e Criminalização*, p. 105.

[177] Cfe. BRICOLA, Franco *apud* LUISI, Luiz. *Bens Constitucionais e Criminalização*, p. 105.

pois é inconcebível compreender-se o direito penal, manifestação estatal mais violenta e repressora do Estado, distanciado dos pressupostos éticos, sociais, econômicos e políticos constituintes de nossa sociedade.

Para concluir a presente seção, é preciso dizer que somente com a adoção de um modelo normativo de direito baseado na estrita legalidade, dentro de parâmetros constitucionais que atendam as disposições das convenções internacionais protetoras dos direitos humanos, poderemos redimensionar, neste aspecto, nosso sistema normativo punitivo, minimizando-o e potencializando-o a atender às demandas que visem à realização dos direitos fundamentais, tanto liberais quanto sociais, dos cidadãos de nosso País.

3.3. A TEORIA GARANTISTA DA VALIDADE DAS LEIS: INSTRUMENTOS CONCEITUAIS PARA UMA CONSTITUCIONALIZAÇÃO DO DIREITO PENAL

3.3.1. A concepção formal de validade na experiência jurídica moderna

Com o acontecimento da experiência jurídica e política moderna, surgiram a forma estatal do Direito e a forma jurídica do Estado, em superação ao Direito pré-moderno, caracterizado basicamente como não legislativo, mas sobretudo jurisprudencial e doutrinário, com pluralidade de fontes, e marcado pela falta de certeza, de plenitude e de coerência. Sua legitimação dava-se pela verdade dos enunciados normativos, em detrimento da origem, a partir de alguma autoridade constituída, dos dispositivos jurídicos.

No Direito moderno, altera-se o princípio de legitimação, deslocando-se o mesmo da verdade do enunciado, para a sua origem, a partir do Estado. Com essa nova forma, assume o princípio da legalidade, como já dito anteriormente, a condição de princípio constitutivo da experiência jurídica moderna, possibilitando, com o reconhecimento das normas jurídicas como sendo somente as positivadas por ato de alguma autoridade estatal, a constituição de uma ciência jurídica descritiva de um mundo positivo de normas separado dela mesma, afirmando Ferrajoli a respeito que *gracias al principio de legalidad, las* normas *se objetivan como* hechos *empíricos separados del jurista y objetos de su interpretación.*[178]

---
[178] Cfe. FERRAJOLI, Luigi. *Derecho y Razón*, p. 870.

Nesta perspectiva, o Direito e a ciência jurídica moderna, preocupados apenas em ressaltar o convencionalismo e a artificialidade do fenômeno jurídico, e também em grande medida em razão da influência largamente exercida pelo positivismo, tiveram quase que somente a preocupação de delimitar a forma assumida pela experiência jurídica surgida a partir do iluminismo.

Assim, com a legalidade meramente formal, que torna possível considerar como norma jurídica toda e qualquer regra emanada da autoridade estatal, sem qualquer preocupação com o conteúdo que possa vir a conter, passou a ciência jurídica a formular a concepção formal de validade das normas, o que, sem dúvida alguma, propiciou o surgimento de um campo jurídico característico da modernidade, no qual as articulações de produção, interpretação e incorporação das leis às tomadas de decisões em relação aos conflitos sociais, voltam-se infinitamente mais para os aspectos formais que propriamente substanciais na relação entre Constituição e legislação infraconstitucional.

3.3.1.1. A concepção formal de validade em Kelsen

É a partir da formulação doutrinária de Kelsen, de profunda influência em toda construção jurídica de nosso século, que definitivamente se assenta a concepção formal de validade das normas jurídicas.

Inobstante a importância da obra deste pensador, especialmente em decorrência de estar nela baseada a criação de uma metalinguagem sobre a linguagem objeto do Direito, não podemos deixar de referir que a sua construção, em relação à teoria da validade, é incompleta.

Em sua *Teoria Geral das Normas,* afirma o pensador austríaco que *quando se diz: "uma norma vale", admite-se essa norma como existente. "Validade" é a específica existência da norma, que precisa ser distinguida da existência de fatos naturais, e especialmente da existência dos fatos pelos quais ela é produzida.*[179] Nesta elaboração, uma norma que não vale não é norma, porque não existe, começando a sua validade com o seu estabelecimento. E, com um jogo de palavras, argumenta Kelsen que uma norma precisa ser estabelecida. Se ela não é estabelecida, não vale; e somente se ela é estabelecida, é que vale; se ela não vale, o estabelecido não é norma, pois a validade de uma norma é sua específica existência. Chega ao ponto de afirmar que *uma norma*

---
[179] Cfe. KELSEN, Hans. *Teoria Geral das Normas.* Porto Alegre: Safe, 1986, p. 5.

válida é um pleonasmo. Uma norma não-válida, nula, é uma contradictio in adjecto.[180]

Há, nesta parte da teoria kelseniana, uma séria confusão conceitual. Permanentemente confunde-se existência, vigência e validade, e, em determinados momentos, há, até mesmo, a confusão entre validade e eficácia normativa.[181]

Essa situação manifesta-se claramente quando Kelsen, ao analisar a questão da validade têmporo-espacial da norma, afirma que a validade das normas gerais que regulam conduta humana – e, portanto, especialmente as normas jurídicas – é validade têmporo-espacial, conquanto essas normas tenham como conteúdo fenômenos têmporo-espaciais. Assim, afirmava que se a norma vale, sempre significa que ela vale para algum espaço e por algum tempo, querendo isto dizer que ela se refere a fenômenos que apenas podem passar em algum lugar e em algum tempo. Nesse sentido, a relação da norma com o espaço e tempo é o âmbito de validade têmporo-espacial da norma.

Vê-se, nesse primeiro momento, um claro embaralhamento entre as categorias conceituais da existência e vigência, com a categoria da validade. A categoria conceitual da teoria da validez normativa que dispõe sobre a relação espacial e temporal da norma não é a da validade, mas sim, a da vigência. Uma norma, como veremos a seguir, pela teoria garantista, vige em determinado território por determinado tempo, sendo, por outro lado, válida em relação a um conteúdo de uma norma superior que por ela não pode ser violado.

Tentando justificar ainda mais esta idéia falha de validade formal, a análise desse autor acerca deste tema vai mais adiante, avançando no âmbito da relação entre a existência (validade) do enunciado normativo e a sua veracidade, dentro de um enfoque lógico. Neste aspecto, infere Kelsen que se *uma norma vale significa que ela existe, é existente. Que um enunciado "vale", não significa que o enunciado existe, que ele é existente, mas que ele é verdadeiro. Também um*

---

[180] Cfe. KELSEN, Hans. *Teoria Geral das Normas,* p. 216.

[181] Acerca da relação entre validade e eficácia em Kelsen, uma clara análise é feita por CADEMARTORI, Sérgio. *Estado de Direito e Legitimidade. Uma abordagem garantista.* Porto Alegre: Livraria do Advogado, 1999, p. 47. Afirma este autor que em Kelsen, *a eficácia, num primeiro momento, aparenta confundir-se com a validade,* idéia que, segundo ele, é retificada pelo pensador austríaco, quando este diz que tanto a eficácia da norma singular quanto a eficácia do ordenamento ao qual a mesma pertence são condições de validade de uma norma. Acrescenta Cademartori que o *mais correto é dizer-se que, na teoria kelseniana, a aficácia seria um* plus *para que tanto a norma quanto o ordenamento não venham a perder a sua validade.*

enunciado falso existe, é existente, mas ele não "vale", pois ele não é verdadeiro; ele existe, mas é nulo. Uma norma nula, porém não existe.[182]

Pretende com isso dizer que, com relação a uma norma, "validade" significa existência, a existência da norma; porém, com relação a um enunciado, validade significa qualidade, uma qualidade do enunciado, seu ser-verdadeiro.

A abordagem de kelsen ainda é complementada com suas referências acerca dos enunciados sobre a validade de uma norma. Para ele, este enunciado não é um juízo de valor. O enunciado sobre uma norma é o enunciado de que uma norma existe, "vale", não descrevendo ele a relação da norma com outra norma, cuja validade se pressupõe. Ele não qualifica a norma, cuja validade enuncia, mas apenas declara, sem qualquer referência a seu objeto, a específica existência da norma.

Nesse ponto, afirma que os enunciados sobre a validade das normas são, como todos os enunciados, verdadeiros ou falsos, relegando a um plano meramente fático e comprovável empiricamente, esta esfera de análise, e afirmando que o enunciado sobre a validade de uma norma é somente verdadeiro se também é verdadeiro o enunciado sobre a existência do ato de vontade, cujo sentido constitui a norma. Chega até mesmo a afirmar que duas normas que estão em conflito, uma com a outra, possam ambas valer – do contrário não existiria nenhum conflito de normas. E acrescenta que os enunciados sobre a validade de ambas as normas não representam contradição lógica também se uma norma fixa como devida uma conduta definida, e a outra fixa a omissão desta conduta, pois as proposições enunciantes da validade de ambas as normas não representam uma oposição contraditória, eis que ambas são verdadeiras, dado que ambas, existindo, valem.

Essa concepção formal da validade da norma jurídica está, ainda hoje, apesar de totalmente ultrapassada, incrustada no imaginário de nossos operadores jurídicos, dela decorrendo sérios problemas em relação à aplicação da lei, especialmente a lei penal, em função de esta proporcionar uma enorme gama de violações dos direitos fundamentais dos cidadãos, especialmente por permitir a incidência de leis totalmente contraditórias aos princípios constitucionais garantidores de tais direitos.

Surge, com isso, a necessidade de revisão de toda a teoria jurídica da validade das normas jurídicas, o que é feito, de forma bastante coerente, por Ferrajoli, em sua teoria geral do garantismo.

---

[182] Cfe. KELSEN, Hans. *Teoria Geral das Normas*, p. 227.

O redimensionamento da teoria jurídica da validade é, para o sistema normativo brasileiro, de suma importância. Em matéria penal, há um *habitus* dos operadores jurídicos em vincularem-se estritamente aos termos das leis infraconstitucionais, sem que haja qualquer questionamento acerca da sua adequação substancial às normas constitucionais. É de dizer-se ainda mais: há um *habitus* de nossos juristas em desprezar ou utilizar muito pouco a Constituição, quando se trata de aplicação de uma norma penal.

3.3.2. A concepção substancial-garantista da validade das normas jurídicas

A ampliação conceitual do princípio da legalidade, do plano lato para o estrito, a partir de sua releitura garantista, determina um distinto papel a estes dois princípios e uma diversa estrutura normativa do sistema legal exigida por eles. De acordo com Ferrajoli, *la simple legalidad de la forma y de la fuente es condición de la vigencia o de la existencia de las normas que prevén penas y delitos, cualquiera que sean sus contenidos; la estricta legalidad o taxatividad de los contenidos, tal y como resulta de su conformidad con las demás garantías, por hipótesis de rango constitucional, es en cambio una condición de validez o legitimidad de las leyes vigentes.*[183]

Assim, diversamente de como ocorre na teoria positivista clássica, temos, na teoria garantista sobre a validade, nos limites em que isto é possível, uma total separação entre os juízos sobre existência e vigência e os juízos sobre a validade das normas. Nesta perspectiva, para que uma norma exista ou esteja em vigor, é suficiente que satisfaça as condições formais referentes aos procedimentos do ato normativo, assim como à competência do órgão do qual emana; para que seja válida necessita satisfazer as condições de validez substancial, que se referem ao seu conteúdo, ou seja, ao seu significado.[184]

Nesta concepção de validade, abre-se uma outra demanda em relação ao que exigem as teorias formalistas para a aferição da validade de uma norma. Enquanto nas últimas considera-se como válida uma norma que satisfaça as regras e os procedimentos estabelecidos em seu processo legislativo, na concepção garantista há, além do

---

[183] Cfe. FERRAJOLI, Luigi. *Derecho y Razón*, p. 95.
[184] *Idem*, p. 874.

atendimento das condições formais, também a exigência da adequação conteudística.[185]

Há uma relação entre normas produzidas e normas que regulam a produção, estendidas estas últimas, pelo garantismo, também e principalmente, ao plano substancial-conteudístico contido na Constituição. Nessa relação, as condições formais de validez constituem-se em requisitos de fato, em ausência dos quais o ato normativo é imperfeito, e a norma ditada por ele não chega a existir, enquanto as condições substanciais, e em especial as de validez constitucional, constituem-se em requisitos axiológicos, cuja lesão produz uma antinomia, um conflito entre normas de conteúdo ou significado incompatível.[186]

Disso segue que a averiguação sobre o atendimento dos requisitos formais, para verificar-se se uma norma existe e é vigente, fica restrita a uma simples investigação e a um juízo empírico ou de fato, o mesmo não ocorrendo em relação à operação referente aos requisitos conteudísticos. Os juízos relativos à validade substancial das normas consistem numa valoração da sua conformidade ou desconformidade com os valores expressos pelas normas superiores a elas.[187] No plano lógico, os primeiros podem ser falsos ou verdadeiros, enquanto os segundos, sendo mais ou menos opináveis, ficam excluídos desse plano de enunciados.

Com esses aportes relativos às normas sobre produção de normas e à concepção substancial–conteudística de validade normativa, torna-se possível uma análise da legitimidade do exercício do poder

---

[185] Esta problemática da validade das normas é, num aspecto um pouco diferenciado, abordada por BOBBIO, Norberto. *Teoria do Ordenamento Jurídico*. Brasília: UnB, 1991, pp. 53-58. Analisando as limitações impostas pelas leis superiores em relação às inferiores, diz o senador vitalício italiano que *quando um órgão superior atribui a um órgão inferior um poder normativo, não lhe atribui um poder ilimitado. Ao atribuir esse poder, estabelece também os limites entre os quais pode ser exercido. Assim como o exercício do poder de negociação ou o do poder jurisdicional são limitados pelo Poder Legislativo, o exercício do Poder Legislativo é limitado pelo poder constitucional. À medida que se avança de cima para baixo na pirâmide, o poder normativo é sempre mais circunscrito. Pense-se na quantidade de poder atribuída à fonte de negociação em comparação com a atribuída à fonte legislativa. Os limites com que o poder superior restringe e regula o poder inferior são de dois tipos diferentes: a) relativos ao conteúdo; b) relativos à forma*. E finaliza este ponto dizendo que a observação desses limites é importante, porque eles delimitam o âmbito em que a norma inferior emana legitimamente: uma norma inferior que exceda os limites materiais, isto é, que regule uma matéria diversa da que lhe foi atribuída ou de maneira diferente daquela que lhe foi prescrita, ou que exceda os limites formais, isto é, não siga o procedimento estabelecido, está sujeita a ser declarada ilegítima e ser expulsa do sistema.

[186] Cfe. FERRAJOLI, Luigi. *Derecho y Razón*, p. 874.

[187] *Idem, ibidem.*

estatal, considerando-se a restrição das exigências de validez ao âmbito meramente formal, ou a sua ampliação até o conteudístico-substancial. Neste aspecto, afirma Ferrajoli que nos Estados absolutos, tanto autocráticos quanto democráticos, validade e vigência são equivalentes, e neles, as únicas normas sobre produção de normas são as que disciplinam a vigência, ou seja, as que estabelecem quem é a autoridade competente e como ela deve manifestar-se. Contrariamente, nos Estados Constitucionais de Direito, as Constituições não se limitam a ditar as condições formais que permitem reconhecer a vigência acerca das manifestações normativas da autoridade, mas, além disto, estabelecem os conteúdos sobre os quais a ingerência do Estado é proibida, sendo, por isso, o respeito aos direitos invioláveis dos indivíduos, condição de validade substancial das normas estatais.

Todas estas colocações, por vivermos, pelo menos abstratamente, de acordo com a Constituição, em um Estado Democrático de Direito, são aplicáveis ao sistema normativo brasileiro. Mas em nosso caso, não passamos do plano do dever-ser, pois faticamente isto não tem ocorrido.

Temos uma série de leis que estão em franca divergência dos conteúdos axiológicos positivados nas normas principiais constitucionais, e que, em razão do campo jurídico instituído em nosso Estado, não são afastadas do sistema, especialmente por atenderem aos interesses fundamentais das classes que detêm o poder econômico e político.

Neste ponto de vista, impõe-se ressaltar, em especial, um aspecto determinante da presença no sistema normativo de regras em total divergência com os valores constitucionais: a prática hermenêutica dos operadores jurídicos.

No paradigma do Estado Democrático de Direito, para que uma lei seja considerada nula e ilegal, e, portanto, afastada do sistema, o juízo de valor que sobre ela incide deve partir de um poder distinto daquele do qual haja emanado a norma cuja invalidade é discutida. Mas estes juízos devem referir-se a termos carentes de denotação, termos abertos (igualdade, liberdade, cidadania, dignidade da pessoa, materialidade e ofensividade da ação) que devem ser especificados exegeticamente, ao serem contextualizados nas circunstâncias do caso concreto. E é neste último aspecto que encontramos um grande obstáculo à realização do Estado Democrático de Direito na parcela que isto depende da adequação da postura hermenêutica a este paradigma estatal positivado constitucionalmente.

Nossos operadores jurídicos, especialmente a maioria dos juízes, possuem um total apego aos dois dogmas fundamentais do juspositivismo dogmático: a exigência de uma obrigação jurídica de aplicar as leis vigentes e o caráter avalorativo da ciência jurídica. Essa situação presente em seus imaginários causa-lhes enormes dificuldades no momento em que deles se exige que se manifestem acerca da validade substancial-conteudística das normas infraconstitucionais, pois este juízo está sempre situado numa zona de incerteza significativa, reclamando uma especificação valorativa em direção ao caso concreto, o que conflita frontalmente com a postura operativa tradicional da aplicação acrítica e avalorativa das leis vigentes, voltada para decisões com pretensão de certeza legal.

Evidente que dentro de um Estado de Direito não podemos nos manifestar no sentido de uma total insubordinação aos termos das leis, sob pena de estarmos caminhando em direção a uma sociedade anárquica. Devemos nos submeter às leis, mas, como se expressa Ferrajoli, *si se quiere hablar de fildelidad o sujeción a la ley, aunque sea en sentido meramente potestativo, podrá hacerse sólo respecto de las leyes constitucionales, sobre cuya base el juez tiene el deber jurídico y el jurista la tarea científica de valorar – y eventualmente censurar – las leyes ordinarias vigentes.*[188]

No campo penal, especialmente em relação à definição de condutas como delitos e à associação a elas de penas que importem em restrição de liberdade, muito mais se exige a validade substancial da lei do que em referência aos outros ramos de manifestação do poder estatal, pois em sede penal a possibilidade de infringência dos direitos fundamentais de primeira geração é potencialmente maior, pela magnitude da violência da manifestação executiva estatal e pelas conseqüências das medidas sancionatórias impostas.

Ora, se leis inválidas existem, impõe-se aos juízes e juristas, numa ótica garantista, uma constante atividade crítica do Direito vigente, objetivando a filtragem das invalidades do sistema normativo. Para tanto, o juízo de validade substancial das leis é um juízo que se realiza na prática operativa do juiz e nas manifestações doutrinárias dos juristas, tendo como base o princípio da estrita legalidade. Neste quadro, o juiz terá que superar a sua tradicional posição de "boca da lei", pois a ele confere-se um poder dispositivo que lhe permite censurar as leis inválidas.

Esse poder de disposição pode parecer ilógico dentro da estrutura de um Estado Democrático de Direito, já que neste há, no primeiro plano da juridicização, a vinculação do legislador penal à taxatividade das previsões legais. Se por um lado estão excluídos os juízos de valor, pelo juiz, nos níveis mais baixos do sistema, espe-

---

[188] Cfe. FERRAJOLI, Luigi. *Derecho y Razón*, p. 876.

cialmente em relação às possibilidades de enquadramento de um fato histórico a um tipo penal, por outro lado temos que considerar que sem um poder de disposição judicial que possibilite a qualificação da uma norma como inválida, as antinomias do sistema jamais serão resolvidas, o que em matéria penal é muito mais grave que a presença do outro vício possível na estrutura do Estado de Direito, as lacunas, pois neste último caso, a dúvida sempre deverá favorecer o réu, ainda mais quando pela inexistência de previsão legal.

A presença desses vícios estruturais é uma constante em nossos ordenamentos, e não poderia ser diferente em relação ao ordenamento penal. Com isto, resultam afetadas significativamente a coerência e a plenitude do sistema normativo e, por conseqüência, a própria legitimidade do exercício do poder, características ideais de um sistema normativo de regulação estatal. Por causa dos desníveis de normas e de suas contradições, no dizer de Ferrajoli, as características estruturais dos sistemas de Direito vigentes são a incoerência e falta de plenitude, devidas às inevitáveis violações de fato das proibições e das obrigações normativamente impostas ao legislador.[189]

Diante dessa situação de ilegitimidade com que nos defrontamos ao analisarmos nossos ordenamentos, impõe-se-nos uma constante vigilância crítica do Direito, não só dentro de um ponto de vista externo, função da teoria da validade, mas também, a partir de um ponto de vista ético-político ou externo, ao qual passamos a seguir, na abordagem da terceira acepção do garantismo: a de uma filosofia política de crítica e deslegitimação, e num momento seguinte, de relegitimação do exercício do poder.

3.4. A FILOSOFIA POLÍTICA GARANTISTA: UMA JUSTIFICAÇÃO EXTERNA DO DIREITO E DO ESTADO CONFORME OS BENS E INTERESSES A PROTEGER

3.4.1. (Não) soluções históricas ao problemas do sentido e dos limites da intervenção estatal penal

Os questionamentos acerca do sentido e da justificação da ingerência estatal penal sobre a esfera de liberdade dos cidadãos parecem estar sempre oxigenados em todas as épocas. A questão, longe de constituir-se em um devaneio teórico, tem uma importância prá-

---
[189] Cfe. FERRAJOLI, Luigi. *Derecho y Razón*, p. 879.

tica significativamente importante. Quais os fundamentos que justificam que os homens que estão reunidos ao redor do Estado possam perseguir, processar, julgar, e, principalmente, impor uma pena e executá-la, privando de liberdade algum dos membros da sociedade em que vivem, concretizando, em última análise, uma verdadeira redefinição nos rumos e modos da sua vida? A resposta a isto nos fornece os elementos da (i)legitimação e dos limites do poder estatal penal.

A maioria dos doutrinadores brasileiros parece pouco preocupada com tal problemática, pois a prática dogmática dos mesmos revela uma quase irrisória inquietude que se traduz no hábito de os mesmos somente realizarem comentários e sistematizações dos produtos normativos existentes, sem que, noutro sentido, direcionem suas análises à (in)conveniência dos institutos e soluções apresentados pelo sistema. Sobre isto, lembra Claus Roxin *que aprendemos e ensinamos as "teorias da pena" transmitidas através dos séculos como se tais teorias constituíssem respostas acabadas a uma pergunta invariável.*[190]

As respostas dadas no passado não parecem estar adequadas às exigências do modelo contemporâneo dos Estados Democráticos de Direito, pois a situação histórica, cultural, espiritual, constitucional, social e econômica do presente, degregada ao aumento crescente da prática delituosa, revelam a total inadequação das mesmas.

Diacronicamente, todas as soluções teóricas apresentadas reúnem-se em três grandes grupos de soluções à pergunta sobre a justificação e limites da intervenção estatal penal.[191]

3.4.1.1. Retribuição penal, prevenção especial e prevenção geral: (im)possibilidades das teorias de legitimação do sistema penal de limitar a atividade legislativa penal

As primeiras respostas formuladas ao problema constituem as chamadas teorias retribucionistas. Para elas, o sentido da pena está justificado na compensação da culpabilidade com a imposição de um mal penal. A pena não serve, pois, para nada, contendo um fim em si mesma. A justificação de tal procedimento não se depreende, para estas teorias, de quaisquer fins a alcançar com a pena, mas apenas

---

[190] Cfe. ROXIN, Claus. *Problemas Fundamentais de Direito Penal*. 3. ed. Lisboa: Veja, 1998, p. 15.

[191] Ver a respeito ZAFFARONI, Eugenio Raul. *Tratado de Derecho Penal*, pp. 43-88, e *Manual de Direito Penal* Brasileiro, São Paulo: RT, 1997, pp. 91-113 e 241-377; ASÚA, Luiz Gimenez. *Tratado de Derecho Penal*. 5. ed. Buenos Aires: Losada, t. 02, pp. 31-151.

da realização de uma idéia: tem de existir o direito penal e a pena para que a justiça impere.

Dentro do enfoque dado no presente trabalho, especificamente quanto à relação entre o modo-de-produção da riqueza e o Direito como um mecanismo de controle social, cabe destacar que é o contratualismo retributivo a mais explícita manifestação dos objetivos das teorias retribucionistas. Para os contratualistas, a sanção criminal tem a finalidade de fazer com que os danos decorrentes da violação do contrato social estabelecido para a constituição da sociedade seja indenizado pelo delinqüente. Quando um cidadão não indeniza o resultado de uma violação ao contrato na esfera civil, o Estado expropria um bem de sua propriedade. Mas como poderia a organização estatal cobrar da massa criminalizada a indenização para restituir o *status quo ante*, se isso é quase totalmente impossível em matéria penal? O que deles se expropriava? A única coisa que podiam os criminosos, membros das classes mais baixas, oferecer no mercado era sua capacidade de trabalho e sua liberdade. Aí as origens da ideologia que faz da privação da liberdade uma pena, que até então havia sido apenas uma medida preventiva durante o processo, pois as penas eram corporais. As penas privativas de liberdade eram o modelo ideal, pois podiam ser quantificadas em razão do dano, uma espécie de talião moderno. E sob as mais variadas influências, diversos penalistas deram as mais variadas matizes a esta ideologia. Assim foi Beccaria, Mello Freire, Lardizábal, Romagnosi, Carminagni, Carrara, entre outros menos célebres.

Inobstante os avanços culturais da civilização, e os avanços no sentido da humanização das penas, ainda hoje esta concepção genérica de pena conta com um numeroso rol de adeptos, especialmente os partidários dos movimentos de lei e ordem, onde a pena justifica-se somente pelas idéias de retribuição e castigo, características que fazem com que seja respeitada, temida e considerada justa pelo povo.

Nosso sistema punitivo, independentemente de, sob uma forma aparente, estar fundamentado nas idéias da prevenção e da defesa social,[192] revela, ainda, em seus dispositivos relativos à aplicação da pena e à sua previsão abstrata, um vezo retribucionista.[193]

---

[192] Diz a Exposição de Motivos da nova parte geral do Código Penal (Lei n. 7.209/84) que *uma política criminal orientada no sentido de proteger a sociedade terá de restringir a pena de privativa da liberdade aos casos de reconhecida necessidade, como meio eficaz de impedir a ação criminógena cada vez maior do cárcere* (grifo nosso).

[193] Por outro lado, denotando a existência de uma ideologia retribucionista, diz o artigo 59 do CP que *o juiz (...), estabelecerá, conforme seja necessário e suficiente à reprovação e prevenção do crime: I – as penas aplicáveis dentre as cominadas* (grifo nosso).

O segundo grupo de teorias que buscam responder ao questionamento acerca da justificação da intervenção estatal penal organiza-se em torno da idéia de prevenção especial. Estas teorias não objetivam a retribuição do mal do crime com o mal da pena, não visam a retribuir o fato passado, mas assentam-se na justificação da sanção penal na prevenção de novos delitos do autor. Isto pode ocorrer, genericamente, de três maneiras diversas: pela ressocialização, pela intimidação com a execução da pena e pela supressão ao delinqüente da possibilidade física de cometer violações jurídico-penais. As teorias preventivas especiais adotam estas diretrizes, partindo do pressuposto de que a ameaça do castigo não é suficiente para impedir a vontade antijurídica dos homens e, por isso, a imposição da pena serve para intimidar o autor do fato punível no futuro ou para fazer-lhe inócuo para sempre ou por certo tempo.

A justificação filosófica deste grupo de teorias está em que o homem, dada sua natureza sensível, se determina pela representação das coisas agradáveis e desagradáveis, ao buscar aquelas e fugir destas, sendo possível desviá-lo das manifestações de vontade antijurídicas, unindo inexoravelmente a elas a representação de um mal como conseqüência.

O mais genuíno postulante desta teoria foi Grolmann, que partiu do conceito de garantia da segurança, prevenção ou defesa, para construir as primeiras linhas destas teorias que, mais tarde, tiveram em von Liszt seu mais destacado representante.

A terceira gama de respostas está condensada nas teorias preventivas gerais, as quais vêem o sentido e o fim da pena, não na influência – quer retributiva, quer corretiva ou protetora – sobre o próprio agente, mas nos seus efeitos intimidatórios sobre a generalidade das pessoas.

A prevenção geral pode, segundo seus defensores, ser obtida por três formas: pela intimidação, pela coação psíquica e pela defesa. A intimidação dá-se pela ameaça da pena. A coação psíquica, partindo do pressuposto, segundo Feuerbach, de que a força que leva os homens a delinqüir é de índole psíquica – suas paixões e apetites – realiza-se a partir do fato de que todos saibam que ao seu ato delituoso se seguirá um mal maior derivado do impulso do cometimento do delito. Já o argumento da defesa consiste em que a necessidade da pena não se assenta tão-somente sobre a consideração do delito futuro, mas no efeito destrutivo que teria a impunidade do delito cometido.

Dentro das perspectivas crítico-garantistas da presente obra, algumas considerações acerca destas teorias de legitimação do exercício do poder penal estatal precisam ser feitas, partindo do ponto de que os modelos garantistas, próprios dos Estados Democráticos de Direito, caracterizam-se: no plano epistemológico, como sistemas de poder mínimo; no plano político, como instrumentos de tutela capaz de minimizar a violência e maximizar as liberdades e, no plano jurídico com um sistema de vínculos impostos ao poder punitivo do Estado em garantia dos direitos dos cidadãos.[194]

Nesta análise, seguimos os passos de Claus Roxin, especialmente nos pontos em que se refere às impossibilidades destas teorias justificadoras de impor limites à atividade legislativa estatal penal.

Partindo o autor alemão da idéia de que as teorias retribucionistas pressupõem aprioristicamente a necessidade da pena que deveriam fundamentar, infere que as mesmas não explicam em absoluto *quando* se tem de punir, pois apenas referem que "se impuserdes – sejam quais forem os crimes – uma pena, com ela tereis de retribuir um crime". Fica em aberto a principal questão de saber sob que pressupostos a culpa humana autoriza o Estado a castigar. E se ao mal do crime deve-se retribuir com o mal da pena na mesma proporção, pode-se chegar, pelos princípios retributivistas, até a morte. Deste modo, segundo Roxin, *a teoria da retribuição fracassa perante a tarefa de estabelecer um limite,* quanto ao conteúdo, *ao poder punitivo do Estado. Ela não impede que se inclua no Código Penal qualquer conduta, e que, caso se verifiquem os critérios gerais de imputação, tal conduta seja efetivamente punida; concede, de certo modo, um cheque em branco ao legislador.*[195]

Acrescenta ainda esse autor que mesmo que se afirme, sem restrições a competência do Estado para punir formas de conduta realizadas com culpa, continuará a ser insatisfatória a justificação da sanção penal com recurso à idéia de compensação da culpa.

Quanto às teorias preventivas especiais, a crítica do penalista alemão, quanto à impossibilidade das mesmas de limitarem a atuação legislativa penal, dirige-se no mesmo sentido. Para ele, da mesma forma como as teorias retribucionistas, as teorias da prevenção especial não possibilitam uma delimitação do poder punitivo do Estado quanto ao seu conteúdo. Não se trata apenas de sermos todos culpáveis, mas se, efetivamente, todos necessitamos nos corrigir.

A idéia de prevenção especial, por outro lado, dentro de um enfoque correcionalista, tampouco possibilita a delimitação temporal da intervenção estatal mediante penas fixas, na medida em que, para ser conseqüente, deveria prosseguir um tratamento até que se desse a definitiva correção, mesmo que a duração fosse indefinida.

---

[194] Cfe. FERRAJOLI, Luigi. *Derecho y Razón*, pp. 851-852.

[195] Cfe. ROXIN, Claus. *Problemas Fundamentais de Direito Penal*, pp. 17-18.

Neste sentido, a prevenção especial tende, mais que um direito penal retributivo, a deixar o particular ilimitadamente à mercê da intervenção estatal.[196]

Ainda é de acrescentar-se quanto à prevenção especial que, estando ela assentada na idéia de correção, apenas indica o fim da pena, mas, em momento algum, contém em si própria a justificação de tal fim. Para isso, é importante responder à seguinte pergunta: o que legitima a maioria da população, representada pelo Estado, a obrigar a minoria a adaptar-se aos modos de vida que lhe são gratos? De onde nos vem o direito de poder educar e submeter a tratamento contra a sua vontade pessoas adultas? Estes questionamentos apenas servem para demonstrar que a maioria da população considera como algo evidente e inquestionável o fato de reprimir violentamente o diferente e o anômalo. Todavia, saber em que medida existe num Estado Democrático de Direito competência para tal, eis o verdadeiro problema que a concepção preventiva especial não resolve.[197]

Na prevenção geral permanece a debilidade da não-solução da questão relativa à delimitação de quais comportamentos possui o Estado a faculdade de intimidar, ou seja, não esclarece o âmbito do criminalmente punível. A essa indefinição soma-se também a relativa à duração do tratamento terapêutico-social de prevenção, podendo, como no caso da prevenção especial, ultrapassar a medida do defensável numa ordem jurídico-liberal, e constituir uma tendência para o terror estatal.[198]

Feita essa referência crítica, vê-se que nenhuma das três vertentes teóricas de justificação do exercício do poder estatal penal, especialmente no ponto referente à limitação do campo do criminalmente punível, apresenta qualquer argumento para a restrição do poder estatal de criminalizar condutas. Qualquer conduta pode ser criminalizada, não havendo qualquer obstáculo conteudístico. As restrições são de natureza apenas formal e temporal, dentro do paradigma da mera legalidade.

3.4.2. A justificação garantista-conteudística do exercício do poder penal

Além das acepções do garantismo vistas anteriormente nos itens 3.2 e 3.3, que o constituem como um modelo normativo de

---
[196] Cfre. ROXIN, Claus. *Problemas Fundamentais de Direito Penal*, p. 21.
[197] *Idem*, p. 22.
[198] *Idem*, p. 23.

Direito e como uma teoria jurídica da validade das normas jurídicas, também aparece esta teoria em uma terceira concepção que *designa una doctrina filosófico-política que permite la crítica y la deslegitimación externa de las instituciones jurídicas positivas, conforme a la rígida separación entre derecho y moral, o entre validez y justicia, o entre punto de vista jurídico o interno y punto de vista ético-político o externo al ordenamiento.*[199]

Sob este aspecto, a primeira grande função desempenhada pelo garantismo foi a de deslegitimar as idéias de autojustificação do direito penal como um valor em si ou como uma imediata atuação de valores ontológicos e metajurídicos. Estas teorias, denominadas por Ferrajoli de autopoiéticas, legitimam-se *desde arriba*, fundamentando-se em entidades metafísicas ou meta-históricas, e assumem o princípio da legalidade não só como princípio jurídico interno, mas também como princípio axiológico externo, plasmando a legitimidade política sobre a legalidade jurídica e conferindo às leis valor, e não só validade e vigência, unicamente com base ao valor associado aprioristicamente à sua forma ou à sua fonte.[200] Neste sentido, estariam totalmente deslegitimadas todas as teorias retribucionistas, pois além de deixar na obscuridade os pressupostos da punibilidade, também não demonstra os fundamentos ou objetivos da intervenção estatal penal. A própria idéia de retribuição compensadora, de acordo com a análise de Roxin, só pode ser *plausível mediante um ato de fé. Pois, considerando-o racionalmente, não se compreende como se pode pagar um mal cometido, acrescentando-lhe um segundo mal, sofrer a pena.*[201]

Com orientação diversa, o garantismo insere-se dentre as chamadas doutrinas heteropoiéticas, aquelas em que a legitimação política do Direito e do Estado provém de fora ou *desde abajo*, ou seja, da sociedade, entendida como soma heterogênea de pessoas, forças e classes sociais. Nesta acepção, é o garantismo uma filosofia política utilitarista, na qual não só o direito penal, mas o Direito em geral é concebido como um artifício criado pelo homem e para o homem como seu instrumento. Acerca disto diz Ferrajoli que *lo natural de por sí no es con efecto el estado o el poder, sino las personas y sus necesidades vitales; mientras que lo artificial no es la libertad y la vida, sino sus garantías jurídicas y en general los deberes y los poderes instituidos por las normas positivas para tutelarlos y/o limitarlos.*[202] Há, assim, pelo garantismo, uma negação de um valor intrínseco ao Direito só por

---

[199] Cfe. FERRAJOLI, Luigi. *Derecho y Razón*, p. 880.
[200] *Idem*, p. 881.
[201] Cfe. ROXIN, Claus. *Problemas Fundamentais de Direito Penal*, p. 19.
[202] Cfe. FERRAJOLI, Luigi. *Derecho y Razón*, p. 882.

estar vigente e do poder só por ser efetivo, e a priorização axiológica de ambos reside num ponto de vista ético-político ou externo, orientado à sua crítica e transformação.

Na construção dessa filosofia política, os direitos inatos ou naturais, assim denominados pelo jusnaturalismo, assumem a condição de direitos "pré-estatais" ou "pré-políticos", no sentido de não haverem sido fundados pelo Estado, mas pelo fato de serem, na verdade, fundamentais ou fundantes da sua razão de ser, como parâmetros externos e objetivos de sua organização, delimitação e disciplina funcional. O Direito e os direitos vitais não existem, não são realidades objetivas, mas princípios axiológicos ou normativos do tipo extrajurídico.

Nesse ponto, começa, efetivamente, a delinear-se a doutrina garantista da legitimação do Estado e do direito penal. A concepção de Estado é instrumental e utilitarista, dirigindo-se unicamente à finalidade de satisfazer as expectativas traduzidas constitucionalmente pelos direitos fundamentais. Por este enfoque, os poderes não se concebem como justos somente em atenção a quem os detêm, mas, sobretudo, segundo o *por quê*, o *quando* e o *como* sejam ou não exercidos.

A partir desses aportes, podemos concluir que o Estado Democrático de Direito reclama duas fontes de legitimação: a formal e a substancial. Sobre isto, pertinente é análise de Cademartori que, partindo da concepção de Bobbio acerca de governo *sub lege* e *per lege*, conforme já demonstrada no subitem 3.2.1, afirma que *a estes dois significados de estado de direito, o garantismo associa as duas noções do princípio de legalidade, quais sejam a legalidade em sentido amplo, ou* validade formal, *e aquela em sentido estrito, ou* validade substancial.[203] Mais uma vez deparamo-nos com uma constante na construção garantista de Ferrajoli: a dicotomia forma e matéria.

A identificação dessas duas fontes de legitimação com os modelos de legalidade é bem delineada por Ferrajoli ao referir que *el principio de mera legalidad se limita en realidad a exigir que el ejercicio de cualquier poder tenga por fuente la ley como condición* formal *de legitimidad; el principio de estricta legalidad exige, por el contrario a la propia ley que condicione a determinados contenidos* sustanciales *la legitimidad del ejercicio de cualquier poder por ella instituido.*[204]

Com os aportes até aqui formulados, é possível visualizar-se o perfeito entrelaçamento existente entre as três acepções da doutrina garantista. Partindo das concepções de mera e estrita legalidade na

---
[203] Cfe. CADEMARTORI, Sérgio. *Estado de Direito e Legitimidade*, p. 157.
[204] Cfe. FERRAJOLI, Luigi. *Derecho y Razón*, p. 857.

concepção de modelo normativo de direito, chegamos ao plano da teoria da validade, onde os modelos de legalidade determinam a teoria da validade, mais uma vez bipartida entre formal e substancial, para, por fim, chegarmos até o âmbito da legitimação, também subdividido em formal e material, conforme atenda a um ou outro modelo de legalidade.

Há também na filosofia política garantista uma imbricação entre a legitimação e a concepção de democracia. Com clareza assevera Cademartori que a legitimação de todos os poderes no Estado de Direito estão assentadas, formalmente, no princípio da legalidade e na sujeição do juiz à lei, e materialmente, na capacidade da função judicial de assegurar a tutela dos direitos fundamentais.[205] Ora, a partir desta visão acerca da legitimação substancial do exercício dos poderes, inexoravelmente deságua-se numa concepção não mais formalista ou representativa da democracia, mas, necessariamente substancialista, onde os direitos fundamentais correspondem efetivamente àquelas faculdades ou expectativas de todos que definem as conotações substanciais da democracia e que estão constitucionalmente subtraídas ao arbítrio das maiorias como limites ou vínculos absolutos.

Essa posição teórico-filosófica é fundamental para o momento atual pelo qual passa o direito penal não só brasileiro, mas, poderíamos dizer, até mesmo mundial. Conforme demonstrado no subitem 2.1.3, há, face ao progressivo aumento da criminalidade em razão do processo mundializado de exclusão social e, também, pela perda da soberania estatal, especialmente dos países em desenvolvimento, em uma série de pontos fundamentais para a vida das nações, um deslocamento do poder soberano do Estado para o âmbito penal, surgindo daí uma série de discursos normativos penais emergentes, nos quais se observa um total desprezo pelos direitos e garantias fundamentais constitucionalizados. Estamos retornando ao medievo, conforme o já citado Röth.

Nessa etapa histórica, o resgate democrático somente parece possível através do desenvolvimento de um processo de garantização da realização dos direitos fundamentais, substanciados em verdadeiras referências axiológicas externas positivadas constitucionalmente.

A isso se propõe o garantismo, impondo limites e vínculos tanto internos como externos aos poderes do Estado, especialmente em matéria penal. E isso se torna possível se tivermos como parâmetro uma concepção substancial de democracia, consoante tratado no subitem 2.1.4. O apego a uma concepção democrática formalista, ape-

---

[205] Cfe. CADEMARTORI, Sérgio. *Estado de Direito e Legitimidade*, p. 157.

nas possibilita a solução do problema da legitimação formal *de quem decide*, o que faculta que qualquer norma seja vigente e válida, independentemente de seu conteúdo. Os discursos emergentes penais legitimam-se apenas formalmente, pois é esta a concepção democrática vigente e mais conveniente para o sucesso do processo de globalização. Por outro lado, tendo como objetivo uma democracia substancial, em que a legitimação formal torna-se insuficiente, pois não garante a realização dos direitos fundamentais, passa-se à priorização dos conteúdos e da sua adequação substancial aos princípios constitucionais positivados, constituindo-se, a partir daí, como problemas centrais da legitimação dos poderes estatais, *o que é obrigado decidir ou não decidir*.

Inserido dentro desta projeção garantista, o direito penal e a atuação estatal penal somente estarão legitimados desde que estejam sempre voltados e instrumentalizados para a tutela dos direitos civis fundamentais, sendo por eles limitados e disciplinados.

4. Perspectivas garantistas de relegitimação do sistema penal

4.1. DIACRONIA DAS VICISSITUDES DO DISCURSO NORMATIVO-PENAL BRASILEIRO

Qualquer projeção de relegitimação do sistema penal nacional não poderia, de forma alguma, desprezar os dados resultantes de uma análise diacrônica, de natureza crítica, acerca das alterações ocorridas no discurso penal, seja em sede normativa, seja em foro dogmático, visando-se com isso a detectar quais os verdadeiros fundamentos que levaram os legisladores a eleger determinados bens jurídicos como mais relevantes em detrimento de outros.

Da dogmática jurídico-penal já realizamos, na medida do possível, um razoável aporte no primeiro capítulo, demonstrando que a sua metodologia fundamentada no purismo normativista tem impossibilitado a reconstrução do discurso penal em direção a um processo de relegitimação, em razão de restringir o âmbito de análise do fenômeno, ao rejeitar aportes interdisciplinares de observação e avaliação.

Dos refluxos dogmáticos para o sistema, poucas soluções eficazes resultaram, no sentido da concretização de uma atuação do sistema penal que cumprisse com os seus objetivos declarados aparentemente. E se, tendo consciência de que a partir da instituição do paradigma moderno de Direito houve uma separação do discurso normativo das manifestações doutrinárias, o direito penal passou a ser um universo da ciência jurídica, uma sede de pragmatização das construções dogmáticas, chegamos, tristemente, à conclusão de que os aportes dogmáticos realizados historicamente, especialmente após o início da industrialização, sempre estiveram a serviço da sustentação do exercício do poder penal pelo Estado dominado pelas classes economicamente hegemônicas, fato traduzido, conforme demonstrado no final do segundo capítulo, pela correlação entre a concepção de bem jurídico e o modelo de sociedade pretendido por aqueles que detinham o domínio dos aparelhos ideológico e repressivo do Estado.

Tendo assim sucedido historicamente, o modelo metodológico dogmático até aqui aplicado pouco nos serve, por pouco ter atuado visando à construção de um direito penal com uma fundamentação racional antropológica, destinado à realização dos direitos fundamentais dos homens.

Mas nesta perspectiva diacrônica, a situação do saber dogmático é ainda mais agravada, quando analisamos os modelos normativos de direito penal desenvolvidos ao longo da história de nosso País e os bens jurídicos que foram por eles protegidos. Conforme demonstraremos a seguir, o legislador penal, representante das classes economicamente dominantes, em considerável medida alimentado pelo discurso da ciência jurídica, sempre dedicou especial atenção à tutela dos bens jurídicos que eram essenciais à manutenção de seus interesses, especialmente àqueles fundamentais para a conservação das relações de produção e do modo-de-produção da riqueza dentro de um contexto socioeconômico por eles dominado. Evidentemente que tal postura não é identificável em todos os tipos penais instituídos, porque o discurso normativo penal não pode tornar demasiadamente explícita a ideologia que alimenta os legisladores. Necessariamente ele deve aparentar o que não é nos aspectos menos relevantes, para poder ser o que efetivamente é naquilo que realmente importa: uma técnica de controle social a serviço daqueles que detêm o poder econômico e político.[206]

---

[206] Neste aspecto, parece ser bastante relevante termos presente a noção de igualdade que orientou as ações de transformação da superestrutura jurídica do Estado brasileiro. Todo o processo de passagem do Estado escravocrata para o Estado burguês foi alimentado pela concepção do igualitarismo jurídico e não socioeconômico. Especificamente em matéria penal, apesar de os legisladores terem criado uma quantidade majoritária de tipos penais que aprioristicamente são aplicáveis a todos os cidadãos, por protegerem bens jurídicos possuídos por todos indistintamente (homicídio, lesões corporais, por exemplo), temos, por outro lado, uma série de outros tipos, especialmente aqueles destinados à proteção da propriedade e de outros bens de relevância puramente econômica, que têm sua destinação dirigida a determinadas classes sociais, especialmente aquelas destituídas de qualquer poder político. Mas o aprofundamento de análises desta natureza nos permitirá ir mais adiante. No discurso normativo penal não há sequer, por parte de nossos legisladores, a preocupação da observância do princípio do igualitarismo jurídico, pois encontramos inúmeras situações legislativas abstratas em que este princípio é desrespeitado. Veja-se, por exemplo, a diferenciação da penalização cominada aos crimes de sonegação fiscal e os crimes comuns contra o patrimônio, bem como todas as alternativas penais possíveis a um e outro (v.g., Art. 16 do Código Penal e o artigo 34 da Lei nº 9.249/95).

4.1.1. O Brasil imperial e a ideologia escravocrata do Código Criminal do Império

Irrisórias ou inexistentes são as abordagens acerca do fenômeno jurídico à luz da teoria dos modos-de-produção. Isso ocorre, em grande parcela, em razão das concepções epistemológicas e metodológicas nas quais a ciência jurídica, especialmente o juspositivismo dogmático, tem fundamentado sua atuação.

Não é possível a realização de uma séria análise acerca das funções exercidas pelo Direito dentro de uma determinada sociedade se não levarmos em consideração a unidade existente entre ele e os aparelhos do Estado. O fenômeno jurídico não é somente a lei, mas, também, e, principalmente, as estratégias adotadas para a aplicação da lei (campo jurídico). O Direito não abrange somente os textos legais, abarca também a organização material e humana que dirige o processo de aplicação da lei. Assim, conclusivamente, o fenômeno jurídico é ao mesmo tempo regra e aparelho, e nesse sentido, o modo de organização do Estado depende, em grande medida, do tratamento dado pelo Direito às classes sociais antagônicas, conforme bem analisa Décio Saes.[207]

Mas passemos ao enfrentamento da superestrutura jurídica, especialmente a penal, do Brasil imperial escravagista. Tal desafio não pode ser realizado apenas a partir da análise do texto penal constante no Código Criminal do Império, mas necessita, para uma maior fundamentação das conclusões, além da avaliação de uma boa parte da legislação extrapenal, mais detidamente em relação à Consolidação das Leis Civis (1855), de autoria de Teixeira de Freitas, também e, principalmente, do conhecimento das estruturas socioeconômicopolíticas de nosso País naquela época.

Segundo descrevem alguns romanistas[208] pesquisados, o Direito escravista, desde os seus primórdios romanos, centrou-se na classificação dos homens em duas grandes categorias: a dos seres dotados de vontade subjetiva (pessoas) e a dos seres carentes de vontade subjetiva (coisas), ficando os últimos sujeitos à vontade dos primeiros, dos quais eram propriedade. Aos cidadãos sempre foi reconhecida a capacidade de praticar atos; aos escravos, apenas a condição de objetos de tais atos.

---

[207] Cfe. SAES, Décio. *A formação do Estado Burguês no Brasil* p. 102.

[208] Ver a respeito MOREIRA ALVES, José Carlos. *Direito Romano*, 3. ed., Rio de Janeiro: Forense, 2 vol. 1971; CRETELA JÚNIOR, José. *Curso de Direito Romano*, Rio de Janeiro: Forense, 1968.

Essa classificação em proprietários e escravos, e a regulamentação das relações daí decorrentes, teve sempre a finalidade de permitir a renovação constante de um modo-de-produção da riqueza, consistente na exploração do trabalho do produtor direto pelo proprietário dos meios de produção, o que caracterizou historicamente as relações de produção escravistas.[209]

Mas mister se faz que, antes de passarmos ao estudo do direito penal vigente no Império brasileiro, façamos uma breve incursão pela sociedade brasileira da época.[210]

Ao final do século XVIII, ultrapassada a linha de Tordesilhas, contava o Brasil com uma população aproximada de três milhões e seiscentos mil habitantes, dos quais dois quintos eram escravos, e o restante de pessoas livres formava uma raça mista de origens africana, índia e européia.

Com exceção do açúcar, inexistiam outras indústrias de relevância dentro do País. Cidades, com exceção de Salvador, Recife, Rio de Janeiro, São Paulo, Vila Rica e algumas outras que seguiam os filões do ouro, também praticamente não existiam. A vida acontecia dentro das fazendas e dos engenhos, verdadeiros feudos que se sustentavam a si próprios e permaneciam fechados a qualquer outro tipo de atividade econômica que não fosse açúcar. O comércio era realizado quase que exclusivamente pela metrópole.

A chegada da família real portuguesa modifica em alguns aspectos a vida da colônia. Houve a abertura de portos às nações amigas, com exceção da França; o alvará de 1º de abril de 1808 derroga o de 5 de janeiro de 1785 que ordenava o fechamento de todas as fábricas existentes no Brasil.

---

[209] Acerca dessa recíproca influência entre o econômico e o jurídico, entre a infraestrutura e a superestrutura, bastante ilustrativa é a categoria conceitual do mecanismo da ação recíproca, desenvolvida pelo marxismo, segundo a qual, nos limites da análise aqui desenvolvida, sem a aplicação efetiva do Direito escravista, seria impossível a reprodução das relações de produção escravistas; em sentido inverso, essa reprodução determina, por sua vez, transformações parciais do Direito escravista, paralelamente à determinação da conservação daquilo que considera fundamental em tal Direito: o seu caráter classista. A respeito, ver KUUCINEN, O.V. e outros. *Fundamentos do Marxismo-Leninismo*. Rio de Janeiro: Vitória, 1962, pp. 125-129.

[210] A respeito, ver BASBAUM, Leôncio. *História Sincera da República*. São Paulo: Alfa-Ômega, 1975, t. 01-04; SAES, Décio. *A formação do Estado Burguês no Brasil*. Rio de Janeiro: Paz e Terra, 1985, e *Classe Média e Sistema Político no Brasil*, São Paulo: T. A. Queiroz, 1984; MALFATTI, Selvino Antônio. *Raízes do Liberalismo Brasileiro*, Porto Alegre: Palotti, 1985; IANNI, Otávio. *Origens Agrárias do Estado Brasileiro*, São Paulo: Brasiliense, 1984; GORENDER, Jacob. *O Escravismo Colonial*, São Paulo: Ática, 1978; CHIAVENATO, Julio José. *O Negro no Brasil. Da senzala à Guerra do Paraguai*, São Paulo: Brasiliense, 1980.

A aristrocracia rural sai dos feudos e passa a freqüentar a Corte, buscando igualar-se, como diz Basbaum, em hábitos e títulos, aos parasitas da fidalguia portuguesa.

Dá-se a independência, e a partir desse fato começa a estruturar-se, ainda que de forma muito tímida, uma indústria fabril. Há, por outro lado, um não muito significativo progresso na instrução pública, pois o número de escolas não cresceu proporcionalmente ao crescimento da população, o que deixou, ao final do Império, uma população de 70 % de analfabetos.

Mais detidamente sobre a estrutura econômica, pode-se dizer, pelas avaliações sinceras feitas por alguns historiadores, que a economia brasileira do Império era baseada no trinômio latifúndio, trabalho escravo e monocultura.

O trabalho escravo representa o cerne do modo-de-produção da riqueza que sustenta o Primeiro Império, situação que se modifica em pequena escala em relação ao Segundo Império, no qual já se observa a existência do colono, do arrendatário, dos agregados, modificando de certo modo a paisagem humana do setor rural. Nas cidades, ainda que em reduzidíssimo número, surge o operário.

O latifúndio, que não só caracterizou o regime colonial, mas também o Império e a própria República, gerou relações sociais de produção bastante marcantes. Por este modo-de-produção havia uma mínima inversão de capitais destinada à aquisição de escravos. Os instrumentos de trabalho eram os mais rudimentares possíveis, não sendo utilizado sequer o arado já empregado há mais de dois mil anos antes de Cristo. Estava o Brasil em uma forma primitiva de produção feudal.

A monocultura tinha como causa principal a produção para o mercado externo, fato que juntamente com o modo de apropriação da terra e a miséria gerada pelo sistema de produção de riqueza a partir do latifúndio impediram a formação de um mercado interno, fator diferencial no processo histórico de desenvolvimento entre, por exemplo, o Brasil e os Estados Unidos.

Mas dentro dos limites do presente trabalho, para uma sucinta apresentação da estrutura econômica, social e política da sociedade brasileira do Império, cabe destacar ainda alguns outros pontos, referidos uniformemente pelos historiadores antes citados, que julgamos importantes.

O exclusivismo da produção da cana-de-açúcar e de algodão em grandes propriedades impediu a cultura de bens de subsistência como a farinha, o bacalhau, a carne-seca, a carne-de-vaca, o queijo, etc., bens que tinham que ser integralmente importados, como sempre acontecera em Portugal. Com mais razão ainda faltavam bens industriais. Vivia o Brasil entre dois extremos: a monocultura e a importação de bens de subsistência.

A monocultura de exportação, desenvolvida sobre latifúndios e por um modo-de-produção escravagista, originou uma estratificação social caracterizada por uma aristocracia rural, por escravos, e por agregados ou moradores. A aristocracia, composta por latifundiários e senhores de engenho, aos quais se somaram posteriormente os produtores de café e criadores de gado, dirigia e dominava o País. Segundo palavras de Basbaum,[211] *era o Brasil, durante o Império, uma grande fazenda administrada em comum por um grupo de fazendeiros e senhores de terras que se revezavam no poder.* Para eles, o que importava era a propriedade de terras e de escravos, muito mais do que a própria moeda corrente. Era terras e escravos o que lhes davam *nobreza.* E tanto mais nobres eram quanto mais terras e escravos possuíam. Era um estrato social que tinha mais de trezentos anos, originado nas antigas sesmarias, pelas cartas de doação de terras feitas pela Coroa portuguesa.

Essa situação de hegemonia econômica teve, como não poderia deixar de ser, seus reflexos imediatos e diretos sobre a constituição do quadro da correlação de forças de influências políticas do País. No Império, quase todos os Ministros ou chefes de gabinete provinham do Norte ou representavam, de qualquer modo, a indústria açucareira. Da *Assembléa Geral,* composta pela Câmara de Deputados e Senado, só faziam parte aqueles representantes desta classe, pois, por um lado, podiam se dedicar à política por quase nada fazerem e por possuírem recursos para custearem suas campanhas e, por outro, por necessitarem participar para defender seus interesses seculares de dominação e exploração. Tal situação chega ao limite ao ser exigido como requisito básico para ser senador, conforme dispunha o artigo 45, inc. IV, da Constituição de 25 de março de 1824, que o pretendente tenha *de rendimento annual por bens, industria, commercio ou empregos, a somma de oitocentos mil réis.*

Desse quadro de organização socioeconômico-política de nosso País ao tempo do Império, não é difícil imaginar qual era a correspondente estrutura jurídica.

Da análise do texto da Constituição outorgada a 25 de março de 1824, não é possível concluir acerca da existência, pelo menos normativamente, de um Estado escravagista. Eufemisticamente, este modelo sempre foi tratado pela nomenclatura de Estado imperial. Rui Barbosa, citado por Saes,[212] sempre negou o caráter escravagista

---

[211] Cfe. BAUSBAUM, Leôncio. *História Sicera da República,* t. 1, p. 139.

[212] Cfe. SAES, Décio. *A Formação do Estado Burgês no Brasil,* p. 107.

da Constituição, e, aparentemente, isto parece ser verdadeiro, pois em nenhum dos seus 179 artigos, ou em qualquer dos Atos Adicionais (leis alteradoras da Constituição) é mencionada qualquer palavra ligada a escravidão, ou que se refira à figura do escravo ou a relações de propriedade ou produção escravista. E não era somente Rui Barbosa quem defendia esta posição, mas muitos outros juristas e políticos a ela se filiavam com base na inexistência de qualquer significante dentro do texto que denotasse a presença de relações escravagistas.

Inobstante esta realidade normativa constitucional, já no Império parece surgir no sistema jurídico brasileiro o problema da divergência substancial entre as normas de nível infraconstitucional em relação às regras da Constituição, principal questão levantada pela teoria garantista, base teórica do presente trabalho, que parece atingir indistintamente toda nossa legislação dentro do seu processo de evolução histórica. Ilustrativa a este respeito é a colocação de Afonso Celso, citado por Basbaum, observando que *sem sair da Constituição, se podia até mesmo proclamar a República. Bastaria que o eleitorado enviasse às Câmaras um número suficiente de representantes republicanos, os quais dentro da lei poderiam modificar a forma de governo, faculdade que não se encontra nas diversas Constituições republicanas que nos regeram ou ainda regem.*[213]

Essa situação começa a tornar-se mais evidente já ao relacionarmos a Consolidação das Leis Civis com o dispositivo constitucional constante no artigo 179, inciso 22, que diz: "É garantido o direito de propriedade em toda sua plenitude. Se o bem público, legalmente verificado, exigir o uso e o emprego da propriedade do cidadão, será ele previamente indenizado do valor dela. A lei marcará os casos em que terá lugar esta única exceção e dará as regras para se determinar a indenização". Tal dispositivo foi complementado pela Consolidação das Leis Civis, quando esta previa que o ser humano poderia constituir-se em objeto de propriedade, em coisa, podendo, como tal, ficar sujeito a qualquer tipo de negócio que com ela fosse possível. A esta previsão normativa agregavam-se muitas outras que constituíam um chamado *Código Negro* da Consolidação, com normas referentes aos escravos e à escravidão que formavam um corpo à parte construído em notas de pé de página, o que já evidenciava que

---

[213] Cfe. BASBAUM, Leôncio. *História Sincera da República*, t. 01, p. 156. A possibilidade de proclamação da república sem violar os dispositivos da Constituição de 1824 era viável, eis que na Carta outorgada inexistia qualquer limitação ao poder de reforma constitucional, contrariamente ao que ocorre em nossas constituições republicanas.

mesmo diante de um processo histórico de extinção do modo-de-produção escravista, a classe dominante esforçava-se por manter tais disposições, mesmo que com uma certa ocultação.[214]

Também o próprio Código Comercial, se fosse analisado separadamente, poderia ser considerado como uma lei não escravista, mas se relacionado à Consolidação das Leis Civis, veríamos que a sua disposição relativa a quem poderia comerciar, constante em seu artigo 1º, excluía os escravos,[215] pois estes não possuíam autonomia em relação às suas pessoas, conforme determinava a Consolidação das Leis Civis, e nem tampouco possuíam bens.

Mas é na legislação penal, tanto material quanto processual, que o Estado brasileiro, a serviço da aristocracia rural, manifesta de forma mais explícita sua característica escravagista, pois este era o mecanismo jurídico mais eficaz, ao lado do Código Civil, estatuto regulador da propriedade, para a manutenção do modo e das relações de produção que interessavam à classe que detinha o poder político na época. Vejamos tal situação histórica.

Havia nas disposições do Código Criminal de 1830, um tratamento diferenciado do escravo em relação aos cidadãos livres. A punição de homens livres só era permitida quando decretada e executada pela justiça pública escravista, ao passo que, diversamente, permitia-se a punição de escravos no âmbito privado, através do cárcere privado e de castigos físicos, conforme é possível concluir pelo disposto no artigo 14, § 6º do Código Criminal, bem como pelo contido nos dispositivos do Alvará de 11 de novembro de 1835. Já em sede processual penal, dispunha o Código de Processo Criminal de Primeira Instância (1832) acerca da vedação para o escravo de apresentar denúncias contra seu senhor, se este fosse o agressor (artigo 72, § 2º), situação não compartilhada pelos demais homens livres.

Mas a maior manifestação da vinculação entre o modo-de-produção escravista da riqueza e a legislação penal que se encontrava a seu serviço foi-nos dada pela escala de relevância dos bens jurídicos

---

[214] Exemplo típico deste expediente de ocultação ou de mascaramento das regras referentes à escravidão está no artigo 42 da Consolidação das Leis Civis. Dizia este dispositivo que "Os bens são de três espécies: móveis, imóveis e ações exigíveis". A isto é acrescentada uma nota de rodapé de n. 01 que complementa o artigo dizendo que "Na classe dos bens móveis entram os semoventes, e na classe dos semoventes entram os escravos".

[215] Diz o artigo 1º do Código Comercial de 1850 que "Podem comerciar no Brasil: Todas as pessoas que, na conformidade das leis deste Império, se acharem na livre administração de suas pessoas e bens, e não forem expressamente proibidas neste Código".

protegidos por esta legislação, verificada através da gravidade das penas impostas aos delitos enumerados no catálogo constante no Código Criminal do Império.[216]

Nesse catálogo de bens jurídicos cuja relevância era revelada pela pena imposta, o crime de insurreição, tanto praticado por escravos quanto por pessoas livres, tinha a ele cominada pena de morte para os líderes, de acordo com a disposição contida nos artigos 113 e 115 do Código Criminal de 1830, estando assim equiparado o bem jurídico escravidão, elemento essencial do sistema produtivo da época, com o bem jurídico *vida*, protegido através da regra incriminadora do artigo 192 do mesmo texto legal, no qual associava-se abstratamente a este delito, também a pena de morte. Vê-se nesse sistema penal que o modo-de-produção da riqueza é tão ou mais importante que a própria vida dos homens. E justifica-se dizer que seja até mesmo mais importante porque, se a um bem indubitavelmente menos relevante, como o *modo-de-produção da riqueza*, comina-se a mesma pena que é cominada ao bem jurídico *vida*, numa construção extremamente exagerada, excessiva, não é de duvidar que, exatamente pela sua natureza meramente econômica, seja ele mais importante para os que detêm o poder econômico e os meios de produção e que, por conseqüência, detêm o poder político.

Mais tarde, com a escassez da mão-de-obra escrava, enquanto em outros ramos do Direito imperial ainda o escravo era tratado como coisa, no direito penal havia um processo de personificação do escravo, visando a resguardar a sua integridade física, para melhor atender aos anseios de produtividade de seus proprietários. Com este objetivo, surgiram leis que limitavam a capacidade punitiva do senhor dirigida ao escravo. São exemplos de textos legais desta natureza leis sucessivas que proibiram o castigo de ferros, o uso de chicote nos trabalhos forçados (1865) e os castigos corporais em geral (1886).

Esse foi o quadro geral do direito penal imperial. Passemos ao discurso normativo penal republicano, visualizado a partir da estrutura econômica, política e social da época.

---

[216] É relevante destacar que o catálogo de crimes do Código Criminal de 1830 é dividido entre delitos públicos e particulares. Esta divisão revela uma séria preocupação dos detentores do poder político em proteger a estrutura do *establishment* através da criminalização e penalização de uma grande quantidade de condutas que atentassem contra o Estado imperial, cuja previsão era feita na parte dos crimes de natureza pública, que era a primeira contemplada na distribuição do Código (arts. 68 a 178). Já os delitos de natureza privada, que pareciam não ter a mesma importância para o Estado, apareciam na segunda parte e, com exceção do homicídio qualificado e do roubo seguido de morte, tinham penas inferiores à maioria dos crimes de natureza pública contra o Estado imperial.

4.1.2. A formação do Direito burguês, a reorganização do aparelho de Estado e o desenvolvimento do capitalismo no Brasil

A passagem, no Brasil, do modo-de-produção escravagista para o capitalista não ocorreu, como se poderia supor, em um momento de ruptura bem definido diacronicamente. A Abolição da escravatura, a Proclamação da República e a Assembléia Constituinte de 1891 representaram, segundo Saes,[217] *etapas distintas de um único processo: o processo de transformação burguesa do Estado brasileiro; ou, dito de outra forma, o processo de formação do Estado burguês no Brasil.* Neste processo, segundo o mesmo historiador, houve a transformação do tipo de estrutura jurídico-política dominante numa formação social, e num período de tempo significativo, compreendeu o surgimento e a difusão da grande indústria, a formação da burguesia industrial e do operariado e a estruturação da ideologia jurídica burguesa de passagem para o capitalismo.[218]

Também seria um engano considerarmos que esse processo de transformação do Estado e da sociedade brasileira tenha se iniciado a partir da ocorrência de algumas daquelas três etapas antes citadas. A transformação do Estado escravagista em Estado burguês capitalista iniciou-se, gradualmente, muito antes de qualquer um daqueles eventos históricos.

O declínio do modelo escravagista de produção deu-se, segundo quase a totalidade dos historiadores, a partir dos seguintes fatores fundamentais: a) a escassez da mão-de-obra escrava, determinada pela quantidade maciça de fugas e insurreições e o alto custo da manutenção pelos senhores de milícias de caça dos fugitivos; b) a proibição e repressão internacional do tráfico pela Inglaterra em 1850 (fato que determinou uma contradição entre a burguesia industrial inglesa e as classes dominantes da formação social escravista moderna brasileira; c) a baixa produtividade apresentada pelos escravos, produtores diretos da riqueza, que utilizavam a indolência como forma de reação; d) e a difusão de relações de produção não-escravistas (colonato, meação, moradia e parceria). A Abolição apenas foi o momento culminante de coroamento de todo este processo, determinando a liquidação final das relações de produção escravistas, mas não determinando, conforme coloca Saes,[219] uma imediata transformação capitalista do campo sob a forma de difusão do tra-

---
[217] Cfe. SAES, Décio. *A Formação do Estado Burguês no Brasil*, p. 182.
[218] *Idem, ibidem.*
[219] *Idem*, p. 186.

balho assalariado rural ou de difusão da pequena propriedade familiar.

O modo-de-produção escravagista começou a apresentar seus primeiros sinais de ruína paralelamente à decadência da lavoura de cana-de-açúcar e sua conseqüente substituição pela de café,[220] que ainda perduraria por um longo período. Em decorrência disto, passa a existir um deslocamento, ainda que lentamente, do poder político, até então dominado pelo Nordeste, para o Sul do País.[221]

Concomitantemente ao processo de declínio do açúcar e da sua substituição pelo café inicia-se, ainda que timidamente, a industrialização brasileira. Não ingressa o País, durante o Império, em sua fase industrial, e não há, mesmo após o início da industrialização e o fim da escravidão, uma passagem direta das relações de produção escravistas para relações de produção capitalistas. A desagregação das relações de produção escravistas criou condições para o surgimento e a difusão de relações de produção servis (colonato e moradia), assumindo a primeira a dominância das relações de produção desenvolvidas no Brasil a partir de 1860.[222]

A industrialização brasileira inicia-se pela implantação da indústria fabril e estende-se subseqüentemente à produção de outros produtos, tais como velas, cerâmica, produtos químicos, ótica, náutica e cirurgia, chapéu, louça, gêneros alimentícios, etc., a ponto de, conforme informa Basbaum, em 1865, mesmo com a Guerra do Paraguai, as exportações superarem as importações.[223] Temos neste momento histórico o início do primeiro ciclo de substituição das importações, decorrência do primeiro surto industrial do País, iniciado em 1850, graças, segundo Castro Rebelo, pelas tarifas protecio-

---

[220] É importante destacar que a cultura do café não trouxe nenhuma alteração no quadro e na infra-estrutura econômica do País: conservou o latifúndio, o trabalho escravo, os sistemas e técnicas rudimentares de produção, bem como, principalmente, as relações sociais de caráter semifeudal, com agregados e foreiros. Ver a respeito BASBAUM, Leôncio. *História Sincera da República*, t. 1, p. 126

[221] Ainda que a lavoura de açúcar estivesse em decadência (segundo dados citados por CALMON, Pedro. *História do Brasil*, t. 05, p. 1693, em 1872, a exportação do café já rendia 115.285 contos, e a de açúcar apenas 27.725; em 1861, enquanto o Brasil produzia 173 mil toneladas de café, o resto do mundo produzia 338 mil toneladas), durante todo o Segundo Império as influências políticas dos senhores do açúcar persistiram, sendo substituída, gradualmente, pelo poder político dos fazendeiros do café e da burguesia mercantil e industrial.

[222] Cfe. SAES, Décio, *A Formação do Estado Burgês no Brasil*, p. 210-211. No colonato o aspecto preponderante é, precisamente, a dependência pessoal do colono diante do proprietário fundiário que lhe cedia o uso da terra para a produção de sua subsistência.

[223] Cfe. BASBAUM, Leôncio. *História Sincera da República*, t. 1, p. 107.

nistas de Alves Branco,²²⁴ e, conforme colocações de Pedro Calmon, também devido ao espírito empreendedor e visionário de Irineu Evangelista de Souza, o Visconde de Mauá²²⁵ que deu início à implantação da indústria de base em nosso País.

Com a construção de inúmeras estradas de ferro e a conseqüente ligação entre os principais centros econômicos, ocorreu um significativo desenvolvimento das cidades, especialmente do litoral, cuja população, em constante aumento, constituiu um considerável mercado consumidor interno, que passou a consolidar-se a partir de 1890 com a abolição e a imigração. Esse é o momento em que efetivamente passa a existir um investimento mais vultuoso no parque industrial brasileiro, e que podemos registrar como sendo, a partir de 1895, o início de um processo de aceleração do ritmo de crescimento do capitalismo, fenômeno que se estendeu até 1925. As causas dessa aceleração capitalista, no entendimento de Basbaum foram: a) a abolição da escravatura; b) o aumento da imigração e da população em geral; c) o aumento do mercado interno; d) e, por fim, a guerra mundial de 1914-1918, evento que determinou a redução da importação, a cessação da remessa de valores pelos imigrantes aos seus países de origem e, também, a não realização do turismo europeu pelos nobres e entediados fazendeiros.²²⁶

Esse processo de modificação do modo e das relações de produção ocorridas no Brasil ocasionou uma alteração na composição do espectro de classes sociais até então existentes. Se no período imperial escravagista tínhamos basicamente uma dicotomia classista entre senhores e escravos, o quadro no Brasil pré-capitalista e propriamente capitalista é totalmente diverso. Nos momentos iniciais do processo de extinção do modelo escravagista, o período pré-capitalista, vemos surgir o colonato, a meação e a parceria rural, relações econômicas das quais surgiu uma boa parcela da pequena burguesia brasileira. Neste mesmo período, em razão das lutas pela abolição da escravidão, surge, no cenário social brasileiro, a facção dos proprietários rurais não escravistas que nos momentos cruciais deste processo de transformação revelaram-se escravistas, ao apoiarem as frentes pró-escravistas, por temerem, na concepção de Saes, que *uma transformação superestrutural criaria condições mais favoráveis para a luta dos camponeses dependentes contra a dominação pessoal por*

---

[224] Cfe. REBELO, Castro citado por BASBAUM, Leôncio. *História Sincera da República*, t. 01, p. 128.
[225] Cfe. CALMON, Pedro. *História do Brasil*, p. 1694.
[226] Cfe. BASBAUM, Leôncio. *História Sincera da República*, t. 2, pp. 92-93.

eles exercida.²²⁷ Mas o modelo econômico brasileiro começava a modificar-se, e no curso desse processo outras classes sociais surgiram, somando-se àquelas que eram fruto do modelo econômico-social escravista. Assim tínhamos: a) a classe dos proprietários urbanos de escravos, sub-representados politicamente, mas que, mesmo diante do processo de decadência da escravidão, mantinham-se a ela favoráveis; b) a burguesia mercantil escravista, composta basicamente pelos traficantes de escravos, cuja posição em relação à escravidão não é preciso mencionar; c) a burguesia mercantil não-escravista, constituída pelos exportadores, ensacadores, importadores, banqueiros e comissários, que mesmo não sendo proprietária de escravos, mantinha uma ligação muito estreita com os fazendeiros escravistas, classe dominante da época; d) a burguesia industrial, que possuía uma posição paradoxal em relação à escravidão; e) e, por fim, a classe média, composta por homens que exerciam trabalhos não manuais remunerados por salários ou honorários (médicos, engenheiros, advogados, jornalistas, burocratas, contadores, militares de carreira, juízes, escriturários, bancários, representantes comerciais, empregados públicos), professores, etc., mas que até certo período do Brasil imperial mantinham uma estreita relação com as classes dominantes escravistas, por prestarem seus serviços a eles em função das atividades de exploração realizadas dentro do modelo de produção escravagista.

Feita esta breve e sucinta retrospectiva histórica da formação econômico-social do Brasil no período de transição do modelo escravagista para o capitalista, passando pelas relações pré-capitalistas de natureza servil, interessa, para os fins desta análise, abordarmos a evolução das contradições das classes sociais, para melhor compreendermos a formação do Direito burguês, e fazermos a projeção de todo este quadro conjuntural histórico na legislação penal burguesa do Brasil.

Em nossa sociedade escravagista, a contradição fundamental de classes dá-se entre os fazendeiros escravistas – apoiados pela burguesia mercantil escravagista, pelos proprietários urbanos de escravos e por parte da burguesia mercantil não escravista e industrial – e os escravos rurais. Da análise dos interesses de uns e outros, conclui Décio Saes que os primeiros buscavam, a qualquer custo, a manutenção do trabalho forçado nas fazendas e a capacidade de disposição sobre os escravos, como se estes fossem coisas, objetos de propriedade; em posição antagônica apareciam os últimos, cuja pre-

---
²²⁷ Cfe. SAES, Décio. *A Formação do Estado Burguês no Brasil*, p. 215.

tensão principal era a cessação do trabalho forçado, prestado sob vigilância do proprietário da terra e dos instrumentos de trabalho.[228]

Essa contradição de classes surgida dentro do modelo escravagista de produção determinou, depois de visceralmente consolidada, o surgimento do Direito escravista como superestrutura de apoio à manutenção da infra-estrutura econômica.

Mas é da própria reprodução e mutação do modo-de-produção escravagista que surge uma nova classe média urbana, oriunda do desenvolvimento de práticas comerciais internas e da ampliação do aparelho interno de Estado (pós-colonial) e do desenvolvimento de cidades comerciais (p. ex., Santos) e burocráticas (p. ex., Rio de Janeiro). É essa classe que, tomando consciência da desigualdade jurídica que se encontrava em relação às classes dominantes, passa a constituir o outro pólo de contradição com as classes dominantes escravistas, estruturando o movimento abolicionista de classe média, que redefiniu os próprios objetivos da revolta escrava. O objetivo estratégico da oposição da classe média às classes dominantes fundamentou-se na ideologia jurídica burguesa do igualitarismo, e visou à libertação de todos os trabalhadores escravos, para que os membros de todas as classes sociais ascendessem igualmente à condição de sujeitos de direito.[229]

Com a formação de um mercado de trabalho, para a classe média, afastado das relações familiares mantidas com os senhores escravistas, efetivamente passou a existir uma classe média burguesa-capitalista, que comandou o processo de transformação do Estado escravista em burguês.

Causa de relevante importância que levou a classe média a comandar esse processo de transformação burguesa do Estado brasileiro foi a busca pela valorização do seu trabalho. A ideologia escravista desvalorizava não só o trabalhador manual (que em certa medida se confundia com o trabalho escravo), mas, também, o trabalhador não-manual, apesar de não desvalorizar o trabalho intelectual, por considerarem ser este tipo de atividade uma prerrogativa não de trabalhadores, mas dos senhores proprietários de escravos.[230] Havia, em função disto, um recrutamento pelo Estado imperial realizado com base em critérios eminentemente classistas.

É, então, principalmente, a partir dessa luta pela equalização social que a classe média luta pela transformação burguesa do Estado, constituindo-se na principal força dirigente do processo de mu-

---

[228] Cfe. SAES, Décio. *A Formação do Estado Burguês no Brasil*, p. 268.
[229] *Idem*, pp. 276-277.
[230] *Idem*, p. 290.

dança superestrutural. Os seus objetivos políticos, decorrentes da crítica à desvalorização do trabalhador não-manual, conferiram unidade à luta e uma vez agregadas à força composta pelos escravos, impuseram um movimento de mudança inexorável, que se não era querido pelas classes que detinham o poder econômico e político, teve que por elas ser aceito.

Mas se por um lado a classe média erigiu-se em principal força do processo de transformação burguesa do Estado escravista brasileiro, por outro, não teve uma suficiente organização a ponto de instituir um partido político que traduzisse a sua representatividade no âmbito parlamentar e que comandasse nesse nível de poder a sua luta. Pelo contrário, a classe média, se num primeiro momento da sua luta esteve ligada ao PRP (Partido Republicano Paulista), num segundo, diante dos compromissos deste partido com o escravismo e a sua monarquia, tornou-se praticamente apartidária. Dessa situação resultou a sua substituição na esfera representativa pelos militares, e, após a Abolição, converteu-se a oficialidade média do Exército imperial, no partido político da classe média republicana.[231] Essa a causa mais plausível para justificar o governo militar da primeira república, institucionalizado a partir do fato de que os militares assumiram o desfecho do processo de liquidação do Estado imperial-escravagista, ao exprimirem, no campo político, os objetivos perseguidos por uma significativa fração da classe média.

Nesse momento crucial de transformação do Estado brasileiro, a classe média (civil e militar) acumulou os papéis de força dirigente e principal. Ao longo do processo, ela sempre foi a classe dirigente do mesmo, e em determinado momento foi a classe principal, mas jamais foi a classe dominante, ou, por outras palavras, jamais deteve a hegemonia econômico-política do País. Segundo Saes, *o papel desempenhado pela classe média (sobretudo militar) na derrubada da monarquia permitiu que ela se mantivesse, pelo menos até 1894, como* classe reinante; *no Estado burguês semiditatorial do período de 1889 a 1894, a classe média* reinou *(seus representantes políticos controlando vários ramos do aparelho do Estado), mas quem* governou *foram as classes exploradores e proprietárias (cujos interesses mais gerais modelaram a política de Estado) e quem deteve a* hegemonia política *foi o bloco cafeeiro (cujos interesses econômicos foram prioritariamente atendidos pela política econômica de Estado).*[232]

E é com o enfoque neste quadro de correlação de forças políticas e do efetivo governo político-econômico pelas classes dominantes

---

[231] Cfe. SAES, Décio. *A Formação do Estado Burguês no Brasil*, p. 314.

[232] *Idem*, p. 317.

proprietárias que devemos analisar a formação do Direito burguês em geral e, também, do direito penal correspondente.

Antes de entrarmos na análise específica da legislação constitucional e penal surgida a partir da Revolução antiescravista, faz-se pertinente uma colocação de ordem genérica em relação à formação do Estado burguês no Brasil.

Como já dito anteriormente, a Revolução antiescravista transformou o Estado escravista moderno em Estado burguês, sem que tenha havido a dominância ou a consolidação das relações de produção capitalistas. A dominância das relações de produção capitalistas sempre esteve atrelada à transformação superestrutural ou à revolução política burguesa, que se não se apresenta como condição suficiente para o estabelecimento deste tipo de dominação, é, pelo menos, uma condição necessária. A formação de qualquer Estado burguês pressupõe a existência de dois elementos fundamentais: um Direito (normas e organizações materiais que façam cumprir tais normas) e um aparelho de Estado (burocracia) organizado segundo os princípios formalizados de não-proibição de acesso, às tarefas do Estado, de membros da classe explorada (produtores diretos) e da hierarquização das tarefas do Estado, segundo a competência (burocratismo).[233]

No caso brasileiro, a pergunta que se coloca, em termos de formação do Estado burguês, é a seguinte: os episódios da Abolição da Escravatura, a Proclamação da República e a Assembléia Constituinte determinaram ou não a formação do Direito burguês e a reorganização do aparelho de Estado segundo os princípios do burocratismo? A resposta a tal questão dada por Saes é afirmativa, acrescentando o historiador da Universidade de Campinas que, todavia, as transformações (Direito e aparelho de Estado) não foram simultâneas; apresentaram-se, na verdade, como etapas sucessivas de um processo único.[234]

Historicamente, da observância dos mais diversos Estados burgueses, é possível concluir que essas duas transformações não ocorrem necessariamente em tempo simultâneo. A simultaneidade ou a defasagem entre a formação do Direito burguês e a reorganização do aparelho de Estado depende, fundamentalmente, do desenvolvimento da luta de classes em cada formação social pré-capitalista.

---

[233] Sobre o Estado burguês ver KUUCINEN O. V. *Fundamentos do Marxismo-Leninismo*, p. 165; AFANASSIEV, V. G. *Filosofia Marxista*, Rio de Janeiro: Vitória, pp. 303 e segs.

[234] Cfe. SAES, Décio. *A Formação do Estado Burguês no Brasil*, p. 185.

No Brasil, a destruição do Direito escravista e a formação do Direito burguês antecederam a reorganização do aparelho do Estado, enquanto, por exemplo, na revolução antifeudal francesa, a liquidação do Direito feudal (abolição definitiva dos direitos senhoriais em 17.07.1793) foi praticamente simultânea à reorganização em termos burgueses do aparelho de Estado (Constituição de 24.06.1793).

A modificação gradual do Direito escravista rumo a um Direito burguês capitalista iniciou-se ainda no Brasil imperial, momento histórico em que ainda dominava o modelo de produção baseado no trabalho escravo, com a entrada em vigência de medidas governamentais, tais como a Lei do Ventre Livre (1871), a taxação do tráfico interprovincial de escravos (1880, 1881) e a Lei dos Sexagenários (1885), todas constituindo etapas de um processo que culminou com a Lei de 13.05.1888. Estas medidas poderiam parecer, diante de uma leitura mais apressada, como resultado da alteração dos interesses das classes econômica e politicamente dominantes. Na verdade, a classe dos senhores de escravos e proprietários de terras jamais pretendeu a abolição, e, substancialmente, estas leis surgiram mais em decorrência de uma concessão estratégica que propriamente de uma alteração da consciência da classe hegemônica. Senão vejamos.

O projeto da Lei do Ventre Livre sofreu sérias resistências por parte dos plantadores de café, sendo que a sua apresentação chegou até mesmo a dividir o Partido Conservador, proponente da medida. Em sua fase legislativa de discussão e votação, os deputados das províncias cafeeiras votaram dominantemente contra o projeto, que só foi aprovado graças ao apoio dos deputados do Norte-Nordeste.[235] Mas é no próprio texto da lei que observamos o seu caráter concessivo. A cabeça do artigo 1º determinava a libertação dos filhos de mãe escrava, enquanto o parágrafo do mesmo dispositivo dispunha que o senhor poderia manter o liberto sob sua guarda até os vinte e um anos, solução normativa que implicava a possibilidade da manutenção do beneficiado como escravo até a sua libertação definitiva.

Também estrategicamente foi aprovada a taxação do tráfico interprovincial de escravos, como uma medida destinada a evitar a desescravização das províncias do Norte-Nordeste, que ponteavam o processo de libertação, garantindo-se, assim, a manutenção de compromissos das diversas frações regionais das classes dominantes com a conservação da escravidão.[236]

---

[235] Cfe. SAES, Décio. *A formação do Estado Burguês no Brasil*, pp. 239-240.

[236] *Idem*, p. 241.

Por fim, a Lei dos Sexagenários, aprovada num contexto social marcado claramente pelo avanço acelerado do movimento antiescravista, teve como principal objetivo liberar os senhores escravagistas do ônus de sustentarem escravos cuja capacidade de trabalho já se encontrava esgotada, não só pela idade, mas, principalmente, pelas condições de vida a eles ofertadas ao longo da do processo de escravidão.[237]

Da análise destes textos legais é possível concluir que mesmo perdendo terreno em relação às suas pretensões de manutenção do modelo escravagista de produção, a classe dominante dos senhores do café, com todos os apoios classistas que a ela se agregavam, jamais perdeu totalmente o controle político do Estado. Como já referido anteriormente, mesmo perdendo o controle do aparelho do Estado por um curto período (Primeira República), sempre manteve sua posição de interveniente no processo de reorganização do Estado burguês, pois sempre se manteve majoritária nas Casas Legislativas.[238]

Essa situação de dominação e intervenção das classes dominantes não se apresentou de forma diversa em relação às matérias objeto de regulação pela legislação penal.

O Código Criminal de 1890 aparece como a primeira codificação adaptada ao novo modelo social capitalista pretendido, e cuja instalação era, então, inexorável. Nele, algumas particularidades denunciam o atendimento de interesses relevantes às classes dominantes, processo que correu paralelamente ao da consolidação do modelo capitalista, e seria complementado e acabado com o Código Penal de 1940.

Vê-se que no primeiro Código Penal republicano, o igualitarismo jurídico pretendido pela classe média foi concedido com a extinção dos crimes de insurreição de escravos. Mas por outro lado, toda a sociedade tornou-se destinatária do crime de sonegação de impos-

---

[237] Cfe. SAES, Décio. *A formação do Estado Burguês no Brasil*, p. 242.

[238] Refere SAES que *após a Abolição e a Proclamação da República, as classes dominantes de São Paulo (fazendeiros, comissários, exportadores), apoiadas pelo capital imperialista inglês, intervieram no processo de reorganização do aparelho do Estado (participação no governo provisório, atuação como grupo de pressão no episódio da Assembléia Constituinte); visavam, desse modo, fazer com que o Estado burguês nascente assumisse uma forma (Federação, democracia presidencialista) conveniente à sua luta pela conquista da hegemonia política. Atingiram parte de seu objetivo (a república federativa) e, acionando os instrumentos políticos (autonomia financeira, capacidade tributária, força armada própria: a Força Pública) propiciados pela descentralização do aparelho de Estado, passaram a acumular forças para liquidar a ditadura militar burguesa instaurada em 1889, controlar diretamente o aparelho central de Estado e tornar-se politicamente hegemônicas no plano nacional*. Idem, p. 346.

tos, previsto na segunda parte do artigo 265, restrito somente aos impostos de entrada, saída e consumo de mercadorias que, em última análise, especialmente o primeiro e o último, atingiam majoritariamente a maior parte da população, constituída pelas classes baixa e média, às quais era repassado, indiretamente no preço do produto, o valor destes tributos recolhidos diretamente pelas classes altas. Paradoxalmente, jamais figurou como objeto de uma norma penal incriminadora o não-pagamento de imposto territorial rural, mesmo havendo, desde a Constituição de 1891, a previsão da sua instituição, da mesma forma como constitucionalmente era prevista a instituição do imposto sobre circulação de mercadorias. Dois pesos e duas medidas utilizadas pelo legislador penal, para beneficiar os proprietários rurais, como até hoje é feito.

O mesmo tratamento foi dado ao imposto de renda. Apesar de não estar elencado no rol de impostos a serem instituídos pelo Estado, este tributo passou a ser exigível no País a partir da entrada em vigor da Lei n. 4.625, de 31.12.1922. Inobstante tal previsão, o pagamento deste tributo somente passou à categoria de bem jurídico merecedor da tutela penal do Estado a partir da existência e vigência da Lei nº 4.729, de 14.07.1965.

Ainda no Código Penal de 1890, observamos uma significativa ampliação dos crimes contra o patrimônio em relação ao rol da mesma natureza constante na codificação anterior. O crime de furto sofre uma série de especificações, visando a atingir, prevalentemente, uma nova clientela constituída por uma crescente população urbana composta especialmente pelos escravos libertos e pelos operários provenientes das classes mais baixas, prováveis praticantes desta espécie de crimes, especialmente em razão da situação de exploração de sua força de trabalho a que estavam submetidos. Até mesmo na previsão deste delito, a classe dominante da época, os proprietários rurais tiveram o cuidado de inserir hipóteses incriminadoras que viessem a proteger seus interesses: a previsão, no § 1º do artigo 331, do crime de retirada de animais de pastos de fazendas de criação e lavoura, e no § 2º do mesmo artigo, do delito subtração de produtos de estabelecimentos de lavoura, ambos punidos com pena de multa acrescida com a sexta parte e pena corporal.

Nesse mesmo título, ainda observamos na primeira legislação criminal republicana a instituição dos crimes contra a propriedade literária, artística, industrial e comercial, manifestando a proteção de bens jurídicos de interesse da própria classe dos senhores do café, que tinham uma considerável pretensão artística e literária, bem como de seus fiéis aliados na corrida antiescravista, a burguesia industrial que começava a estruturar-se no País.[239]

Mas o processo de reorganização do Estado pelas classes dominantes, especialmente de São Paulo (fazendeiros, comissários e exportadores) não cessou. A consolidação da dominância das relações de produção capitalistas deu-se a partir de 1930, com a efetiva subordinação da agricultura pela indústria. No âmbito de representação política, pouca coisa havia alterado, e os detentores do poder político refletiram suas pretensões também no Código de 1940, com uma ampliação ainda maior do catálogo dos crimes contra o patrimônio, chegando a situações absurdas como, por exemplo, a previsão da qualificação do delito de furto pelo emprego de chave falsa, dispositivo que surgiu para atender aos interesses daqueles que possuíam quantias de dinheiro guardadas em cofres debaixo de suas camas, e que só poderiam ser abertos por terceiros que não os proprietários, mediante o emprego de uma chave que não fosse a verdadeira. Evidentemente, podemos concluir que os pertencentes a estas castas não eram os componentes das classes baixas ou da pequena burguesia, mas, sim, os senhores proprietários componentes das classes altas e com a dominação política.

Ainda dentro do Código Penal de 1940, observa-se que, na escala axiológica de relevância dos bens jurídicos protegidos pela referida lei penal, o principal bem jurídico vem a ser o patrimônio, pois o delito mais duramente penalizado abstratamente é a extorsão mediante seqüestro seguida de morte, constante no título dos crimes contra o patrimônio. E ainda, para finalizar, sempre houve disposições especiais para proteger a propriedade rural, tais como a alteração de limites, o esbulho possessório.

Conclui-se que a escala de bens jurídicos protegidos penalmente, traduzida na instituição de tipos penais, muito mais do que a função de garantia do exercício dos direitos fundamentais constitucionais pelos cidadãos, já eqüalizados juridicamente em tese, teve e ainda tem uma função de atender aos interesses econômicos das classes detentoras do poder político ao longo de nossa história.

Isso se deve em grande parte às possibilidades legislativas que tem o sistema jurídico a partir fato de que o nosso modelo normativo de Direito adotou e adota o paradigma da mera legalidade ou legalidade formal, o qual não oferece qualquer obstáculo à atividade legislativa incriminadora. E para garantir esses interesses criam-se

---

[239] Conclui SAES, Décio. *A Formação do Estado Burguês no Brasil*, p. 349, que *foi a classe dos capitalistas industriais, e não a dos proprietários fundiários ou a dos capitalistas mercantis, a grande beneficiária, no longo prazo, da revolução política burguesa de 1888-1891.*

algumas aberrações históricas. Basta que lancemos um olhar para nossa atual Constituição. As limitações substanciais expressas ao poder de legislar em matéria penal restringem-se à proibição da previsão abstrata das penas de morte, perpétua, cruéis, de trabalho forçado e banimento (art. 5º, XLVII), além das já conhecidas garantias de natureza formal, e nada mais. Noutro sentido, com o objetivo de proteção à propriedade, instituiu o legislador constituinte, no Título VI (Da Tributação e do Orçamento), Capítulo I (Do sistema Tributário Nacional), uma seção inteira (Seção II), composta por três artigos (150, 151 e 152), subdivididos em sete parágrafos, nove incisos e seis alíneas, com uma série de disposições bem especificadas relativas às limitações ao poder estatal tributário. Para a garantia dos homens, meia dúzia de disposições, a maioria de natureza formal; para a garantia do patrimônio, uma série de disposições, preponderantemente de características substanciais.

4.2. PROJEÇÃO GARANTISTA PARA UMA FILTRAGEM DAS LEIS PENAIS

Do exposto no item anterior, é possível concluir que, historicamente, os legisladores criminais, ao realizarem as escolhas dos bens jurídico-penais que deveriam e mereceram ter proteção jurídica através da edição de normas desta natureza, priorizaram muito mais os interesses das classes dominantes econômica e politicamente, com o objetivo de resguardar mais o modo-de-produção da riqueza e as relações daí decorrentes, do que propriamente as demandas de garantia da população em geral, cristalizadas na observância e realização dos direitos fundamentais, frente ao exercício do poder estatal penal. Evidentemente que à medida que foram sendo positivados alguns princípios garantistas, os efeitos destas opções foram suavizados, mas ainda não atingimos graus de garantia suficientemente razoáveis a ponto de estarmos sem qualquer angústia em relação às possibilidades de violações dos direitos fundamentais pelo sistema penal. Nesse sentido, inobstante os avanços já conseguidos em nossa legislação em direção à constituicionalização e à humanização do direito penal, ainda assim observamos a existência de alguns ranços antigarantistas, tanto no plano abstrato (normativo), quanto no concreto (operacional).

Temos, lado a lado, uma das Constituições mais modernas do planeta e práticas operativas, legislativas, judiciais e executivas, que muitas vezes se aproximam da barbárie, por se distanciarem da realização os direitos fundamentais condensados nas convenções internacionais e no pacto político.

Com a entrada em vigor da nova ordem constitucional, instituindo normativamente um Estado Democrático de Direito, tornou-se imperativo pôr em questionamento a validade das normas infraconstitucionais precedentes, de natureza penal, especialmente as que constituem o nosso catálogo de delitos. Já há algum tempo, com a angústia do olhar crítico, questionava Dometila de Carvalho, com extrema pertinência, *qual o tratamento a ser dado às antigas leis penais, produzidas e fundadas em situação histórica diversa, a fim de torná-las compatíveis com a nova ordem constitucional, sem feri-la, por via reflexa, por inadequação com os seus princípios e valores, mormente o valor justiça, adjetivado, na nova ordem, pelo valor social.*[240] A resposta a tal aporia foi dada pela mesma autora ao dizer que a não-fundamentação de uma norma penal em qualquer interesse constitucional, implícito ou explícito, ou o choque dela com o espírito que perambula pela Lei Maior, deveria implicar, necessariamente, a *descriminalização* ou não aplicação da norma penal.[241] Em suma, cogente torna-se o seu afastamento do sistema.

Numa projeção garantista de realização do Estado Democrático de Direito, pela efetivação dos direitos fundamentais, a Constituição depende, para ser efetivamente eficaz, de uma legislação hierarquicamente inferior que atenda aos reclamos sociais positivados constitucionalmente. E isso não pode ficar estranho ao direito penal. Mesmo diante desta imposição categórica aplicável à complexa estrutura normativa de um Estado de Direito, nosso sistema normativo penal, por continuar preso a uma dogmática hermética, com práticas hermenêuticas vinculadas a uma metodologia normativa purista, cunhadas com fundamento nos paradigmas da filosofia ontológica e da consciência, ainda se encontra distanciado da nova realidade principiológica constitucional.

A solução mais imediata e plausível para uma relegitimação do sistema penal, de forma a configurá-lo de acordo com o paradigma do Estado Democrático de Direito presente em nossa Constituição Federal, é a revisão do conteúdo das normas penais, reponderando-se a relevância de todo o rol de bens jurídicos protegidos por esta parcela da legislação, tendo como horizonte de projeção a matriz constitucional que nos delineia um Estado em que as condições de eficácia das normas permitam não só uma segurança jurídica suficiente aos padrões liberais, mas, adiante disto, permita tornar juridi-

---

[240] Cfe. CARVALHO, Márcia Dometila Lima de. *Fundamentação Constitucional do Direito Penal*, p. 22.

[241] *Idem*, p. 23.

camente segura a realização do Estado social, de características bem mais intervencionistas.²⁴² Neste sentido, importantes são as colocações de Palazzo, segundo quem, *enquanto as indicações constitucionais de fundo (que atuam no sentido da descriminalização) são, ainda, expressão de um quadro constitucional característico do Estado liberal de direito, pressupondo, outrossim, uma implícita relação de "tensão" entre política criminal e direito penal, as vertentes orientadas no sentido da criminalização traduzem a expressão de uma visão bem diversa do papel da Constituição no sistema penal: as obrigações de tutela penal no confronto de determinados bens jurídicos, não infreqüentemente característicos do novo quadro de valores constitucionais e, seja como for, sempre de relevância constitucional, contribuem para oferecer a imagem de um Estado* empenhado e ativo *(inclusive penalmente) na persecução de maior número de metas propiciadoras de transformação social e da tutela de interesses de dimensões ultraindividual e coletivas, exaltando, continuamente, o papel instrumental do direito penal com respeito à política criminal, ainda quando sob os auspícios – por assim dizer – da Constituição.*²⁴³

---

²⁴² Lembra Dometila de Carvalho a respeito disto que só a infiltração, a concretização dos valores preconizados pela Constituição, na futura Parte Especial do Direito Penal, propiciará a almejada justiça social. Para tal desiderato, julga importante a Procuradora da República não esquecermos do caráter fragmentário do direito penal, a sua indispensável eticidade, a conveniência de que sejam utilizadas, antes da sanção penal, todas as outras de que dispõe o Direito (civis, fiscais e, com cautela, inclusive as premiais). Há, nesse sentido, a necessidade de formular-se rigorosamente um elenco de bens jurídico-penais compatibilizados com a Constituição, a partir do que será possível evitar-se uma série de abusos do poder punitivo, em detrimento de valores mais relevantes. Cfe. Dometila de Carvalho, *Fundamentação Constitucional do Direito Penal*, p. 46.

²⁴³ Cfe. PALAZZO, Francesco. *Valores Constitucionais e Direito Penal*. Porto Alegre: Sergio Antonio Fabris, 1989, p. 103. Esta função estatal transformadora, baseada no atendimento de direitos ultraindividuais e coletivos, mediante a interferência criminal, objetivando o cumprimento dos deveres individuais de solidariedade econômica e social, e, também, a remoção dos obstáculos econômicos e sociais que se opõem à realização de uma sociedade mais justa e igualitária, tem encontrado um significativo suporte nas indicações constitucionais criminalizadoras. A Constituição brasileira, seguindo os modelos das Constituições européias do pós-guerra, adotou um extenso rol de cláusulas desta natureza, como, por exemplo: no artigo 5º, incisos XLII, XLII, XLIII, XLIV; no artigo 225, § 3º; no artigo 192, § 3º. Em nosso entendimento, essas obrigações constitucionais criminalizadoras são desnecessárias. A simples elevação axiológica de um bem jurídico ao patamar constitucional seria suficiente para ensejar a sua proteção legal infraconstitucional penal, mediante a edição de uma lei incriminadora. A contemplação em nível constitucional de todo um elenco de direitos sociais, mesmo não havendo a obrigação expressa de editar leis penais para sua proteção, seria suficiente para impor ao legislador ordinário tal dever. Por outro lado, cremos, também, que o texto constitucional não tem a característica de conter tecnicismos jurídico-penais, com a finalidade de impor obrigações de criminalização e penalização nos níveis normativos hierarquicamente inferiores.

Mas aqui retornamos a um problema que já mencionamos no item 3.2.2.1: a tipologia principiológica de nossa Constituição Federal possui algumas defecções que podem permitir a subsistência de algumas normas infraconstitucionais sem que haja qualquer antinomia em relação à Lei Maior, inobstante a aplicação concreta das mesmas constitua-se em fato violador de direitos fundamentais. Assim sendo, julgamos importante na proposta de filtragem das leis penais a ser feita a seguir, que a compatibilidade das mesmas seja estendida também em relação aos princípios garantistas consolidados nas Convenções Internacionais de direitos humanos recepcionadas pelo sistema jurídico brasileiro, especialmente a Declaração Universal dos Direitos Humanos (1948) e a Convenção Americana sobre Direitos Humanos (Pacto de San José de Costa Rica – 1969).

A projeção a seguir não pretende ser taxativa, mas apenas indicativa das invalidades que maculam o sistema infraconstitucional em relação aos princípios contidos na Constituição e nas Convenções Internacionais.

Por outro lado, considerando-se que os direitos fundamentais não se esgotam nos direitos individuais, mas abrangem também os direitos sociais, e que estes assinalam conteúdos de difícil dedução legislativa em matéria penal, entendemos que, parcialmente, pela recepção dos princípios garantistas liberais, constitucionais e convencionais, pela legislação infraconstitucional, dá-se, inexoravelmente, uma redução do aparato estatal penal, o que, por via reflexa, gera possibilidades de redimensionamento dos investimentos públicos, a serem deslocados do âmbito da aplicação da lei penal para a realização dos direitos sociais, atendendo-se, com isso, ao paradigma do Estado Democrático de Direito, por tornar-se possível a realização de direitos de natureza social.

4.2.1. A violação do princípio da legalidade pelas normas penais em branco, pelos tipos penais com elementos normativos e pelas medidas de segurança

Ao analisarmos anteriormente o princípio da legalidade, vimos que o mesmo compõe-se: a) em sentido amplo, pela mera ou formal reserva da lei, isto é, pela proibição de que se introduzam ou se modifiquem tipos delitivos por procedimentos administrativos ou judiciais, e não por lei; b) em sentido estrito ou substancial, pela taxatividade penal, é dizer, pela obrigação de que a lei defina expressamente as características do fato delitivo, de modo que se assinale exatamente seu âmbito e se faça possível sua aplicação mediante teses judiciais verificáveis e refutáveis juridicamente; e, pela anterioridade da lei penal.

Para os objetivos da presente seção, que é o de apontar a invalidade de algumas normas penais diante dos enunciados desses princípios, cabe destacar que em relação à anterioridade, o sistema normativo brasileiro satisfaz amplamente os anseios garantistas, sendo portanto dispensável qualquer extensão de comentários a este respeito. Mas o mesmo não ocorre com relação aos outros dois componentes da legalidade, especialmente pela existência das normas penais em branco e dos elementos normativos em diversos tipos penais. Vejamos.

4.2.1.1. As normas penais em branco

Possuímos uma série de dispositivos em nossa legislação que se completam ou são regulamentados mediante a edição de outras espécies normativas diversas da lei *stricto sensu*, como, por exemplo, portarias, regulamentos ou editais. Assim, ilustrativamente, temos:

a) o artigo 2º, VI, da Lei n. 1.521/51, que criminaliza a transgressão de tabelas oficiais de gêneros e mercadorias, ou de serviços essenciais, aprovadas por órgãos oficiais, e que se completa com a expedição (baseada no poder de polícia) de portarias ou editais administrativos;

b) o artigo 268 do Código Penal, pelo qual define-se a figura delituosa da infração de medida sanitária preventiva da seguinte forma: "Infringir determinação do poder público, destinada a impedir propagação de doença contagiosa". Seu complemento se concretiza nas determinações do poder público mediante editais ou portarias, oficialmente publicados, pelos poder público estatal e até mesmo municipal;

c) o artigo 269 que pune o fato de "deixar o médico de denunciar à autoridade pública doença cuja notificação é compulsória", que são determinadas através de regulamentos;

d) o artigo 12 da Lei n. 6.368/76, que define o crime de importação ou exportação, preparo, produção, etc. de "substância entorpecente ou que determine dependência física ou psíquica, sem autorização ou em desacordo com determinação legal ou regulamentar". Pelos termos do artigo 36 da referida lei, consideram-se substâncias entorpecentes ou capazes de determinar dependência física ou psíquica "aquelas que forem especificadas em lei ou relacionadas pelo Serviço Nacional de fiscalização da Medicina e Farmácia, do Ministério da Saúde". Vê-se que o complemento pode até mesmo ser expedido por órgão diverso da própria União, única pessoa jurídica de direito público competente para legislar em matéria penal.

Já havendo uma inflação penal desmedida que torna impossível o conhecimento, pela população, das condutas consideradas ilícitas, a situação criada pelas normas penais em branco, que transferem basicamente à esfera administrativa a atribuição de regulamentar a extensão dos tipos penais, torna-se ainda mais agravada. Não concordamos com a despreocupação de Soler quanto à não existência de qualquer função repressiva na regulamentação administrativa das normas penais em branco. Para o penalista argentino, a lei penal em branco que defere a outro a fixação de determinadas condições, não é nunca uma carta branca outorgada a esse poder para que assuma funções repressivas e, sim, o reconhecimento de uma faculdade meramente regulamentar.[244] Ora, se não há uma transferência da função repressiva, no mínimo existe um deslocamento da complementação da norma penal, a ser feita através de uma outra espécie legislativa que não a lei, o que viola o princípio da reserva legal. Por outro lado, há um aumento significativo da extensão do enunciado da norma penal, em instrumentos normativos de difícil acesso aos destinatários do sistema normativo, pois os regulamentos, portarias ou editais administrativos são praticamente desconhecidos dos cidadãos, o que, sem dúvida alguma, enfraquece substancialmente a função de garantia dos tipos penais.

Diante dessa situação, impõe-se, na medida do possível, uma das seguintes soluções:

a) o afastamento dessas normas do sistema;

b) a inserção do conteúdo dos regulamentos no corpo do próprio dispositivo ou como anexo da própria lei de forma taxativa, como forma de atendimento aos critérios garantistas da reserva legal e da determinação taxativa;

c) em última instância, no mínimo deve haver uma política legislativa que oriente no sentido da não utilização deste tipo de normas.

4.2.1.2. *A indeterminação dos tipos com elementos normativos e o conseqüente aumento da discricionariedade judicial*

Também em franco desrespeito ao princípio da taxatividade dos enunciados penais incriminadores, aparecem os elementos normativos dos tipos penais, componentes da sua estrutura que exigem, para sua ocorrência, um juízo de valor, dentro do próprio campo da tipi-

---

[244] Cfe. SOLER, Sebastián *apud* JESUS, Damásio E. *Direito Penal.*, p. 19.

cidade. Isso dificulta extremamente, se não impossibilita a verificabilidade da ocorrência do elemento do tipo, pois dependendo de um juízo axiológico, afasta-se do plano do verificável, aproximando-se do âmbito do opinável. Tais situações geram um significativo aumento do poder discricionário do juiz, no momento da adequação típica, fazendo surgir uma total incerteza quanto aos limites do punível, pois a definição desses elementos depende de uma compreensão, por parte do aplicador da lei, muito mais espiritual que material. Há, nestes casos, um esvaziamento do significado empírico ou extensional dos termos usados pela norma incriminadora que possibilita a expansão do poder de disposição judicial.

Nosso sistema normativo penal contém uma enormidade de tipos em cuja estrutura encontramos essas espécies de elementos normativos, os quais, geralmente, buscam dar proteção a aspectos eminentemente morais, especialmente a honra e a liberdade sexual. Essa realidade semântica se constitui em uma lesão das garantias proporcionadas pela objetividade dos elementos do tipo, e reclama, ou a declaração da invalidade das normas que os possuam em seus enunciados, ou, em alguns casos, a reconstrução das mesmas sem tais elementos.

Exemplificativamente, temos as seguintes normas incriminadoras em nosso Código Penal que contêm tais elementos:

a) artigos 151, § 1º, II; 162; 192, I; 196, § 1º, VII; 296, § 1º; 316; 317 e 319, pois nelas está presente o termo "indevidamente";

b) artigos 153; 154; 244; 246 e 248, por neles constar a expressão "sem justa causa";

c) artigo 140, por conter os significantes "dignidade" e "decoro";

d) artigos 215; 216 e 219, pois neles está inserida a expressão "mulher honesta";

e) artigos 132; 136; 271; 272; e 278, por conterem a palavra "saúde";

f) artigo 131, que faz referência a "moléstia grave";

g) artigos 233 e 234, por neles estarem incluídas as expressões "ato obsceno", "objeto obsceno" e "caráter obsceno";

h) artigo 227, por conter a palavra "lascívia";

i) artigo 134, pois nele está incluída a expressão "para ocultar desonra própria";

j) artigos 219 e 229, pois encerram a expressão "para fim libidinoso".

l) artigo 14 da Lei n. 5.250/67, por conter as expressões "ordem política e social";

m) artigo 17 da Lei n. 5.250/67, pois nele estão inseridas as expressões "moral pública" e "bons costumes".

É praticamente impossível afastarmos todos os tipos penais com elementos normativos do sistema normativo punitivo, mas, seguindo a mesma orientação feita às normas penais em branco, entendemos que também quanto a estas espécies de normas incriminadoras deve haver uma orientação política legislativa aos legisladores no sentido de evitarem a sua utilização o máximo possível.

4.2.1.3. A indeterminação das medidas de segurança e as possibilidades de prisão perpétua

Entendemos também como violadoras do princípio da legalidade todas as normas que instituem e possibilitam a aplicação concreta das medidas de segurança.

Com a reforma penal de 1984, pareceu um significativo avanço a substituição do sistema do duplo binário, pelo qual era possível a aplicação cumulativa de pena e medida de segurança, pelo atual sistema em que as penas são aplicáveis aos imputáveis e semi-imputáveis e as medidas de segurança somente aos inimputáveis, por tempo indeterminado e pela prática de qualquer fato delituoso.

Através de uma análise crítica da estrutura das medidas de segurança não podemos deixar de afirmar que as mesmas se constituem em verdadeiras privações de liberdade associadas a tratamentos médicos forçados. São elas, longe de qualquer dúvida, verdadeiras conseqüências penais de um fato delituoso, ainda que não lhes seja reconhecido o caráter de pena. Do ponto de vista substancial-garantista, isto implica uma limitação ou perda de direitos fundamentais de significativa magnitude, com um conseqüente comprometimento de bens jurídicos dos que a elas se submetem, em maior medida até mesmo que as próprias penas, pois o tratamento médico psiquiátrico prolongado, em instituições manicomiais onde somente há a convivência com pessoas debilitadas mentalmente, causa uma deterioração psíquica e uma dessocialização irreversíveis.

Se a pena que se impõe aos imputáveis, pessoas capazes de compreender a realidade e discernir-se com base neste entendimento, e que, portanto, têm capacidade de reação diante das vicissitudes que o mundo apresenta, reclama racionalidade e humanidade, muito mais se exige, sob estes aspectos, com relação às medidas de segurança aplicáveis àqueles que não têm condições de superar as dificuldades cotidianas. Mas totalmente distanciado dessas exigências está o nosso sistema punitivo ao não prescrever nenhum limite legal, tanto quantitativa quanto qualitativamente em relação ao tratamento psiquiátrico no qual se constituem as medidas de segurança.

No aspecto qualitativo, o tratamento forçado fica nas mãos dos médicos psiquiatras que podem adotar qualquer técnica que julguem necessárias e adequadas à domesticação dos perigosos, o que em não raros casos mais tem piorado o estado de saúde mental do internado do que propriamente lhe propiciado qualquer melhora. Há uma necessidade urgente de serem estabelecidos limites materiais aos procedimentos médicos a serem adotados nos internados por aplicação de medidas de segurança.

Por outro lado, quantitativamente, também inexiste qualquer limitação à duração da execução das medidas, podendo elas até mesmo chegarem a ser verdadeiras segregações perpétuas em ambientes tão ou mais insalubres que os próprios presídios. Há, quanto à possibilidade de desinternação do inimputável, e, conseqüentemente, quanto a sua colocação em liberdade, um deslocamento do poder decisório do juiz para os médicos, pois dificilmente uma decisão judicial contraria a recomendação contida em um laudo psiquiátrico.

É totalmente inadmissível que uma medida de segurança venha a ter uma duração maior que a medida da pena que seria aplicada a um imputável que tivesse sido condenado pelo mesmo delito. Se no tempo máximo da pena correspondente ao delito o internado não recuperou sua sanidade mental, injustificável é a sua manutenção em estabelecimento psiquiátrico forense, devendo, como medida racional e humanitária, ser tratado como qualquer outro doente mental que não tenha praticado qualquer delito.

Pelo exposto, especialmente em razão da ausência de determinação qualitativa e quantitativa na execução das medidas de segurança, entendemos que os dispositivos a elas referentes são inconstitucionais por violarem o princípio da legalidade.

4.2.2. A violação do princípio da necessidade pelos delitos punidos com pena de multa e pelas contravenções

O princípio da necessidade ou da intervenção mínima, mesmo não estando positivado em nosso catálogo principiológico constitucional e nem em nosso sistema normativo infraconstitucional, é um princípio que pode e deve ser deduzido, tanto pelo legislador quanto pelos aplicadores da lei, dos demais elementos principiológicos fundamentadores do Estado Democrático de Direito. Esta é, por exemplo, a opinião de Everardo da Cunha Luna, para quem este *é um princípio imanente que por seus vínculos com outros postulados explícitos, e com os fundamentos do Estado de Direito se impõem ao legislador, e mesmo ao hermenêuta.*[245]

A estrita necessidade das leis penais impõe-se, segundo Luisi, para evitar e restringir uma legislação inadequada e injusta, e mesmo, se possível, eliminar o arbítrio do legislador.[246]

Já os franceses, em 1789, inseriram em sua Declaração dos Direitos do Homem e do Cidadão a determinação de que "A lei deve estabelecer penas estrita e evidentemente necessárias".

A partir desse princípio, cunhou a doutrina o chamado caráter fragmentário do direito penal, pelo qual o mesmo destina-se somente a coibir condutas efetivamente lesivas a bens jurídicos de terceiros, de alta gravidade social e cujo conflito gerado não possa ser solucionado por remédios jurídicos de natureza extrapenal. Mas o comportamento histórico dos legisladores de matéria criminal não esteve atento a este princípio. Em profunda pesquisa, Luisi demonstra a preocupação de inúmeros penalistas com a inflação penal que afetou diacronicamente os sistemas punitivos.[247]

A realidade quanto à nossa legislação não é diferente. Temos em nosso catálogo de delitos uma quantidade enorme de tipos penais que tutelam bens e interesses jurídicos que poderiam ser protegidos por medidas de natureza não penal, sem impor aos cidadãos que sofrem a incidência de tais normas, a conseqüência de suas sanções e os seus efeitos secundários, o vexame de terem seu *status civitatis* manchado por um processo e uma condenação criminal.

4.2.2.1. A descriminalização dos delitos que atualmente são punidos com pena de multa

Os sistemas punitivos ocidentais, no que se refere às conseqüências do delito, caracterizam-se fundamentalmente pela imposição de penas privativas de liberdade. As penas de multa aparecem nesse quadro como exceções, e constituem-se em uma metástase desnecessária do sistema penal.

As penas pecuniárias apresentam, especialmente em sua execução, algumas aberrações. Em primeiro lugar, são impessoais, pois qualquer um pode pagá-las, até mesmo os que não tenham qualquer relação com o delito por elas punido. Por segundo, é de destacar que são seletivas e discriminatórias, por atingirem o patrimônio.[248]

---

[245] Cfe. LUNA, Everardo da Cunha *apud* LUISI, Luiz. *Os Princípios Constitucionais Penais*, p. 25.

[246] Cfe. LUISI, Luiz. *Os Princípios Constitucionais Penais*, p. 25.

[247] *Idem*, pp. 27-30.

[248] Uma das situações mais marcantes que denota a seletividade e a discriminação resultante da existência das penas de multa em nossa legislação é a decorrente das

Por outro lado, e esta é uma questão de relevante importância, as penas pecuniárias representam a solução de um conflito pela transferência de patrimônio, medida que caracteriza o modo de solução dos conflitos de natureza não-penal. Ora, se o legislador, ao avaliar a relevância do bem jurídico protegido pela norma penal que comina abstratamente pena de multa, o valorou como sendo uma conduta de lesividade ínfima, sem gravidade, pois a imposição pecuniária resulta suficiente para a proteção do bem, caso contrário a pena cominada seria privativa de liberdade, e sendo o pagamento de valores uma sanção de natureza privada, porque razão mantêm-se estas condutas dentro do rol de delitos?

Tendo em vista o caráter fragmentário do direito penal, pelo qual este se destina somente a incidir sobre as condutas consideradas mais graves, resulta incoerente que seja mantida dentro da esfera da punição penal esta espécie de condutas. Como coloca Ferrajoli, *si queremos – por coherencia con nuestro modelo de derecho penal mínimo, y en particular con el principio de economía de las prohibiciones penales qué ilustraré en el próximo capítulo – que solamente sean previstas y castigadas como delitos infracciones relativamente graves, ninguna sanción pecuniaria puede ser considerada suficiente para sancionarlas de manera adecuada.*[249]

A conseqüência da manutenção das condutas punidas com pena de multa dentro do rol dos delitos e, portanto, sujeitas à incidência da lei penal, tem sérias conseqüências negativas: em primeiro lugar, somente contribui para a inflação penal; por segundo, torna o direito penal cada vez mais desacreditado em seu conjunto aos olhos da população leiga, diminuindo sua importância e estimulando a transformação da pena em taxa; por último, como conseqüência da segun-

---

transações penais realizadas nos juizados especiais criminais, bem como as que se tornam possível pela proposta de suspensão condicional do processo. Geralmente as propostas de acordo ou de transação centram-se no pagamento de um determinado valor ao Fundo Penitenciário do Estado ou, então, na doação de cestas básicas ou outros materiais que, posteriormente são distribuídos à população carente da comunidade em que reside o apenado. Isto ocorre com quem tem condições econômicas de efetivar o pagamento. Com quem pertence às classes mais baixas economicamente, a proposta gira em torno de penas restritivas de direito, especialmente prestação de serviços à comunidade, que juízes e promotores fazem questão de frisar que não possuem caráter de pena. Sendo dessa forma, os que possuem condições de pagar, livram-se dos problemas com o Poder Judiciário com apenas um ato: o do pagamento; já para os menos abastados, que têm que prestar serviços comunitários, o desenlace de sua situação penal leva alguns meses, enquanto durar a prestação do serviço, podendo até mesmo, no caso de não-cumprimento da medida imposta, o processo ser reiniciado.

[249] Cfe. FERRAJOLI, Luigi. *Derecho y Razón*, p. 417.

da, ao serem abusivamente usadas as penas pecuniárias, sem que haja a obtenção dos objetivos da lei penal, o corpo social deixa de reagir do mesmo modo que o organismo não reage mais a um remédio fraco administrado abusivamente, conforme leciona Reinhart Frank.[250]

Diante de tantos problemas encerrados pelas penas pecuniárias, duas soluções apresentam-se como possíveis: ou o pagamento pecuniário é considerado como suficiente para a solução do conflito e punição da conduta, e, então, desloca-se a ação estatal pertinente para o campo extrapenal, sede originária e pertinente das multas, ou se considera insuficiente e, abstratamente, deve ser substituída por uma pena privativa de liberdade.

A segunda solução representaria um significativo retrocesso na implementação de nosso Estado Democrático de Direito, representado pelo aumento da repressividade da atuação estatal e pela conseqüente diminuição do âmbito de liberdade dos cidadãos.

A outra alternativa parece ser a mais indicada, pois a justiça penal, face ao caráter inevitavelmente desonroso de suas intervenções, não pode prestar-se a ser ativada por condutas de gravidade irrisória, nem tampouco incomodar e violar os direitos fundamentais dos cidadãos que as praticam.[251]

Nesse sentido, entendemos como inválidas todas as normas incriminadoras do CP e da LCP que cominem pena de multa isolada ou alternativamente, a saber: do Código Penal, os artigos 135; 136; 137; 140; 147; 150; 151; 153; 154; 156; 163; 164; 166; 169; 175; 176; 179; 180, § 3º; 184; 105; 108; 109; 233; 234; 246; 247; 248; 259, par. único; 275; 276; 280; 286; 287; 292; 315; 317, § 2º; 320; 323; 324; 325; 331; 335; 336; 340; 341; 345; 351, § 4º; 358; 359; da Lei de Contravenções Penais, os artigos 18; 20; 21; 22; 23; 26; 28; 29; 30; 31; 32; 34; 35; 36; 37; 38; 39; 40; 41; 42; 43; 44; 45; 46; 47; 48; 49; 61; 63; 63; 64; 65; 66; 67; 70.

Excluímos deste rol os delitos de maus-tratos e constrangimento ilegal, pois os mesmos encerram na descrição da ação a possibilidade de violência ou grave ameaça à pessoa.

4.2.2.2. A descriminalização do delito de furto em razão da disponibilidade e patrimonialidade de seu objeto material

Neste mesmo passo, face à disponibilidade e à natureza meramente patrimonial do objeto sobre o qual recai a *actio furtiva*, entendemos ser possível a descriminalização do delito de furto, ou, no

---

[250] Cfe. FRANK, Reinhart *apud* LUISI, Luiz. *Os Princípios Constitucionais Penais*, p. 28.

[251] Cfe. FERRAJOLI, Luigi. *Derecho y Razón*, p. 417.

mínimo, a concessão à vítima ou seu representante legal da faculdade de dispor sobre o início da ação penal pública condicionada, mediante o oferecimento de representação, ou até mesmo entendemos que o autor deste tipo de delito somente venha a ser processado mediante ação privada. Isso tudo ficaria condicionado à restituição ou ressarcimento pelo agente à vítima do objeto furtado.

Isso se justifica não só pelo caráter patrimonial e disponível dos objetos sobre os quais recai a ação do furto, mas também pelo fato de que não raro, especialmente quando a *res furtiva* é de pequeno valor, as vítimas não querem qualquer espécie de ação estatal em relação ao agente, para evitar que o conflito se estenda para fora dos tribunais. Além destas possibilidades, cremos ser viável nestes casos outras duas soluções: a aplicação analógica do artigo 34 da Lei nº 9.249/95, com a extinção da punibilidade mediante a devolução espontânea da coisa furtada,[252] ou, então, a instituição de balcões de mediação, onde agente e vítima buscariam de forma definitiva uma solução de natureza psicanalítica para o conflito.

4.2.3. Afetações infraconstitucionais ao princípio do *nullum crimen sine actio*

Mesmo não estando previsto em nosso catálogo principiológico constitucional, o princípio da materialidade da ação, por estar contido no artigo 9º, do Pacto de San José da Costa Rica,[253] constitui-se em princípio de nosso Direito interno, limitador da atividade legislativa, eis que a referida Convenção Americana sobre direitos humanos foi recepcionada pela edição do Decreto Presidencial nº 678/92. Assim sendo, tornou-se obrigatória a existência de conduta para que um fato possa ser considerado como delituoso.

As principais manifestações normativas infraconstitucionais que, cremos, violam este princípio são os dispositivos que prevêem os delitos de porte e os de expressão de idéias.

---

[252] Este tipo de solução já foi adotada pela 2ª Câmara Criminal do extinto Tribunal de Alçada do Rio Grande do Sul, por ocasião do julgamento do Recurso em Sentido Estrito n. 296026750, interposto pelo Ministério Público, por inconformidade com a decisão do juiz de primeiro grau que extinguiu a punibilidade com base na aplicação analógica citada, a partir do artigo denominado *A nova lei do imposto de renda e a proteção das elites: questão de "coerência"*, de Autoria de Lenio Luiz Streck, publicado na Revista Doutrina, n. 01, RJ, 1996, pp. 484-496.

[253] Diz o citado dispositivo que "Ninguém pode ser condenado por *ações ou omissões* que, no momento em que forem cometidas, não sejam delituosas, de acordo com o direito aplicável (grifo nosso)".

Portes de drogas, de armas e de elementos destinados à falsificação e à pratica de furtos acham-se tipificados na legislação penal brasileira. Mesmo que existam inúmeras opiniões que apontem no sentido de que existe ação nestes delitos, o certo é que o porte, em si mesmo, é um fato, mas não uma ação ou conduta para efeitos de ser enquadrada em um tipo penal.

Com base nisso, poderíamos declarar como inválidos por inconstitucionalidade, os delitos descritos nos artigos 291 e 294 do Código Penal, nas suas modalidades de posse ou guarda de petrechos para falsificação de moeda ou papéis públicos, o delito de posse ou detenção de arma, previsto no artigo 10 da Lei nº 9.437/97, os delitos contra o meio ambiente, imputáveis a pessoas jurídicas por força do disposto no artigo 3º da Lei nº 9.605/98, além da contravenção de posse não justificada de instrumento de emprego usual na prática de furto. Este último caso constitui-se em verdadeira aberração, pois a tipificação exige algumas condições pessoais do agente, tais como a condenação por crime de furto ou roubo, estar sujeito à liberdade vigiada, a vadiagem ou mendicância. Tais exigências o configuram como um tipo penal constitutivo, violador do mais elementar princípio da dignidade humana.

4.2.4. A irrisória lesividade como pressuposto de invalidade dos delitos de pequeno potencial ofensivo e de todas as contravenções

4.2.4.1. A falta de ofensividade dos delitos abarcados pela Lei nº 9.099/95

Não só o princípio da necessidade ou intervenção mínima determina o caráter fragmentário do direito penal, mas também e, principalmente, o princípio da necessária lesividade da ação a um bem jurídico de terceiro impõe o direcionamento da incidência das leis penais somente àquelas condutas que causem um dano significativo, excluindo, por conseqüência, do universo criminal, aqueles fatos de irrisória ou inexistente danosidade material. A atuação estatal penal em relação a uma série de fatos já foi suavizada por determinação constitucional, da qual decorreu a Lei nº 9.099/95, que considerou, em seu artigo 61, como de pequeno potencial ofensivo as contravenções penais e os crimes que a lei comine pena máxima não superior a 1 (um) ano, excetuados os casos que a lei preveja procedimento especial.

Por este princípio, a conveniência da ingerência estatal penal deve ser ponderada numa relação entre o dano causado pela ação e a possível afetação dos direitos constitucionais à inviolabilidade da liberdade, à dignidade e à própria vida privada dos cidadãos, que, diante do submetimento a um processo criminal em decorrência de um fato de escassa ou nenhuma lesividade, são profundamente desconsiderados e desrespeitados.

Julgamos que, diante dessa relação desproporcional entre os bens jurídicos da vítima e os do agente colocados em jogo pelo delito e pela ação de persecução estatal, resultam inválidas e, portanto, devem ser descriminalizadas, as seguintes condutas abarcadas pela Lei nº 9.099/95, a saber: artigos 130; 132; 135; 137; 139; 140; 140 *caput* e § 2º; 147; 150; 151 *caput e*, § 1º; 153; 154; 161; 163; 164; 166; 169; 176; 180, § 3º; 184; 207; 208; 209; 233; 237; 240 *caput* e § 1º; 246; 247; 248; 251, § 3º, segunda parte; 252, parágrafo único; 256, parágrafo único; 259, parágrafo único; 262, § 2º; 264; 268; 271, parágrafo único; 272, § 2º; 273, § 2º; 280, parágrafo único; 283; 286; 287; 292; 301; 302; 307; 312, § 2º; 319; 320; 321 *caput* e parágrafo único; 323 e parágrafos; 324; 326; 330; 336; 340; 345; 348 *caput* e § 1º; 349; 350; 351, § 4º.

Mesmo não estando no rol de delitos considerados como de pequeno potencial ofensivo, entendemos que também são inválidos pela inexistência de ofensividade, bem como por violarem o direito à liberdade dos cidadãos, os tipos descritos nos artigos 227 (mediação para servir a lascívia de outrem), 228 (favorecimento de prostituição), 229 (casa de prostituição) e 230 (rufianismo), desde que as partes envolvidas sejam todas maiores de 18 anos.

Apesar de estarem dentro do âmbito de incidência da Lei nº 9.099/95, entendemos que não devam ser descriminalizadas, por encerrarem em suas ações violência ou grave ameaça à pessoa, as condutas descritas nos artigos 136, 146, 197, I e II, 198, 199, 200 e 203.

4.2.4.2. A irrelevância penal das contravenções

O crescimento da ingerência penal nos mais diversos setores da vida privada determinou uma indefinição dos seus limites, gerando, por conseqüência, um esvaziamento na sua função de garantia. Este fenômeno alcançou nos últimos anos dimensões patológicas e refletiu-se numa transformação pública de setores cada vez mais amplos e numerosos da vida civil. Isto por si só não é um problema. O que efetivamente é negativo é a forma penal que tem assumido o sistema sancionador, especialmente em função de uma incontestável ineficácia das técnicas políticas e administrativas de controle.[254]

Esta ingerência exacerbada surge totalmente inadequada quando nos deparamos com a quantidade de delitos catalogados com a natureza de contravenções, que chegam, em não poucos casos, a beirar as raias do absurdo e do ridículo. A lesividade de tais condutas é tão irrisória que em hipótese alguma podemos considerar como razoável a inserção das mesmas no âmbito de ingerência estatal penal.

A uma redefinição lógica e racional dos limites da atuação do direito penal impõe-se a descriminalização de todas as contravenções, lançando a prevenção de suas práticas e a reeducação dos agentes que a cometem ao âmbito meramente administrativo.

Isso se justifica ainda mais pelas violações dos direitos humanos decorrentes de tal espécie de legislação. Em primeiro lugar, é de apontar que a delitização de indisciplinas irrelevantes ou amoralidades confronta contundentemente com o direito fundamental da liberdade. Neste sentido, temos contravenções do tipo provocação de tumulto ou conduta inconveniente, perturbação do trabalho ou do sossego alheio, uso ilegítimo de uniforme ou distintivo, exercício ilegal do comércio de coisas antigas ou obras de arte, exibição ou guarda de lista de sorteio estrangeiro, distribuição ou transporte de listas ou avisos, vadiagem, mendicância, importunação ofensiva ao pudor, embriaguez, perturbação da tranqüilidade e a recusa de dados sobre própria identidade ou qualificação, que demonstram o excesso violatório contido na repressão penal a tais comportamentos.

Por segundo, outro problema face à violação de direitos humanos existe com a previsão de contravenções em tipos com elementos de escasso rigor semântico, o que viola a determinação taxativa das leis incriminadoras. Desta espécie são, por exemplo, a importunação ofensiva ao pudor, perturbação da tranqüilidade e a conduta inconveniente em solenidade ou ato oficial.

Uma terceira ordem de problemas em relação às contravenções se manifesta a partir da existência de uma série de disposições incriminadoras na LCP que se constituem em normas contravencionais em branco, remetendo a outras instâncias normativas a complementação da descrição da contravenção. Os argumentos que refutam a presença dessa espécie de normas são os mesmos já utilizados no subitem 4.2.1.1., quando tratamos das violações ao princípio da legalidade pelas normas penais em branco. Assim, teríamos na LCP,

---

[254] Cfe. FERRAJOLI, Luigi. *Derecho y Razón*, p. 714.

os seguintes dispositivos que seriam inválidos por violarem a reserva legal para a previsão de matéria penal: artigos 22 (internação irregular em estabelecimento psiquiátrico); 23 (indevida custódia de doente mental); 33 (direção não licenciada de aeronave); 35 (abuso na prática da aviação); 36 (sinais de perigo); 47 (exercício ilegal de profissão ou atividade); 49 (matrícula ou escrituração de indústria e profissão); 51 (loteria não autorizada); 52 (loteria estadual); 55 (impressão de bilhetes, lista ou anúncios); 56 (distribuição ou transporte de listas ou avisos); 57 (publicidade de sorteio); 67 (inumação ou exumação de cadáver).

Como toda legislação desta natureza, a LCP brasileira orienta-se, em grande medida, a pessoas por suas características, constituindo-se, por isso, em propício campo para a proliferação dos chamados delitos de suspeita e dos tipos constitutivos do autor, que além de violarem o princípio do *nullum crimen sine conducta*, atingem também os direitos constitucionais à igualdade e à liberdade. Deste tipo de normas contravencionais são exemplos em nossa LCP os tipos contidos no artigo 25 (posse não justificada de instrumento de emprego usual na prática de furto), no 59 (vadiagem), no 60 (mendicância), bem como o estipulado pelo artigo 10 da Lei n. 9.437/97 (posse e detenção de arma de fogo).

Ainda sobre as contravenções cabe mencionar o absurdo que se encerra na repressão ao jogo do bicho e aos jogos de azar. Especificamente quanto ao primeiro, não podemos deixar de lembrar que se constitui em verdadeira instituição cultural de nosso povo que muito mais do que danos à organização da sociedade, realiza uma função social significativa, ao propiciar o sustento de milhares e milhares de famílias em todo o território nacional, não merecendo, portanto, qualquer espécie de persecução pelo Estado.

Por todo o exposto, manifestamo-nos no sentido de que toda a legislação contravencional não resiste a qualquer incidência dos princípios constitucionais.

4.2.5. A inconstitucionalidade da reincidência

As normatizações legais de conseqüências mais gravosas de um delito que não surgem do delito mesmo, mas somente em razão de o agente ter cometido outros delitos e haver-se registrado alguma intervenção do sistema penal motivado em delitos anteriores, por seus sérios efeitos em relação ao aumento da pena e à impossibilidade de concessão de certos benefícios, demandam uma profunda discussão dirigida ao reconhecimento de sua inconstitucionalidade e, conseqüentemente, do seu afastamento do sistema.

A primeira questão que se levanta refere-se à sua artificiosidade. Estas referências a anteriores delitos em nada se ligam ao fato posterior, somente sendo relevantes pela convenção legal estabelecida em torno de uma presumida periculosidade do agente que, na grande maioria das vezes, é averiguada através de exames psicológicos ou psiquiátricos que não duram mais que uma hora, bem como pelos contatos que o juiz mantém com o processado. Isso se constitui em um absurdo técnico. A averiguação destes meandros internos da formação psíquica do agente demanda a realização de uma investigação muito longa, o que tem sido impossível em nosso sistema judicial-punitivo, em razão das enormes carências que o mesmo apresenta. Não raras vezes percorrem os indivíduos uma vida inteira sem que tenham conseguido descobrir a verdadeira personalidade de pessoas que lhe são muito próximas. O que dizer então das investigações psicológicas de uma hora ou duas que levam a uma classificação dos homens em perigosos ou não perigosos, em disciplinados ou não disciplinados? O que é possível inferir-se é que a manutenção da reincidência no sistema, mais uma vez realça o caráter estigmatizante que sempre maculou o direito penal. Essa distinção convencionada acerca dos graus de agravação em razão dos delitos anteriores, aponta, na verdade, a função simbólica da pena, com o objetivo de reafirmar a autoridade do Estado frente ao indisciplinado.

Sob o aspecto meramente jurídico, conduzem estas referências a situações delituosas anteriores a um *plus* de punição, atingindo frontalmente o princípio do *no bis in idem*, fundamental no momento da aplicação da pena. Ao aumentar-se a pena do delito posterior pela existência da circunstância agravante da reincidência, em realidade se está punindo novamente a situação anterior já sentenciada. A agravação da pena do delito posterior é dificilmente explicável em termos racionais, e a estigmatização que sofre a pessoa prejudica a sua reincorporação social.

Em termos de direitos humanos, a igualdade perante a lei, o fim de readaptação da pena privativa de liberdade, a racionalidade das penas e a presunção da inocência, entre outros, resultam afetados. O registro da condenação uma vez cumprida e a sua relevância potencial futura colocam o condenado que cumpriu sua condenação em inferioridade de condições frente ao resto da população, tanto jurídica como faticamente.

Um último aspecto que não poderíamos olvidar para um exame crítico da reincidência, refere-se à necessidade de analisarmos a pertinência ou não da manutenção deste instituto em nosso sistema, desde uma ótica cunhada a partir do paradigma do Estado Democrático de Direito, pois este é o modelo de sociedade projetado em nossa Constituição e que, obrigatoriamente, deve ser acatado pelas normas infraconstitucionais.

Nesse sentido, de extrema acuidade e a análise feita por Streck.[255] Leciona a respeito o pensador gaúcho que *no nosso Código Penal, a reincidência, além de agravar a pena do (novo) delito, constitui-se em fator obstaculizante de uma série de benefícios legais, tais como a suspensão condicional da pena, o alongamento do prazo para o deferimento da liberdade condicional, a concessão do privilégio do furto de pequeno valor, só para citar alguns. Esse duplo gravame da reincidência é antigarantista, sendo, à evidência, incompatível com o Estado Democrático de Direito, mormente pelo seu componente estigmatizante, que divide os indivíduos em* "aqueles-que-aprenderam-a-conviver-em-sociedade" *e* "aqueles-que-não-aprenderam-e-insistem-a-continuar-delinqüindo".

Com este ponto-de-vista, não só torna-se impositivo reconhecer a invalidade das normas que albergam a reincidência em nosso sistema normativo penal, mas, na mesma esteira de Streck, temos que concordar com as recomendações de Zaffaroni que considera importante: a) uma séria reflexão acerca da compatibilidade da reincidência com os direitos humanos e o rechaço de qualquer conseqüência legal estigmatizante; b) o rechaço de conceitos jurídicos como o da habitualidade e profissionalidade genéricos; c) a redução de qualquer conseqüência de um delito que não se encontre em relação razoável com a entidade do mesmo; d) a regulação estrita de registros de condenações e penas e a eliminação de qualquer anotação sobre as condenações ou penas que estejam extintas; e) o estabelecimento de penas e sanções administrativas para o servidor público que forneça informações sobre as condenações e as penas já cumpridas e extintas.[256]

---

[255] Ver a respeito STRECK, Lenio Luiz. *Tribunal do Júri*, pp. 63-68. Não poderíamos deixar de destacar que esta tese formulada por Streck, já ultrapassou os limites acadêmicos, tendo já gerado reflexos pragmáticos. Com base nos termos expressos na passagem bibliográfica citada nesta nota, que constituíram o teor do parecer elaborado pelo referido autor como Procurador de Justiça com atribuições no processo n. 699291050, a 5ª Câmara Criminal do Tribunal de Justiça do Rio Grande do Sul confirmou a sentença de primeiro grau, também fundamentada na mesma obra, que desconsiderou a reincidência para fins de fixação da pena de réu condenado pela prática de furto simples. É de frisar-se que esta é a primeira decisão no Brasil que declarou a inconstitucionalidade da reincidência.

[256] Cfe. ZAFFARONI, Eugenio Raul. *Sistemas penales y derechos humanos en América Latina (informe final)*, p. 89.

Aportes finais

O presente trabalho, nas limitações do recorte delineado, tratou de buscar algumas soluções para uma crise diacrônica do sistema punitivo, dentro das possibilidades existentes a partir da instituição normativa de nosso Estado Democrático de Direito, com a promulgação da Constituição Federal de 1988.

Longe de acreditar que a solução resida na abolição do sistema penal, buscamos desenvolver algumas possibilidades para sua relegitimação, pois cremos que a atuação estatal penal, desde que observe os postulados expressos nas convenções internacionais de direitos humanos e os princípios positivados constitucionalmente, e, principalmente, restrinja-se aos delitos efetivamente graves em relação aos indivíduos e ao grupo social, ainda tem uma tarefa positiva a cumprir na construção de uma sociedade mais democrática, justa e igualitária. Mas a razão mais remota para tentarmos revitalizar esta função estatal é a crença que, mais do nunca, em tempos de globalização, pelo retrocesso que representa rumo ao medievo, temos no Estado uma instituição fundamental para a construção da cidadania e dignidade de todos os cidadãos.

Para o redirecionamento da atuação deste poder estatal, antes de mais nada, julgamos importante identificar as razões da crise, especialmente no que se refere ao conhecimento produzido a partir do exercício da potestade penal, e os seus efeitos obstaculizadores da realização do Estado Democrático de Direito em uma nação que, apesar de tê-lo potencial e normativamente à sua disposição, ainda não o conhece pragmaticamente. A partir disto, identificamos o garantismo penal como a base teórica deste processo de relegitimação, e a redução do aparato normativo, pela sua readequação aos princípios que traduzem os direitos humanos das diversas gerações, como a tarefa prática que se impõe aos juristas nesta empreitada.

As seguintes conclusões a que chegamos paulatinamente no curso da obra não esgotam a discussão, o que jamais foi nossa pretensão, mas, muito pelo contrário, abrem novas celeumas acerca de exercício de um poder que, na história da humanidade, foi e tem sido, com absoluta certeza, o que mais violou a dignidade e a cidadania dos homens.

1. O saber dogmático penal moderno construiu-se e tem continuado a se construir, basicamente, a partir de investigações centradas sobre as normas positivadas, relegando a planos secundários de análise os âmbitos axiológico e fático, ou seja, o plano realístico de incidência normativa e os seus efeitos em relação à realização dos direitos fundamentais dos cidadãos.

2. Há, entre um grande número de juristas dogmáticos, uma postura epistemológica que somente confere validade científica a um conhecimento neutralizado ideologicamente, cujo conteúdo deva limitar-se estritamente pela lei, e deva estar desvinculado de toda preocupação de ordem sociológica, antropológica, econômica ou política, o que tem como principal conseqüência a geração de um conhecimento totalmente distanciado da realidade.

3. Todo e qualquer discurso penal de cunho crítico que, pela pugna de mudanças em nossa legislação, em nossa dogmática e em nosso sistema de ensino jurídico, venha a desconstruir as ficções criadas pela parte da dogmática que ainda persiste numa postura metodológica purista normativa, é por ela desqualificado a um nível de manifestação panfletária, através de uma série de controles, atitudes e opiniões que impõem palavras de ordem, tranqüilizadoras, que falam como se deve, e mantêm cuidadosamente protegido aquilo que não pode e não deve ser dito, como, por exemplo, que o sistema punitivo, da forma como se encontra, não tem gerado segurança social alguma, nem tampouco prevenindo crimes ou reeducado delinqüentes.

4. A irrisoriedade da crítica na doutrina penal brasileira decorre do estágio ainda insipiente em que se encontra a pesquisa jurídica em nosso País, majoritariamente bibliográfica, e, em certa medida, traduz a postura não democrática de nossos governos em relação às atividades investigativas. O estímulo à pesquisa é, de certa forma, um indicador da disposição democrática de um regime, pelo menos nos limites de nosso continente, e, no caso brasileiro, não há interesse do *establishment* em investigar os reais efeitos do sistema punitivo, pois este, funcionando como um mecanismo de controle social, está a serviço dos grupos dominantes que detêm o poder político.

5. Da irrisoriedade da crítica e da pesquisa jurídica em nosso País surge uma conseqüência direta em relação ao sistema de ensino do Direito, no qual repassam-se conteúdos descontextualizados, sem qualquer filtragem qualitativa, especialmente no que se refere à qua-

lidade política, ou seja: importa muito mais o domínio do instrumental metodológico e técnico, dando-se preferência ao *como* se produz, do que propriamente à característica tipicamente social do ator capaz de construir, pelo menos em parte, sua sociedade e de se construir, importando, neste aspecto, *o que* e *para que* se produz.

6. São juristas/legisladores descontextualizados que, majoritariamente, sem qualquer respeito à história, à cultura, à realidade socioeconômica e aos costumes de nosso povo, normatizam, sob o aspecto penal, a vida dos cidadãos brasileiros com regras idênticas às elaboradas para o povo europeu, podendo-se afirmar que todo nosso saber penal e criminológico decorre de uma dependência cultural e de uma subordinação científica à dogmática européia.

7. A vinculação da maioria dos operadores e doutrinadores ao saber dogmático acrítico, de origem européia e baseado na metodologia purista normativa, demonstra um atendimento aos interesses das classes dominantes de nosso País, que estariam totalmente vulnerabilizados se a atuação do sistema penal estivesse baseada em um discurso dogmático e normativo fundado em nossa efetiva realidade, marcada pela miséria, pelo analfabetismo e pela polarização radical na distribuição da renda e da propriedade.

8. A predominância do saber dogmático e acrítico encerra uma estratégia de manutenção de um modo-de-produção do Direito liberal-individualista-normativista, fundamental à perpetuação e à legitimação dos interesses dos grupos detentores do poder econômico e político, que só sobrevivem dentro deste universo individualista das relações sociais.

9. Para a manutenção desse saber, mantém a dogmática acrítica e conservadora uma estratégia hermenêutica totalmente baseada no paradigma da filosofia da consciência, na qual prevalecem a reificação de formas dentro de um esquema de relações entre sujeito e objeto, e onde o processo interpretativo tem um caráter reprodutor de essências e o objeto de análise do sujeito – as normas – tem sempre um sentido unívoco.

10. No paradigma hermenêutico tradicional, a linguagem ainda é um instrumento, um terceiro elemento, situado entre o sujeito cognoscente e o objeto, com a finalidade de conduzir essências e sentidos originários existentes nos textos legais.

11. Há uma defasagem de parte do discurso dogmático penal em relação à evolução da filosofia. Enquanto o pensamento filosófico já se encontra historicamente em sua terceira fase, a da filosofia da linguagem, a dogmática ainda se encontra em um estágio platônico de compreensão do mundo, não tendo sequer superado os primeiros

estágios do convencionalismo, o que revela uma descontextualização hermenêutica frente ao novo modelo de Estado Democrático de Direito, pactuado constitucionalmente.

12. O paradigma da filosofia da linguagem, no qual o Direito é considerado como um universo lingüístico, e como tal deve ser analisado, através dos métodos da análise do discurso, é o modelo hermenêutico adequado para a interpretação das regras jurídicas dentro do novo modelo de sociedade pretendida com a instituição constitucional do Estado Democrático de Direito.

13. A conveniência teórica e a objetividade científica de um discurso técnico-social, como o direito penal positivado e a sua respectiva dogmática, passa a depender das condições que ele preenche para orientar as ações no sentido da transformação da realidade social, dentro do paradigma constitucional do Estado Democrático de Direito.

14. O desvelamento do outro lado do discurso dogmático e normativo penal, os interesses neles difusos e a sua instrumentalidade voltada à submissão das classes economicamente dominadas, permitirá não só a identificação dos verdadeiros problemas do sistema punitivo, mas também algumas possíveis soluções através da adoção de novas estratégias de produção, interpretação e incorporação da lei às tomadas de decisões de interesse público, o que somente é possível pela criação de um novo campo jurídico, de um novo modo-de-produção do Direito, não mais liberal-individualista-normativista, mas social-coletivo-interdisciplinar.

15. A parte essencial do discurso jurídico penal revela que ele se constitui em um discurso do exercício do poder social por determinados estamentos e, em razão disto, um discurso que refere e identifica àqueles que podem produzi-lo, não só nomeando-os, mas também designando seus intérpretes e suas estratégias hermenêuticas, bem como vinculando ao Poder Executivo a última instância judicial, a Corte de fechamento do sistema.

16. A nomeação dos agentes produtores do discurso penal dá-se nos níveis prescritivo-normativo e dogmático-descritivo. No primeiro, que constitui um macropoder penal, através da figura dos legisladores que em sua maioria representam os interesses das classes economicamente dominantes e que, portanto, possuem tempo e dinheiro para sustentarem um processo eleitoral extremamente desigual pela sua sistemática privada de financiamento; no segundo, consistente num micropoder pela constituição de uma comunidade científica fechada através da dominação das grandes escolas, do posicionamento em lugares da fala como os tribunais e das facilidades

econômicas obtidas pelas grandes editoras que privilegiam seus manuais de comentários à legislação.

17. Da atuação do nosso sistema penal, em sua maior parte com base nos discursos normativo-prescritivo e dogmático-descritivo, decorre uma situação de crise para a consolidação do Estado Democrático de Direito em nosso País, que se traduz, em última instância, pela violação dos núcleos de regras liberais e sociais presentes em nossa Constituição.

18. Há um arbítrio legislativo na criação de tipos penais que pretende uma segurança jurídica a partir de uma suposta competência dos legisladores em criarem o mundo jurídico de forma racional e democrática. Os dados realísticos revelam que, pela exacerbação da função legislativa incriminadora, resultou apenas um aumento da atuação estatal repressora, de forma violenta, seletiva e totalmente violadora dos mais elementares direitos fundamentais dos cidadãos.

19. Inobstante a existência em nossa Constituição de um dos mais elementares princípios do Estado de Direito, o princípio da igualdade, o mesmo é, em certa medida, uma grande ficção, especialmente quando em referência à atuação estatal penal. Este exercício revela um conflito entre distintos grupos sociais, surgindo disto a imposição de uma série de pautas de condutas pelos grupos que detêm o poder, mas que, paradoxalmente, não são atingidos por tais exigências legais, operando, assim, seletivamente a máquina de controle penal.

20. A violência do sistema penal recai majoritariamente sobre as classes economicamente menos favorecidas, pois estas praticam os crimes que atingem o sistema do qual se beneficiam os detentores do poder. As mortes, as torturas, as sevícias, as execuções por grupos de extermínio e outras aberrações do sistema revelam uma total perda da função de garantia que se tornara primordial no Estado moderno.

21. Também como fato violador do núcleo liberal de nosso Estado Democrático de Direito, observamos um gigantesco esquema de corrupção existente não só na rede de agências estatais do sistema penal, mas, mais amplamente, em toda administração pública, nas finanças, na economia e na política, constituindo uma espécie de Estado paralelo, imune ao sistema punitivo.

22. O discurso neoliberal da globalização tem-se consolidado através de uma prática deslegitimadora dos direitos e garantias individuais e coletivas, e o Estado, como depositário destes valores universais associados à idéia do público, tem sido um empecilho ao desenvolvimento dessas relações.

23. Diante do aumento das diferenças socioeconômicas e do conseqüente aumento da criminalidade, há em relação ao Estado nacional, exigências paradoxais que, por um lado – o econômico –, impõem a sua minimização, enquanto, por outro, – o da atuação estatal penal -, exigem, não só os organismos estatais, mas a própria população vitimizada, a sua maximização.

24. O aumento da atuação punitiva do Estado tem impedido a realização de outros direitos sociais, pelo custo do combate ao delito e a exigência de inversão gigantesca de recursos na área de segurança pública, o que evidencia uma severa transgressão aos preceitos constitucionais que impõem a realização do núcleo social do Estado Democrático de Direito.

25. Há, por outro lado, uma total desigualdade na divisão social do custo do delito. Enquanto são as grandes fortunas e capitais acumulados que se beneficiam do processo de globalização, do qual, sem dúvida alguma, tem surgido um aumento da criminalidade, são os cidadãos mais pobres, pelo recolhimento de impostos, especialmente os que incidem sobre o consumo, circulação de mercadorias e renda, que pagam a vultosa conta pública de manutenção do sistema punitivo.

26. A solução, ainda que relativa, da situação de crise e da conseqüente deslegitimação diacrônica que há muito atravessa o sistema punitivo, pela não realização dos direitos humanos, não exige somente a inserção de um programa de direito penal mínimo em uma sociedade formalmente democrática, mas, muito além disto, demanda o deslocamento da concepção e da realização democrática para o âmbito substancial ou material, que implica não só a redução do aparato repressivo, mas, também, a satisfação das necessidades materiais dos cidadãos, de forma a possibilitar um processo emancipatório de cada um e do próprio corpo coletivo, não só pela vontade da maioria, mas pelo atendimento dos interesses de todos.

27. O processo de democratização substancial impõe uma expansão dos direitos dos cidadãos e, correlativamente, dos deveres do Estado, o que, em última análise, implica um Estado e um Direito mínimo na esfera penal e, por outro lado, um Estado e um Direito máximo na esfera social, projeto realizável somente mediante a estruturação jurídica do Estado Constitucional Democrático, com tribunais independentes, estrutura que torna possível o cumprimento das vinculações do poder estatal e a monitoração dos poderes individuais.

28. A reengenharia do discurso e do sistema penal visando a sua relegitimação ético-política externa passa necessariamente pelo filtro

de um programa transformador cunhado a partir dos direitos humanos positivados constitucionalmente, como priorização da vida e da pessoa humana em seus atributos fundamentais, num processo de justificação antropológica.

29. O posicionamento do juspositivismo dogmático de que os questionamentos antropológicos parecem estar já respondidos no processo de positivação das normas é insustentável, e só serve para justificar uma separação radical entre dogmática e política, além de proporcionar a construção de toda uma argumentação dogmática conservadora de legitimação interna do discurso jurídico.

30. A consecução de um direito penal fundamentado antropologicamente, face à riqueza significativa e garantista da nova ordem constitucional constante na Carta Magna de 1988, impõe o reassentamento da teoria do bem jurídico penal dentro dos padrões e limites principiológicos fundamentadores do Estado Democrático de Direito.

31. Historicamente verifica-se uma estreita relação entre as mais diversas teorias sobre o bem jurídico-penal e os projetos de sociedade e de exercício de poder pretendido pelas classes dominantes. Inobstante a logicidade e a sistematicidade de tais teorias, a função de garantia parece ter sempre ocupado um lugar secundário entre os objetivos essenciais por elas buscado. A aplicação estanque de uma ou outra jamais atendeu a um projeto racional de construção de um Direito Penal dirigido à garantia de todos os estratos sociais indistintamente.

32. Somente após a Segunda Guerra Mundial, com o renascimento de uma cultura liberal e democrática, efetivou-se no conceito de bem jurídico o seu caráter garantista, tanto pelo resgate de sua referência a situações objetivas e interesses de fato independentes das normas jurídicas, quanto pela retomada de sua relevância crítica e função axiológica, o que somente foi possível graças à sua vinculação aos limites estabelecidos com base em valores ou bens constitucionalizados dentro do paradigma do Estado Democrático de Direito.

33. A constituicionalização do conceito de bem jurídico-penal reclama o abandono da concepção do Direito Penal como uma ciência dogmática no sentido mais estrito da palavra, fundado em uma visão acéptica do Direito que pretenda desconhecer sua natureza de ciência social e, portanto, essencialmente política. Disso surge a exigência para o jurista de não se olvidar da necessidade do aporte do resto das ciências sociais à revisão crítica do direito penal.

34. A consecução de um direito penal mínimo, orientado para a tutela máxima de bens com o mínimo necessário de proibições e

castigos deve atender aos seguintes critérios: a justificação das proibições somente quando dirigidas a impedir ataques concretos a bens do tipo individual ou social e, até mesmo, externos ao Direito; a magnitude da esfera dos interesses tuteláveis penalmente será inversamente proporcional ao custo da pena; as proibições devem ser idôneas para a tutela a qual se propõem; e, por fim, a política penal deve ter um caráter subsidiário de uma política não penal de proteção dos bens jurídicos.

35. Qualquer proposta de minimização do direito penal que aponte para uma massiva deflação dos bens jurídico-penais e das proibições legais passa, necessariamente, não só pela revisão do nosso aparato coercitivo legal e institucional, mas, também e principalmente, do nosso modelo normativo de direito penal, da nossa teoria jurídica da vigência, validade e eficácia, bem como da concepção de filosofia política que impõe ao direito e ao Estado duas cargas de justificação, o que, na atualidade, entendemos ser viável mediante a submissão de nosso sistema a uma leitura e filtragem crítico-garantista, segundo os parâmetros de Estado Democrático de Direito, conforme proposto por Ferrajoli.

36. O modelo normativo penal brasileiro, num plano diacrônico, foi e tem sido limitado, constitucional e infraconstitucionalmente, apenas sob o aspecto formal, dentro das potencialidades da mera legalidade, pelo estabelecimento de uma relação temporal de anterioridade entre lei e fato histórico. Este modelo não permite qualquer restrição ao legislador, podendo ele elevar à categoria de bem jurídico-penal qualquer bem, por mais irrelevante que seja a ponto de merecer a tutela penal, fato que historicamente tem determinado uma inflação penal perniciosa às pretensões de garantia.

37. A limitação aos poderes públicos, seja na fase legislativa de elaboração legal, quanto na judicial de aplicação, somente é possível com a ampliação do conceito de legalidade, do âmbito formal para o substancial, no qual não só observa-se a relação de anterioridade temporal entre lei e fato, mas, muito além disto, limitam-se os conteúdos que possam ser objetos da contemplação e incidência da lei penal. Assim, deve-se observar para a tipificação de uma conduta não mais somente o princípio do *nullum crimen sine lege* (mera legalidade), mas também e fundamentalmente os princípios da *nulla poena sine crimine* (retributividade), da *nulla lex poenalis sine necessitate* (necessidade), da *nulla necessitas sine iniuria* (lesividade), da *nulla iniuria sine actione* (materialidade), da *nulla actio sine culpa* (culpabilidade) e da proporcionalidade, regras fundamentais do jogo do direito penal.

38. A tipologia do sistema normativo penal brasileiro apresenta algumas defecções, tanto em nível constitucional quanto infraconstitucional, o que o coloca, quanto ao aspecto substancial, num grau de baixo garantismo. No primeiro, com exceção dos princípios gerais aplicáveis a todas as situações (igualdade, liberdade, liberdade de manifestação, de associação, etc.), temos, expressamente, somente os princípios decorrentes da mera legalidade (anterioridade e irretroatividade), além dos princípios da pessoalidade, da individualização e da humanização das penas. Já no segundo, a situação é ainda mais precária, pois somente constam no Código Penal os princípios da anterioridade e da irretroatividade das leis penais.

39. Entendemos ser de suma importância para a elevação do grau de garantismo de nosso sistema normativo penal, a inserção no texto constitucional e no texto material penal dos princípios da necessidade, da materialidade, da lesividade, da culpabilidade e da proporcionalidade.

40. Com o acontecimento do fenômeno jurídico e político da modernidade surgiram a forma estatal do Direito e a forma jurídica do Estado, sendo, a partir disto, a legalidade formal o princípio constitutivo da experiência jurídica moderna. Deste modelo de legalidade decorreu a concepção formal de validade das normas jurídicas que propiciou o desenvolvimento do campo jurídico característico dos últimos duzentos anos, no qual as articulações de produção, interpretação e incorporação das leis às tomadas de decisões referentes aos conflitos sociais dão prioridade aos aspectos formais em detrimento dos substanciais, na relação entre constituição e legislação infraconstitucional.

41. Na concepção formal de validade das normas infraconstitucionais há uma confusão entre as categorias conceituais de existência, vigência e validade, pois uma vez atendidos os procedimentos formais que um projeto de lei deve cumprir em sua tramitação legislativa, a lei existe, é vigente e válida, não havendo qualquer exigência de observância conteudístico-constitucional. Esse modelo possibilita a permanência no sistema de normas que contrariam conteúdos principiológicos constitucionais, o que, em matéria penal, propiciou uma crise do sistema punitivo, em grande parcela em razão de uma inflação penal constituída por uma grande parcela de normas substancialmente inválidas, visto não haver, desde a promulgação da Carta Constitucional de 1988, nenhuma ação direta de inconstitucionalidade cujo objeto seja uma norma penal incriminadora.

42. A ampliação conceitual garantista do princípio da legalidade, de um plano amplo ou formal, para um âmbito estrito ou subs-

tancial, determinou um distinto papel a estes dois princípios e uma outra estrutura teórica no que se refere à validade das normas. A simples legalidade da forma e da fonte é condição somente da existência e da vigência das normas que prevêem penas e delitos; a estrita legalidade ou taxatividade dos conteúdos, tal e como resulta da conformidade com todas as demais garantias, é, por outro lado, uma condição de validade ou legitimidade das leis vigentes.

43. Sob o enfoque garantista acerca da validade das leis infraconstitucionais, ressalta em nosso sistema normativo punitivo, uma presença maciça de regras em total divergência com os valores constitucionais, decorrência da falta de limites substanciais aos legisladores, e somente mantidas em razão da predominância no imaginário dos operadores jurídicos de uma prática que prefere a forma ao conteúdo.

44. Nenhuma das três vertentes teóricas de justificação dos sistemas punitivos – retribuição, prevenção especial e prevenção geral –, especialmente no que se refere à limitação do campo do criminalmente punível, apresenta qualquer argumento razoável que possibilite a restrição do poder estatal de criminalizar condutas, sendo possível, com base em qualquer uma delas, consideradas de forma estanque ou combinadas, a criminalização de qualquer conduta, em razão de não possuir nenhuma delas qualquer obstáculo conteudístico. As restrições nessa ordem de considerações são, basicamente, de natureza formal e temporal, dentro do paradigma da mera legalidade.

45. A revisão da filosofia política de legitimação de nosso sistema penal passa pela adoção de um ponto de vista ético-político ou externo ao ordenamento, onde a justificação do Direito e do Estado, considerados como artifícios instrumentais do homem, provém de fora ou *desde abajo*, da sociedade, entendida como soma heterogênea de pessoas, forças ou classes sociais. Assumem aqui os direitos humanos uma posição primordial na legitimação de qualquer manifestação normativa estatal, por serem considerados como direitos pré-estatais, fundamentais ou fundantes da razão de ser desses instrumentos, verdadeiros parâmetros externos e objetivos de sua organização, delimitação e disciplina funcional.

46. Historicamente a legislação penal, em pontos fundamentais, teve uma função muito mais voltada ao atendimento dos interesses econômicos das classes dominantes do que propriamente de garantia dos direitos fundamentais dos cidadãos. Assim ocorreu no Brasil escravocrata, onde o modo-de-produção escravagista era protegido pelo delito de insurreição de escravos de forma muito mais severa

que a própria vida. Da mesma forma, com a instituição do Estado burguês, onde os tipos penais foram redirecionados a proteger a propriedade da qual era proprietária não só a velha classe dos senhores da cana-de-açúcar e do café, mas também a incipiente burguesia industrial e banqueira.

47. Com a promulgação da Constituição Federal de 1988, passamos a ter a possibilidade de realização de um Estado Democrático de Direito em nosso País, mas a sua concretização efetiva encontra sérios obstáculos tanto na legislação infraconstitucional anterior, vinculada à velha ordem liberal-individualista, quanto no próprio campo jurídico ainda largamente enraizado no imaginário de nossos juristas.

48. Grande parte do aparato normativo composto pelas leis infraconstitucionais anteriores à promulgação da Constituição Federal de 1988 encontra-se em rota de colisão com a nova ordem democrática de Direito instituída constitucionalmente, precisando, em razão disto, de uma profunda revisão, especialmente quanto à sua (in)validade.

49. O âmbito penal contém uma grande quantidade de normas que não atendem ou contrariam inúmeros princípios constitucionais, bem como uma outra diversidade de princípios contidos em convenções internacionais de direitos humanos recepcionados pelo nosso sistema jurídico interno. Assim, cremos serem inválidas todas as normas penais em branco, os tipos penais com elementos normativos, as medidas de segurança, os delitos punidos com pena de multa, as contravenções, o próprio delito de furto, os tipos que prevêem delitos sem ação, os tipos abrangidos pela Lei n. 9.099/95, e, também, a reincidência.

50. Somente com o afastamento do sistema de todas estas regras, entendemos ser possível a realização do Estado Democrático de Direito na parcela que cabe ao Direito Penal, tanto pela efetivação das proibições de atuação estatal que possibilitam o atendimento do núcleo liberal dos direitos fundamentais, quanto pela realização das obrigações que se impõem ao Estado e garantem a concretização do núcleo social de nossa Constituição.

Referências bibliográficas

AFANASSIEV, V. G. *Filosofia Marxista*. Trad. Mário Alves e Almir Matos. Rio de Janeiro: Vitória, 1963. 401 p.

AGUIAR, Roberto A. R. de. *Direito, Poder e Opressão*. 2. ed. São Paulo: Alfa-Omega, 1984. 184 p.

ALTHUSSER, Louis. *Ideologia e Aparelhos Ideológicos do Estado*. 3. ed. Trad. Joaquim José de Moura Ramos. Lisboa: Presença/Martins Fontes, 1980. 120 p.

ARRUDA ALVIM NETO, José Manoel. *O Estado de Direito e a Função Jurisdicional*. In: Revista do Instituto de Pesquisas e Estudos. Bauru: Instituição Toledo de Ensino, 1998. 306 p.

ASUA, Luis Jimenez de. *Tratado de Derecho Penal*. 5. ed. Buenos Aires: Losada, 1950. 7 v. V. 1. 1435 p. V. 2. 1439 p.

BALEEIRO, Aliomar. *Uma Introdução à Ciência das Finanças*. 9. ed. Rio de Janeiro: Forense, 1973. 517 p.

BARATTA, Alessandro. *Principios del Derecho Penal Mínimo*. In: Doctrina Penal. pp. 623-650.

——. *Por una teoría materialista de la criminalidad y del controlo social*. In: Separata de Estudios Penales y Criminológicos, n. XI. Santiago: Universidad de Santiago de Compostela, 1989. pp. 45-68.

BASBAUN, Leôncio. *História Sincera da República*. 4. ed. São Paulo: Alfa-Omega, 1976. 4 v. V. 1. 284 p. V. 2. 316 p.

BATISTA, Nilo. *Introdução Crítica ao Direito Penal*. 3. ed. Rio de Janeiro: Revan, 1996. 136 p.

BECCARIA, Cesare. *Dos Delitos e das Penas*. Trad. Flório de Angelis. Bauru: Edipro, 1997. 120 p.

BITENCOURT, Cezar Roberto. *Juizados Especiais Criminais e Alternativas à Pena de Prisão*. Porto Alegre: Livraria do Advogado, 1995. 230 p.

BOBBIO, Norberto. *Liberalismo e Democracia*. 2. ed. São Paulo: Brasiliense, 1988. 100 p.

——. *Teoria do Ordenamento Jurídico*. Trad. Maria Celeste Cordeiro Leite dos Santos. Brasília: UnB, 1989. 184 p.

——; MATTEUCCI, Nicola; PASQUINO, Gianfranco. *Dicionário de Política*. 6. ed. Coordenação da Tradução: João Ferreira. Brasília: UnB, 1994. 2 v. V. 1. 666 p. V. 2. 1.318 p.

BONAVIDES, Paulo. *Curso de Direito Constitucional*. 4. ed. São Paulo: Malheiros, 1999, 793 p.

——. *Do Estado Liberal ao Estado Social*. 4. ed. Rio de Janeiro: Forense, 1980. 240 p.

BOURDIEU, Pierre. *A linguagem autorizada. As condições sociais da eficácia do discurso ritual*. In: A economia das trocas lingüísticas. O que falar o quer dizer. São Paulo: Edusp, 1996. pp. 85-96.

BRUNO, Anibal. *Direito Penal*. Rio de Janeiro: Forense, 1967. 4 v. t. 1. 421p.

BUSTOS, Juan. *Política Criminal y Dogmática*. In: El Poder Penal del Estado. Buenos Aires: De Palma, 1985. n. 7. 417 p.

CADEMARTORI, Sérgio. *Estado de Direito e Legitimidade*. Porto Alegre: Livraria do Advogado, 1999. 188 p.

CANOTILHO, J. J. Gomes. *Direito Constitucional*. 5. ed. Coimbra: Almedina, 1991, 1214 p.

CASTORIADIS, Cornelius. *A Instituição Imaginária da Sociedade*. 3. ed. Trad. Guy Reynaud. Rio de Janeiro: Paz e Terra, 1982. 418 p.

CENSO DEMOGRÁFICO 1991. Rio de Janeiro: Fundação Instituto Brasileiro de Geografia e Estatística. 686 p.

CENSO PENITENCIÁRIO 1995. Brasília: Ministério da Justiça: Conselho Nacional de Política Criminal e Penitenciária, 1995. 65 p.

CERVINI, Raúl. *Os Processos de Descriminalização*. Trad. da 2. ed. espanhola: Eliana Granja, Jeni Vaitsman, José Henrique Pierangelli e Maria Alice Andrade Leonardi. São Paulo: Revista dos Tribunais, 1995. 254 p.

CHIAVENATO, Julio José. *O Negro no Brasil. Da senzala à Guerra do Paraguai*. 2. ed. São Paulo: Brasiliense, 1980. 259 p.

CÓDIGO PENAL. 37. ed. São Paulo: Saraiva, 1999. 697 p.

DEMO, Pedro. *Universidade e Qualidade*. In: Logos Revista de Divulgação Científica. Canoas: ULBRA, 1991. Ano 03. N. 1. pp. 5-16.

DEZALAY, Yves, TRUBEK, David M. *A Reestruturação Global e o Direito. A internacionalização dos campos jurídicos e a criação de espaços transnacionais*. In: Direito e Globalização Econômica. José Eduardo Faria (Org.). São Paulo: Malheiros, 1996. pp. 29-80.

DIMENSÕES DAS CARÊNCIAS SOCIAIS. Rio de Janeiro: Instituto Brasileiro de Geografia e Estatística: Instituto de Pesquisa Econômica Aplicada, 1996. 27 v. V. 21. 208 p.

DOLCINI, Emilio, MARINUCCI, Giorgio. *Constituição e Escolha de Bens Jurídicos*. In: Revista Portuguesa de Ciência Criminal, 1994, n. 4, pp.151-198.

ENTELMAN, Ricardo. *Aportes a la formación de una epistemologia jurídica en base a algunos análisis del funcionamiento del discurso jurídico*. In: El discurso jurídico. Perspectiva psiconanalítica y otros abordages epistemológicos. Buenos Aires: Hacrete, 1982. pp. 85-109.

——. *Discurso normativo y organización de poder. La distribución del poder a través de la distribución de la palavra*. In: Materiales para una Teoria Crítica del Derecho. Buenos Aires: Abeledo-Perrot, 1991. 415 p.

FARIA, José Eduardo. *Direitos humanos e globalização econômica: notas para uma discussão*. In: O mundo da saúde. São Paulo, 1998. Ano 22. n. 2. pp. 73-80.

FERRAJOLI, Luigi. *Derecho y Razón*. 2. ed. Madrid: Trotta, 1997. 991 p.

——. *O Direito como Sistema de Garantias*. In: O Novo em Direito e Política. Porto Alegre: Livraria do Advogado, 1996. pp. 89-109.

FERRAZ DE ANDRADE, Gilda Figueiredo. *O Crime na Legislação Soviética.* In: Cadernos de Advocacia Criminal. Porto Alegre: Sergio Antonio Fabris, 1988. v. 1. n. 3. pp. 49-72.

FERRAZ JR., Tércio Sampaio. *A Ciência do Direito.* 2. ed. São Paulo: Atlas, 1991. 111 p.

FINANÇAS DO ESTADO: série sobre finanças públicas do Rio Grande do Sul. Porto Alegre: Secretaria Estadual da Fazenda do Rio Grande do Sul, 1997. V. XLVI, 150 p.

FRAGOSO, Heleno. *Direito Penal e Direitos Humanos.* Rio de Janeiro: Forense, 1977. 204 p.

──. *Lições de Direito Penal.* 3. ed. São Paulo: José Bushatsky, 1976. 4 v. V. 1. 362 p.

FOUCAULT, Michel. *As Palavras e as Coisas. Uma arqueologia das ciências humanas.* 5. ed. São Paulo: Martins Fontes, 1990. 404 p.

──. *História da Sexualidade.* 5. ed. Trad. de Maria Thereza da Costa Albuquerque e J. A. Guilhon Albuquerque. Rio de Janeiro: Graal, 1984. 152 p.

──. *Microfísica do Poder.* 4. ed. Rio de Janeiro: Graal, 1984. 295 p.

──. *Vigiar e Punir.* 2. ed. Petrópolis: Vozes, 1983. 277 p.

GARCIA, Basileu. *Instituições de Direito Penal.* 6. ed. São Paulo: Max Limonad, 1982. 2 v. t. 1. 435 p.

GORENDER, Jacob. *O Escravismo Colonial.* São Paulo: Ática, 1978. 592 p.

HINDESS, Barry, HIRST, Paul Q. *Modos de Produção Pré-Capitalistas.* Trad. Alberto Oliva. Rio de Janeiro: Zahar, 1976. 384 p.

HÖFFE, Otfried. *Justiça Política. Fundamentação de uma filosofia crítica do Direito e do Estado.* Trad. Ernildo Stein. Petrópolis: Vozes, 1991. 404 p.

IANNI, Octavio. *Origens Agrárias do Estado Brasileiro.* São Paulo: Brasiliense, 1984. 255 p.

JESUS, Damásio de. *Direito Penal.* 14. ed. São Paulo: Saraiva, 1990. 4 v. V. 1. 657 p.

KELSEN, Hans. *Teoria Geral das Normas.* Trad. José Florentino Duarte. Porto Alegre: Sergio Antonio Fabris, 1986. 509 p.

──. *Teoria Pura do Direito.* 4. ed. Trad. João Batista Machado. Coimbra: Armenio Amado, 1976. 484 p.

KOSIK, Karel. *Dialética do Concreto.* 2. ed. Rio de Janeiro: Paz e Terra, 1976. 229 p.

KUUCINEN, O. V. *Fundamentos do Marxismo-Leninismo.* Trad. Jacob Gorender e Mário Alves. Rio de Janeiro: Vitória, 1962. 775 p.

LIMA DE CARVALHO, Márcia Dometila. *Fundamentação Constitucional do Direito Penal.* Porto Alegre: Sergio Antonio Fabris, 1992. 172 p.

LUISI, Luiz. *A Função de Garantia do Direito Penal Moderno.* Porto Alegre: Livraria do Globo, 1973. 22 p.

──. *Bens Constitucionais e Criminalização.* In: Revista CEJ/Conselho de Justiça Federal, Centro de Estudos Judiciários. Brasília: CJF, 1997. n. 1. 112 p.

──. *Filosofia do Direito.* Porto Alegre: Sergio Antonio Fabris, 1993. 191 p.

──. *Os Princípios Constitucionais Penais.* Porto Alegre: Sergio Antonio Fabris, 1991. 123 p.

MANDEL, Ernest. *Introdução ao Marxismo.* 4. ed. Porto Alegre: Movimento, 1982. 129 p.

MALARÉE, Hernán Hormazábal. *Política Penal en el Estado Democrático.* In: El Poder Penal del Estado. Buenos Aires: De Palma, 1985. n. 7. 417 p.

MELO FRANCO, Afonso Arinos (Org.). *Brasil Sociedade Democrática.* Rio de Janeiro: José Olimpio, 1985. 500 p.

MONREAL, Eduardo Novoa. *O Direito como Obstáculo à Transformação Social.* Trad. Gérson Pereira dos Santos. Porto Alegre: Sergio Antonio Fabris, 1988. 221 p.

NORONHA, E. Magalhães. *Direito Penal.* 7. ed. São Paulo: Saraiva, 1971. 461 p.

PALAZZO, Francesco C. *Valores Constitucionais e Direito Penal.* Porto Alegre: Sergio Antonio Fabris, 1989. 120 p.

——. *Offensivitá e Ragionelvolezza nel Controllo di Constituzionalitá sul Contenuto delle Leggi Penale.* Não publicado. Firenze 1997. 41 p.

CÓDIGOS PENAIS DO BRASIL. EVOLUÇÃO HISTÓRICA. José Henrique Pierangelli (Coord.). Bauru: Jalovi, 1980. 770 p.

PLEKHANOV, G. *A Concepção Materialista da História.* Rio de Janeiro: Paz e Terra, 1980. 112 p.

PRADO, Luiz Regis. *Bem Jurídico-Penal e Constituição.* 2. ed. São Paulo: Revista dos Tribunais, 1997. 103 p.

RELATÓRIO AZUL. Porto Alegre: Assembléia Legislativa, 1998. 516 p.

REVISTA CAROS AMIGOS. São Paulo: Ed. Casa Amarela, dezembro de 1998. n. 2. pp. 4-8.

REVISTA VEJA. São Paulo: Abril. Edição 1.609, ano 32, n. 31, de 04.08.1999.

RIBEIRO, Darci. *O Dilema da América Latina.* Petrópolis: Vozes, 1978, 263 p.

RIBEIRO, Paulo de Tarso. *Direito e Mudança Social.* In: A Crise do Direito numa Sociedade em Mudança. José Eduardo Faria (Org.). Brasília: UnB, 1988. 121 p.

RÖTH, André Noel. *O direito em crise: fim do Estado Moderno.* In: Direito e Globalização Econômica. José Eduardo Faria (Org.). São Paulo: Malheiros, 1996. pp. 15-27.

ROUSSEAU, Jean-Jaques. *O Contrato Social.* Tradução Rolando Roque da Silva. São Paulo: Cultrix, s.d. 235 p.

ROXIN, Claus. *Problemas Fundamentais de Direito Penal.* 3. ed. Lisboa: Vega, 1998. 361 p.

SAES, Décio. *A Formação do Estado Burguês no Brasil.* Rio de Janeiro: Paz e Terra, 1985. 364 p.

——. *Classe Média e Sistema Político no Brasil.* São Paulo: T. A. Queiroz, 1984. 235 p.

SERRANO, Nicolas Gonzalez-Cuellar. *Proporcionalidad y Derechos Fundamentales en el Proceso Penal.* Madrid: Colex, 1990. 350 p.

SIQUEIRA, Galdino. *Tratado de Direito Penal.* 2. ed. Rio de Janeiro: José Konfino, 1950. 535 p.

SISTEMA PENAL PARA O TERCEIRO MILenio. João Marcello de Araújo Júnior (Org.). Rio de Janeiro: Revan, 1991. 307 p.

STRECK, Lenio Luiz. *Hermenêutica Jurídica e(m) Crise.* Porto Alegre: Livraria do Advogado, 1999. 264 p.

——. *Tribunal do Júri. Símbolos e Rituais.* 3. ed. Porto Alegre: Livraria do Advogado, 1998. 173 p.

——. *Hermenêutica e Dogmática: aportes críticos acerca da crise do direito e do Estado.* In: Cadernos de Pesquisa do Curso de Mestrado em Direito da Unisinos. São Leopoldo: Ed. Unisinos, 1997. 48 p.

TOLEDO, Francisco de Assis. *Princípios Básicos de Direito Penal.* São Paulo: Saraiva, 1994. 362 p.

VERÓN, Eliseo. *A Produção de Sentido*. São Paulo: Cultrix, 1980.

WARAT, Luiz Alberto. *Introdução Geral ao Direito I*. Porto Alegre: Sergio Antonio Fabris, 1994. 232 p.

——. *Introdução Geral ao Direito III*. Porto Alegre: Sergio Antonio Fabris, 1997. 238 p.

——. *O Direito e sua Linguagem*. 2. ed. Porto Alegre: Sergio Antonio Fabris, 1995. 120 p.

ZAFFARONI, Eugenio Raúl. *Em Busca das Penas Perdidas*. Trad. Vânia Romano Pedrosa e Amir Lopes da Conceição. Rio de Janeiro: Revan, 1991. 281 p.

——. *Manual de Direito Penal Brasileiro*. São Paulo: Revista dos Tribunais, 1997. 893 p.

——.*Sistemas Penales y Derechos Humanos en América Latina*. Buenos Aires: De Palma, 1984. 2 v. V. 1. 258 p. V. 2. 461 p.

——. *Tratado de Derecho Penal*. Buenos Aires: Ediar, 1987. 5 v. v. 1. 503 p.

ZERO HORA. Porto Alegre. Edição de 22.05.1998. pp. 4-5.

——. Edição de 14.03.1999. pp. 48-49.

——. Edição de 23.01.2000. pp. 64-65.

——. Edição de 02.02.2000. p. 38.

livraria DO ADVOGADO editora

O maior acervo de livros jurídicos nacionais e importados

Rua Riachuelo 1338
Fone/fax: **0800-51-7522**
90010-273 Porto Alegre RS
E-mail: info@doadvogado.com.br
Internet: www.doadvogado.com.br

Entre para o nosso *mailing-list*

e mantenha-se atualizado com as novidades editoriais na área jurídica

Remetendo o cupom abaixo pelo correio ou fax, periodicamente lhe será enviado gratuitamente material de divulgação das publicações jurídicas mais recentes.

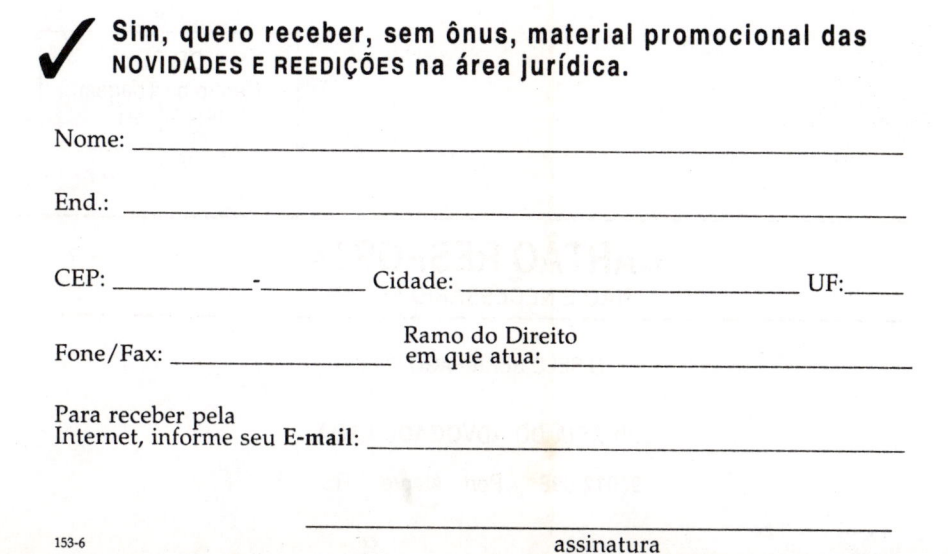

✓ Sim, quero receber, sem ônus, material promocional das NOVIDADES E REEDIÇÕES na área jurídica.

Nome: _____

End.: _____

CEP: _____-_____ Cidade: _____ UF: _____

Fone/Fax: _____ Ramo do Direito em que atua: _____

Para receber pela
Internet, informe seu **E-mail**: _____

_____
assinatura

Visite nossa livraria na internet

www.doadvogado.com.br

ou ligue grátis
0800-51-7522

DR-RS
Centro de Triagem
ISR 247/81

CARTÃO RESPOSTA
NÃO É NECESSÁRIO SELAR

O SELO SERÁ PAGO POR

LIVRARIA DO ADVOGADO LTDA.
90012-999   Porto Alegre   RS